"十四五"职业教育国家规划教材

"十四五"职业教育江苏省规划教材
"十三五"江苏省高等学校重点教材（编号：2017-2-139）

微课版

学前教育学

（第二版）

主　编：滕　飞
副主编：张云亮　俞　芳　李　静
　　　　胡　娟　蔡　盈
主　审：葛　军

南京大学出版社

图书在版编目(CIP)数据

学前教育学 / 滕飞主编. -- 2版. -- 南京：南京大学出版社，2023.1(2023.12重印)
ISBN 978-7-305-26492-4

Ⅰ.①学… Ⅱ.①滕… Ⅲ.①学前教育－教育理论 Ⅳ.①G610

中国版本图书馆 CIP 数据核字(2022)第 256357 号

出版发行	南京大学出版社
社　　址	南京市汉口路 22 号　　邮　编　210093
书　　名	**学前教育学**
主　　编	滕　飞
责任编辑	丁　群　　编辑热线　025-83597482
照　　排	南京南琳图文制作有限公司
印　　刷	徐州绪权印刷有限公司
开　　本	787×1092　1/16　印张 14.75　字数 332 千
版　　次	2023 年 1 月第 2 版　2023 年 12 月第 3 次印刷
ISBN	978-7-305-26492-4
定　　价	48.00 元

网址：http://www.njupco.com
官方微博：http://weibo.com/njupco
微信服务号：NJUyuexue
销售咨询热线：(025) 83594756

* 版权所有，侵权必究

* 凡购买南大版图书，如有印装质量问题，请与所购图书销售部门联系调换

前 言

党的二十大报告指出:"我们深入贯彻以人民为中心的发展思想,在幼有所育、学有所教……上持续用力。""学前教育学"课程作为学前教育专业的一门必修专业基础课,主要为了培养学生系统的理论知识与将理论知识运用于教育实践的能力,为学生在见实习及未来工作中能胜任幼儿园教育、教学活动奠定扎实的学科专业基础。为了贯彻教育部颁布的《幼儿园教师专业标准(试行)》(〔2012〕1号文件),《江苏省教育厅关于全面提高高等学校人才培养质量的意见》(苏教高〔2013〕1号)文件相关精神,结合《教师教育课程标准》、幼儿园教师资格考试大纲以及用人单位对新招聘幼儿园教师的要求,本书以"教学做一体化"为指导思想,遵循"凸显实用,立足高效"的课程设计理念,侧重理论与实训相结合,致力于职前教师必备的专业能力培养,注重提升未来教师的实践意识和创新能力。本书遵循高职高专师范生的实际需求,精选教学内容,梳理知识点,重构知识与技能组织形式,注重理论、实训紧密结合,促进师范生保教实践能力的提高。本书力图具备如下几个特点:

1. 实用性

把握好"理论知识以必需、够用为度,以讲清概念、强化应用为重"。突出教材内容的实用性,让学生在课堂上"动"起来,在"动"中完成知识传授和保教实践能力的提升,从而实现"理论与实训一体化""教学做一体化"。

2. 系统性

以培养高职高专学生职业素质为突破口,重构知识与技能编排形式。本书选择对师范生未来从业具有实际应用价值的内容作为课程的具体内容,用综合性的模块串联、反映、优化知识,将知识、能力相互联系和衔接,做到理论、知识、能力相辅相成,用理论催生能力,在能力培养过程中巩固知识,从而有效培养师范生的专业实践能力。

3. 科学性

内容与师范生学习环境紧密联系,内容的组织及表达有一定的逻辑性与科学性,注意精选代表性的案例,把教学内容融入案例中。案例直观生动,与理论知识的讲解、分析环环相扣,由浅入深,帮助学生理解各项知识点,并能活学活用。

通过这门课程的学习，学前教育专业的学生能够了解学前教育理论的发展，掌握学前教育基本理论、幼儿园课程的设计与实施等基本知识，掌握观察幼儿、分析幼儿的基本能力以及对幼儿实施保育和教育的技能，具有编制具体教育方案和实施方案的初步能力。

本书根据师范生的认知特点，将各章内容进行模块化编排，即分为学习目标模块、本章提要模块、问题情境模块、主体内容模块、真题链接模块、情景实训模块、思考练习模块等七大模块。

本书由淮阴师范学院葛军主审，苏州幼儿师范高等专科学校"学前教育学"教学团队与苏州幼儿师范高等专科学校高铁新城实验幼儿园教学团队共同编写完成。具体编写工作分工如下：第一章、第二章由滕飞老师编写；第三章由蔡盈老师编写；第五章、第九章由张云亮老师编写；第四章、第六章由胡娟老师编写；第七章、第八章由李静老师编写；第十章、第十一章由俞芳老师编写。团队在编写过程中引用了一些专家学者的研究成果，在此表示衷心的感谢，注释若有遗漏，敬请谅解。

本教材在编写过程中，得到南京大学出版社的大力支持，在此，谨表谢忱！

由于编者能力有限，加之时间仓促，书稿中难免存在不妥之处，望广大读者批评指正，以便再版时修订。

编　者

2019 年 3 月

目 录

第一章　学前教育学概述 ... 001
- 第一节　学前教育与学前教育学 ... 002
- 第二节　学前教育的形成与发展 ... 012

第二章　学前教育与社会发展 ... 025
- 第一节　社会发展与学前教育 ... 026
- 第二节　儿童发展与学前教育 ... 033

第三章　学前教育的目标 ... 045
- 第一节　教育目的与学前教育目标 ... 046
- 第二节　学前教育目标的结构 ... 055
- 第三节　国外的学前教育目标 ... 058

第四章　学前儿童全面发展教育 ... 064
- 第一节　学前儿童全面发展教育概述 ... 065
- 第二节　学前儿童德育 ... 068
- 第三节　学前儿童智育 ... 072
- 第四节　学前儿童体育 ... 076
- 第五节　学前儿童美育 ... 080

第五章　学前儿童与教师 ... 085
- 第一节　儿童观 ... 086
- 第二节　幼儿教师观 ... 092
- 第三节　师幼关系 ... 100

第六章　幼儿园课程 ... 106
- 第一节　幼儿园课程概述 ... 107
- 第二节　幼儿园课程的编制 ... 115
- 第三节　经典幼儿园课程方案 ... 130

第七章　幼儿园教学活动 ············· 139
第一节　幼儿园教学活动概述 ············· 140
第二节　幼儿园教学原则、方法和手段 ············· 142
第三节　幼儿园教学活动的设计 ············· 147
第四节　幼儿园教学活动的组织与实施 ············· 153
第五节　幼儿园教学活动的评价 ············· 157

第八章　幼儿园游戏 ············· 167
第一节　游戏概述 ············· 168
第二节　游戏与儿童的发展 ············· 172
第三节　幼儿园游戏的分类与指导 ············· 178

第九章　幼儿园生活活动 ············· 185
第一节　幼儿园生活活动概述 ············· 186
第二节　幼儿园生活活动的组织与指导 ············· 187

第十章　幼儿园环境 ············· 194
第一节　幼儿园环境概述 ············· 195
第二节　幼儿园物质环境的创设 ············· 201
第三节　幼儿园心理环境的创设 ············· 208

第十一章　学前教育与家庭、社区、小学的教育衔接 ············· 212
第一节　幼儿园与家庭的教育衔接 ············· 213
第二节　幼儿园与社区的教育衔接 ············· 218
第三节　幼儿园与小学的教育衔接 ············· 220

幼师立行 ············· 227

参考文献 ············· 228

在线课程

微课目录

序号	微课名称	核心问题	页码
1-1	学前教育学概述	引向儿童人性本真的学前教育	001
1-2	学前教育的实施形式	幼儿需要什么样的学前教育？	005
1-3	西方学前教育的形成	学前教育史话（一）	012
1-4	西方学前教育的发展	学前教育史话（二）	016
1-5	我国学前教育的发展史	学前教育史话（三）	020
2-1	社会政治与学前教育的关系	政治决定学前教育方向	026
2-2	社会经济与学前教育的关系	经济助力学前教育发展	028
2-3	社会文化与学前教育的关系	文化提升学前教育品位	030
2-4	人口因素与学前教育的关系	人口充实学前教育主体	031
2-5	学前儿童身心发展的影响因素	多元合力促发展	033
2-6	学前儿童身心发展的特点	身心成长有特点	037
2-7	学前教育与儿童发展之间的相互作用	教学相长趣童年	038
3-1	教育目的概述	你知道我国的教育目的吗？	046
3-2	学前教育目标概述	你了解我国的学前教育目标吗？	049
3-3	教育目标的价值取向	"社会"VS"儿童"	053
3-4	学前教育目标的结构	学前教育目标如何分层？	055
3-5	美国、法国、德国的学前教育目标	畅游世界之美法德	058
3-6	日本、英国、瑞典的学前教育目标	畅游世界之日英瑞	060
4-1	学前儿童全面发展教育概述	为什么要全面发展？	065
4-2	学前儿童德育	德育处于什么地位？	068
4-3	学前儿童智育	智育重要吗？	072
4-4	学前儿童体育	体育要如何开展？	076
4-5	学前儿童美育	美育到底是什么？	080
5-1	古代、近代的儿童观	孩子是小大人吗？	086
5-2	蒙台梭利的儿童观 杜威的儿童观	孩子有内在的生命力吗？ 孩子是中心吗？	089
5-3	幼儿教师的内涵与劳动特点	幼儿教师是专业人员吗？	092
5-4	幼儿教师的专业素养	幼儿教师有要求	096

(续表)

序号	微课名称	核心问题	页码
5-5	建立良好的师幼关系	师幼相处不简单	100
6-1	幼儿园课程的含义	从课程到幼儿园课程	111
6-2	幼儿园课程的特点	"不一样"的课程	112
6-3	蒙台梭利课程方案	经典幼儿园课程方案（一）	130
6-4	瑞吉欧教育体系	经典幼儿园课程方案（二）	132
6-5	陈鹤琴五指活动课程	经典幼儿园课程方案（三）	133
7-1	幼儿园教育、教学活动概述	幼儿园里干些啥？ 幼儿园里上课吗？	140
7-2	幼儿园教学活动的特点	我们不是小儿科	140
7-3	幼儿园教学活动的原则、要素	小小活动讲原则	141
7-4	幼儿园的教学方法	教学活动有方法	144
7-5	幼儿园教学活动设计的策略	活动设计有策略	147
7-6	幼儿园教学活动设计	教学计划有结构	152
7-7	幼儿园教学活动的组织与实施	学着上好一节课	153
7-8	幼儿园教学评价	师幼成长看得见	157
8-1	学前游戏概述	我们最爱玩游戏	168
8-2	游戏与儿童发展	我在游戏中成长	172
8-3	学前游戏的分类	我们玩的花样多	178
8-4	游戏指导	你会陪我玩吗 我们在玩过家家 一起来搭积木吧 我是小小戏剧家 我们一起比一比	182
9-1	幼儿园生活活动概述	我们在园一整天	186
9-2	幼儿园一日生活活动各个环节组织与指导	好习惯养成记（一） 好习惯养成记（二）	187
9-3	幼儿园生活活动组织指导的原则与方法	好习惯养成有门道	190
10-1	幼儿园环境概述	理想中的幼儿园	195
10-2	幼儿园环境创设的原则	环境创设有原则	198
10-3	幼儿园班级墙面的创设	墙面创设有要求	201
10-4	幼儿园班级常设活动区的创设	活动区创设有讲究	203
10-5	户外活动环境的创设	户外环境有乐趣	205
10-6	幼儿园心理环境的创设	心理环境有滋养	208
11-1	幼儿园与家庭的教育衔接	家园共育成合力 入园焦虑有办法	213
11-2	幼儿园与社区的教育衔接	幼小衔接稳过渡	218
11-3	幼儿园与小学的教育衔接	共享互助促发展	220

第一章 学前教育学概述

微课 1-1

学前教育学概述

学习目标 →

1. 了解学前教育的研究对象和类型,区别学前教育和学前教育学的概念。
2. 了解学前教育学形成与发展的各个阶段,掌握各阶段主要流派的代表人物及其教育观点。
3. 了解现代学前教育的发展趋势。

本章提要 →

学前教育学概述
- 学前教育与学前教育学
  - 教育的含义
  - 学前教育的含义
  - 学前教育学的含义
- 学前教育的形成与发展
  - 孕育阶段(十五世纪以前)
  - 萌芽阶段(十六世纪至十八世纪初期)
  - 初创阶段(十八世纪至十九世纪前期)
  - 发展阶段(十九世纪前期至二十世纪中期)
  - 学前教育的普及与提高阶段(二十世纪中叶至今)
  - 现代社会学前教育的发展趋势

问题情境 →

老师该怎么办?

语言课上,我给小朋友们讲了一个故事,故事梗概是小兔子在森林里遇到了大老虎,小兔子面临危险。我让小朋友想办法救助小兔子,赶走大老虎,从而培养幼儿的口语表达能力和发散思维,这是我开展活动的本意。可是问题刚提出,大家就开始议论应

不应该救小兔子,应不应该打大老虎,因为老虎是国家保护动物,而兔子不是。无论我怎么引导,嗓门多高,孩子们仍就此争论不休。天哪!备课时我怎么没有想到孩子们会有这样的问题呀!我该怎么办呢?

以上的情景时常发生,也是始终困扰着老师以及家长的现实问题,这些问题在孩子身上经常发生,如何看待这些问题?如何帮助老师解决这些问题?不仅涉及教师教育孩子的方式,也关乎教师的教育观和儿童观。通过本章的学习,学生能够对学前儿童的教育问题有一个更加清晰的认识。

第一节　学前教育与学前教育学

一、教育的含义

(一)"教育"的溯源

1. 西文"教育"一词的溯源

在现代英语中,教育是"education",在德语中,教育是"erziehung",二者均源于拉丁文"educare"。"educare"是个名词,它是由动词"educere"转换来的,本义为"引出"或"导出",意思就是通过一定的手段,把某种本来潜藏于身体和心灵内部的东西引发出来,从一种潜质转变为现实。从词源上说,西文"教育"一词是内发之意,强调教育是一种顺其自然的活动,旨在把自然人所固有的或潜在的素质,自内而外引发出来,成为现实的发展状态。

2. 汉语"教育"一词的溯源

在我国,一般认为"教育"概念最早见于《孟子·尽心上》:"君子有三乐,而王天下不与存焉。父母俱存,兄弟无故,一乐也;仰不愧于天,俯不怍于人,二乐也;得天下英才而教育之,三乐也。"实际上,"教育"成为常用词,则是在十九世纪末二十世纪初。思想家在论及教育问题时,多使用"教"与"学"这两个词。中国古代的教育思想也集中体现在有关"学"的论述上,如《学记》《大学》。《说文解字》将"教育"解释为"教,上所施,下所效也""育,养子使作善也"。因此,我们这里把"教"与"学"的词源理解为中国文化背景下的"教育"的词源。

19世纪末20世纪初,在连续不断的社会危机、民族危机的压力下,清政府不得不广开民智,兴学育人,培养经世致用的新型人才。中日甲午战争之后去日本留学的一些人开始了翻译日文教育学书籍的工作。由于日文中有"教育"和"教育学"两个词,故翻译过来的有关"兴学"的活动和理论就称之为"教育"和"教育学"。1906年,晚清学部奏请颁布"教育宗旨",民国之后,正式改"学部"为"教育部",此后,"教育"一词就取代了传统的"教"与"学",成为我国教育学的基本概念。

(二) 教育的定义

给"教育"下定义是对教育现象理性认识的开始。在教育学界，中外的教育家、思想家和一些人士关于"教育"的定义多种多样，可谓仁者见仁、智者见智。如孔子："大学之道，在明明德，在亲民，在止于至善。"鲁迅："教育是要立人。"马克思、恩格斯："教育是促进个人的独创的自由发展。"爱因斯坦："什么是教育？当你把受过的教育都忘记了，剩下的就是教育。"

弄清楚什么是教育，对于认清教育的本质、明确自己的职能和职责、找准前进的方向是大有好处的。这并非什么咬文嚼字、钻牛角尖，因为没有理性的自觉，是不可能在实践中做个自觉而清醒的教育者的。一般说来，人们是从两个不同的角度给"教育"下定义的，一个是社会的角度，一个是个体的角度。

从社会角度来定义"教育"，分为广义和狭义两种。广义的教育是指凡是增进人们的知识和技能、影响人的身心发展的社会实践活动，都是教育。狭义的教育主要是指学校教育，即教育者有目的、有计划、有组织地对受教育者施加影响，促使其身心得到发展的社会活动，专指受教育者在各类学校内所接受的各种教育活动。这种定义的方式强调社会因素对个体发展的影响，把"教育"看成整个社会系统中的子系统，承担着一定的社会功能。

从个体角度来定义"教育"，往往把"教育"等同于个体学习或发展的过程，如特朗里（D. Rowntree）把"教育"定义为"成功地学习知识、技能与正确态度的过程"。该定义的出发点和基础是"学习"和"学习者"，而不是社会的一般要求，侧重于教育过程中个体各种心理需要的满足及心理品质的发展。

这两种定义从不同方面揭示了教育活动的某些属性，对于理解教育活动都是有价值的。当然，这两种定义又存在各自的缺陷。只从社会角度来定义"教育"，往往会把教育看成一种外在的强制过程，忽略个体内在的需要和身心发展水平在教育活动中的重要作用。只从个体角度定义"教育"，又会忽视社会因素和社会要求在教育活动中的巨大影响，而且用"学习"来定义教育也会使教育的外延过于宽泛。

根据对"教育"概念的分析，本书尝试给"教育"的定义：教育是在一定社会背景下发生的促使个体社会化和社会个性化的实践活动。这个定义首先描述了"教育"的实践特性，即"教育"这个概念指的是某一类型的实践活动，而不是纯粹的理念或在某种理念支配下的一套规则。其次，这个定义把"教育"看作耦合的过程：一方面是"个体的社会化"，另一方面是"社会的个性化"。个体的社会化是指根据一定社会的需求，把个体培养成为符合社会发展需要的具有一定态度、知识和技能结构的人；社会的个性化是指把社会的各种观念、制度和行为方式内化到需要、兴趣和素质等不同的个体身上，从而形成他们独特的个性心理结构。这两个过程是互为前提、密不可分的。

(三) 教育的功能

所谓教育功能，即指教育活动的功效和职能。教育的功能大致可分为个体发展功能与社会发展功能。具体内容如下：

（1）教育的首要功能是促进个体发展,包括个体的社会化和个性化。

（2）教育的最基础功能是影响经济发展。教育的经济功能主要包括:为经济的持续稳定发展提供良好的背景;提高受教育者的潜在劳动能力;形成适应现代经济生活的观念态度和行为方式。

（3）教育的最直接功能是影响政治发展。教育不仅为政治培养所需要的人才,而且还可以通过传播思想,形成舆论发挥政治职能。

（4）教育的最深远功能是影响文化发展。教育不仅要传递文化,还要满足文化延续和更新的需求。

二、学前教育的内涵

（一）学前教育的定义

学前教育是人类教育活动的重要组成部分,是以特定年龄的儿童为对象的教育。它既是一种社会现象,也是一项社会活动。学前教育的含义分广义与狭义,广义的学前教育泛指能够促进入学前儿童(0—6、7岁)身心全面、健康、和谐发展的各种社会活动与措施的总和。狭义的学前教育是学前社会教育的一部分,指由正规的学前教育机构对入学前儿童所实施的有目的、有计划、系统性的教育。

什么是学前教育?对这一概念的认识可谓仁者见仁,智者见智,国内外对此至今尚无统一认识。国外一些学者认为,学前教育是从胎儿到正式接受教育前这段时间的幼年照管和教育。还有学者提出,学前教育就是能够激起出生到进入小学的儿童的学习愿望,给他们学习体验,并且有助于他们整体发展的活动总和。关于学前教育研究对象的年龄范围也存争议。在西方,习惯于把出生到入学前作为最初教育的一个阶段。如捷克的教育家夸美纽斯提出母育学校的教育,就是指从出生到6岁的儿童在家庭接受的教育,母亲就是老师。到了十九世纪,随着学前公共教育的出现,学前教育对象的年龄趋向于3岁直到入学前的儿童。如德国学前教育家福禄贝尔1837年在德国勃兰根堡创设的"大同教养院",并于1840年首次命名为"幼儿园",招收3—7岁的儿童。我国学者黄人颂提出,学前教育指的是从出生到6岁左右,入小学前这一阶段的儿童所进行的教育。

其实,要理解学前教育的含义,必须先明确人的年龄特点和教育对象的阶段划分。人的一生按年龄可划分为若干阶段。如胎儿期、婴儿期(0—3岁)、幼儿期(3—6岁)、儿童期(6—11、12岁)、少年期(11、12—14、15岁)、青年期、成年期、老年期等。不同的年龄阶段有着不同的年龄特征、不同的需要,教育要适合不同年龄阶段的人,分阶段进行。我们认为,对出生至进入小学前的儿童所进行的教育统称为学前教育。它的教育对象包括婴儿(0—3岁)和幼儿(3—6、7岁)。

学前教育有广义和狭义之分。从广义上说,凡是能够影响和促进学前儿童身体成长和认知、情感、意志、性格和行为等方面发展的活动,如儿童在成人的指导下看电视、做家务、参加社会活动等,都可说是学前教育。狭义的学前教育特指幼儿园和其他专门的学前教育机构对出生至进入小学前的儿童施以有目的、有计划、系统性的教育。在我国,幼儿园教育属于学校教育系统,具有家庭教育和社会教育所没有的优点,如计划性、

系统性等。

学前教育还可以细分为婴儿期(0—3岁)教育和幼儿期(3—6、7岁)教育,两者既相互联系,又各具特点。婴儿期教育主要由教育工作者指导家长在家庭中实施,同时还可在各类早教机构、幼托机构中进行。幼儿期教育主要是在幼儿园中实施的,同时与家庭教育密切合作。

(二)学前教育的研究对象

学前教育的研究对象到底应该是指哪个年龄阶段的儿童?随着历史的发展,对这个问题的认识也在不断变化。

1. 第一阶段:古代至19世纪初

在西方,捷克的教育家夸美纽斯提出母育学校的教育,是指从出生到6岁的儿童在家庭里所设立的母育学校中接受教育,母亲就是教师。由此可见,当时是把从出生到入学前作为学前教育的一个阶段来对待的。

2. 第二阶段:19世纪初至20世纪50年代

由于学前公共教育的出现,学前教育的研究对象年龄发生了变化,趋向于3岁至入学前的儿童,对他们实施的教育,称"幼儿教育"。如英国空想社会主义者罗伯特·欧文在1809年所创立的"幼儿学校",主要收托2—5岁的儿童。又如德国幼儿教育家福禄贝尔1837年在勃兰根堡创设了"大同教养院"。

3. 第三阶段:20世纪50年代至今

当今学前教育的研究对象的年龄应为出生至入学前的儿童。它又可细分为两个年龄阶段的教育,即0—3岁的早期教育(婴儿教育)和3—6岁的幼儿教育。两者既相联系,又各具特点。

幼儿教育是学前教育的后半阶段,前面与0—3岁的婴儿教育衔接,后面与初等教育衔接,是一个人接受教育与发展的重要而特殊的阶段。"重要"指的是它是一个人发展的奠基时期,许多重要能力、个性品质在这个时期形成;"特殊"指的是这个阶段是儿童身心发展从最初的不定型到基本定型,转而可以开始按社会需求来学习并获得发展的过渡时期。

(三)学前教育的类型

学前教育按照实施的形式可以分为两种类型:学前家庭教育和学前公共教育。家庭教育主要是指在家庭中对0—6岁学前儿童进行的教育和施加的影响。学前公共教育主要是指由家庭以外的社会组织机构指派专业人员对0—6岁学前儿童实施的教育。

微课 1-2
学前教育的实施形式

1. 学前家庭教育

党的二十大报告强调,弘扬中华传统美德,加强家庭家教家风建设。学前家庭教育是历史悠久的学前教育形式。家庭是人一生中最早接触且生活时间最长的社会场所,是儿童出生后第一个重要的学习环境。研究表明,儿童年龄越小,家庭教育对其身心发

展的影响越大。

学前家庭教育主要具有以下特点：

（1）早期性。学前家庭教育是幼儿最早接触的教育，父母是儿童的第一任教师，早期的环境影响、生活中的点点滴滴、无处不在的教育，为儿童一生的发展奠定了基础。

（2）长久性。学前家庭教育家庭在所有社会组织和群体中是最为普遍的组织形式，是人生存过程中最为持久的环境。父母和子女朝夕相处，他们对子女的教育是长期存在、反复进行的，即使儿童进入专门教育机构接受教育，家庭教育的作用仍在发挥。因此，家庭教育伴随儿童的终身发展，儿童始终直接或间接地、有意或无意地接受家长，特别是父母的教育和影响。

（3）单独性。学前家庭教育是个别实施的。现代家庭规模缩小，家庭教育以个别教育为主，具有很强的针对性，父母往往是在对孩子充分了解的基础上进行的教育，家长能够及时发现问题，因势利导，因材施教。

（4）随意性。家庭教育多由家长直接进行，而大多数家长都没有受过系统的、专业的培训，在教育观念、教养态度、教育内容、教育方法等方面缺少目的性、计划性，随意性较大，连贯性不强，所以施教效果也有显著差别。

（5）随机性（渗透性）。家庭教育与家庭生活相伴随，是在潜移默化中进行的，学前儿童在日常生活中接受父母及成人有意识或无意识的教育影响。父母的言行举止是儿童直接的模仿对象。

2．学前公共教育

由家庭以外的社会组织机构（包括国家、社区、单位、私人）指派专人实施的，以学前儿童为对象的教育实践活动。学前公共教育包括学前机构教育、社区学前教育和大众传媒教育。其中学前机构教育是学前公共教育的主要组成部分。

（1）学前机构教育

学前机构教育是指由正规的学前教育机构对学前儿童实施的有目的、有计划、有组织的教育。一般分为两个阶段，0—3岁阶段的教育称婴儿教育，也称托儿所教育；3—6岁阶段的教育称幼儿教育，也称幼儿园教育。正规的学前教育机构除了托儿所、幼儿园，还包括学前班、混合班。学前班是接受5—7岁，即入学前一年儿童的学前教育机构，是我国农村学前教育的重要形式。混合班主要是受人口分布因素影响，把学前儿童集中起来，混合编班。此外，针对每个地区的特点及其自身情况，还设立了巡回辅导站、游戏点、学前教育基地、儿童游戏场、大篷车等学前教育机构。

学前机构教育具有以下特点：

第一，群体性。指学前机构教育具有群体活动的特征，无论是托幼机构的教育，还是其他形式的社会教育，它们都是面向幼儿全体实施的教育。当儿童离开家庭来到学前教育机构，他的生活发生了很大变化，从单一的家庭生活过渡到集体生活，与同伴、教师一起生活。在集体生活的过程中，幼儿需要与他人相互理解与合作、承担不同角色、展开精神交流、共同解决问题、完成某个任务等。

第二，计划性。学前机构教育是有关组织根据国家或社会的教育目的，有组织、有计划地展开具有较强的计划性与目的性的教育。学前机构教育由专业的机构实施、有专职的教师、固定的场所、精选的教育内容以及设计好的教育程序,旨在促进儿童身心在原有水平上全面、和谐地发展。

第三,专业性。学前机构教育中的机构是专业化机构,都是经过专业训练的专业人员承担教育工作。学前教育机构还具有符合国家规定的教育设施和专门的教育设备,这都有利于保证其教育的有效性和专业性。

第四,多样性。学前机构教育形式多样化,有托儿所、幼儿园、学前班这类接纳相对稳定数量的儿童和具有一定的教育目标和计划的正规的教育机构;也有儿童游戏场、儿童图书馆、培养幼儿某项能力的兴趣班等形式的民办教育机构。

(2)社区学前教育

社区是指一定地域内由共同文化、社会心理、共同生活环境和相互关系的居民所形成的人口群体,地域是构成社区的一个要素。社区学前教育是指在社区中为儿童设置的教育设施和教育活动,是多层次、多内容、多类型的教育。社区中一些具有教育功能的文化、娱乐机构,如儿童影剧院、儿童游戏室、儿童科技馆等非专门的教育机构是学前社区教育的主要场所和组织力量。

社区学前教育具有以下特点:

第一,地域性。社区学前教育是在一定地域范围内进行的,具有明显的地域特征:在城市以街道和居委会为基地,在农村以乡或村为基地,在地区政府组织支持下,发展街道办、村办、校办学前教育机构,以满足当地群众送子女入学的迫切需要。

第二,灵活性。社区学前教育强调适应社区需要、服务社区,具有极大的灵活性。社区学前教育的教育设备和内容应因地制宜,就地取材,有效地整合并充分利用社区内的自然资源、人力资源、文化资源,灵活开展多样化的活动。

第三,综合性。社区学前教育是一种发展和增长社区成员新知识和新能力、提高社区成员生活质量的教育,是全员、全程、全方位的综合性教育。

第四,整体性。社区学前教育将学前教育与社会有机融合在一起,使其相互联系、相互作用、相互促进。学前教育机构要适应社区建设的需要和变化,加强为社区服务的意识,社区管理人员要从人力、物力、制度等方面尽力督导与支持学前教育机构,努力推进整个社区的学前教育事业的发展。

(四)学前教育的原则

(1)教育的一般原则

作为一名教育者,必须了解教育的一般原则,这是教育者从事工作的必要前提。

第一,尊重儿童的人格尊严和合法权益原则。

在教育中,教师与幼儿之间、幼儿与幼儿之间是平等的人与人的关系。一方面,教师要尊重儿童的人格尊严,将儿童作为具有独立人格的人来看待,尊重每个幼儿的愿望、想法、要求和思想,保护每个幼儿的自尊心,给予他们正面的鼓励,培养其自信心。不可辱骂、谩骂、体罚和心理惩罚幼儿,不能随意批评、呵责幼儿。另一方面,教师要保障幼儿的合法权益。作为教师,不仅要重视幼儿的教育,给他们一个温暖、亲切的教育

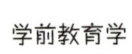

环境，而且要保护好幼儿的合法权益，如生存权、受教育权、受抚养权、发展权等。家庭、学校、社会应当保障未成年人的合法权益不受侵犯。

第二，促进儿童全面发展的原则。

教师要具有促进幼儿全面发展的"大教育"观。在制定学期计划、月计划、周、日安排时，注重幼儿健康、认知、情感、生活、语言、科学、艺术等各方面的均衡发展，培养"完整儿童"，并尊重幼儿的个人兴趣、爱好、个别差异。

第三，面向全体，重视个别差异的原则。

在制定教育目标时，设计的活动内容能面向全体，促进每个幼儿在现有发展水平上的发展，使每个幼儿基本上能达成阶段性发展目标。这就要求，首先，教育要促进每个幼儿的发展，保证面向每一个幼儿，使每个幼儿都能达到教育目标要求；其次，教育要促进每个幼儿在原有基础上的发展，让每个幼儿都能发挥优点和特长；再者，教师在教育中要注意灵活使用集体、小组、个别的教育组织形式。

第四，充分利用家庭、社会的教育资源的原则。

充分利用家庭的资源、社区等各方面的资源为幼儿发展提供支持。可以利用幼儿园周边的社区资源，如超市、邮局、电影院、书店、银行、学校、公园等；可以带幼儿走出校门，进行更多的社会观察和实践体验活动；可以根据教学需要，请家长共同收集一些教学资源，如图片、照片、实物等，充实教师教育教学环境的创设；还可以利用不同职业的家长为教育教学提供帮助，邀请爸爸、妈妈进园给幼儿上课，如"交警爸爸说交规；医生妈妈介绍防病知识"等。总之，合理地利用家庭、社会的教育资源为幼儿园教育教学服务既能促进家园共育，又能丰富教育资源。

（2）幼儿园教育的特殊原则

幼儿园不仅要对幼儿实施保育和教育，还要为家长工作、学习提供便利条件，因此，幼儿园教育有其特殊的原则。

第一，保教结合的原则。保育和教育相互渗透、相互联系，保教并重，是幼儿园教育中的基本原则，也是幼儿园教育的重要特点。在日常工作中，教师只有具有保教并重意识，落实保教结合的具体行为，才能达成这一原则。保育着重于为幼儿创设有利于他们生存、发展的物质条件，给予他们照顾和养育，使其身体机能发育和身心健康地发展；教育着重于培养幼儿良好的行为习惯、态度，发展幼儿的认知、情感、能力，引导幼儿学习必要的知识技能等。同时，保育和教育是在同一过程或同一活动中实现的。

第二，以游戏为基本活动的原则。游戏作为幼儿园的基本活动，是幼儿健康成长所必需的要素。游戏最符合幼儿身心发展的特点，最能满足幼儿的需要，有效地促进幼儿发展，具有其他活动所不能替代的教育价值。因此，幼儿园必须以游戏为基本活动，保障幼儿游戏的权利，创设丰富的游戏环境，让幼儿能愉快地游戏。关于游戏将在后面的游戏活动的指导中进行详细的介绍。

第三，教育的活动性和活动的多样性原则。幼儿园教师应从幼儿身心发展特点和水平出发，以活动为基础展开教育过程。

活动是幼儿发展的基础和源泉。幼儿身心发展的特点决定了他们必须通过活动去接触各种事物和现象,与人交往,实际操作物体,才能逐步积累经验,获得真知。离开了活动,就没有幼儿的发展。

幼儿园的活动应当是多样的。因为不同内容和形式的活动,在幼儿发展中的作用是不一样的。因此,教师只有注意教育活动的多样性,才能有效地促进幼儿发展。

第四,发挥一日活动整体教育功能的原则。幼儿园应充分认识和利用一日生活中各种活动的教育价值,通过合理组织、科学安排,让一日活动发挥一致的、连贯的、整体的教育功能,寓教育于一日活动之中。

幼儿园一日活动是指幼儿园每天进行的所有保育、教育活动。它包括由教师组织的活动(如幼儿的生活活动、劳动活动、教学活动等)和幼儿的自主自由活动(如自由游戏、区角活动等)。

生活活动在幼儿期有特殊的意义。它不仅是幼儿健康成长所必需,也是幼儿最重要的学习内容和学习途径。因此,教师既要重视有组织的活动,又要重视生活活动和幼儿自由活动,各种活动都不可偏废。

一日活动必须统一在共同的教育目标下,形成合力,才能发挥整体教育功能。因此,如何把教育目标渗透到各种活动中,或者说,每个活动怎样围绕目标来展开,应成为实践中需要特别关注的问题。

> **真题链接**
>
> 某教师针对不同发展水平的幼儿提供了不同程度的操作材料,这遵循了( )。
>
> A. 整体性原则　　　　　　　B. 因材施教原则
> C. 活动性原则　　　　　　　D. 直观性原则
>
> **答案:** B
>
> **【解析】** 针对不同发展水平的幼儿提供不同程度的操作材料,这种教学方法遵循了因材施教原则。

(五)学前教育的特点

1. 基础性

学前阶段是人生发展的奠基时期,基础性是学前教育的本质属性。学前教育是基础教育的基础,也是个体发展的基础阶段。

《幼儿园工作规程》总则规定:"幼儿园是对3周岁以上学龄前儿童实施保育和教育机构,是基础教育的重要组成部分,是学校教育制度的基础阶段。"学前教育发挥着为幼儿入学做准备,为九年义务教育实施奠基的职能与作用。学前教育和中小学教育一样属于基础教育范畴,它不仅是整个基础教育的基础,也是每个人成长发展的基础。

2. 保教并重

学前教育是保教并重的教育,教育中有保育,保育中有教育。学前教育肩负着促进

幼儿身心发展的教育任务,也承担着幼儿安全与健康的重任。保教并重主要是由教育对象的独特性决定的。学前教育的对象是从出生到6岁的儿童,生理上,学前儿童的发育十分迅速,各种器官、各个系统还没有发育成熟和完善,需要他人的照料;心理上,由于他们的年龄小、生活经验少,活动能力、自我控制能力、生活自理能力、自我保护能力都比较差,对成人的依赖性很强,需要通过与成人和同伴的交往,建立各种社会关系,获得安全感和社会经验。因此,学前教育特别强调保育和教育的结合。

3. 直接经验

学前儿童由于受到发展水平的限制,他们认识事物主要通过感官和动作,与周围生活环境中的人和事物直接接触,相互作用,获取直接经验。这些直接经验是学前儿童建构知识的基础。这就要求学前教育要重视幼儿生活和游戏的价值,要为幼儿提供丰富的可操作的材料,提供真实的生活环境。幼儿在操作材料、与成人及其他儿童相互交往的过程中,获得丰富的直接经验,在生活和游戏中不断成长。

三、学前教育学的含义

(一)学前教育学的定义

学前教育学是教育学的一个分支学科,是研究和探讨从幼儿出生到6岁前教育规律的科学。它总结学前教育的历史进程和发展经验,介绍国内外先进的学前教育理论与实践,探讨该领域的规律以及发展趋势,指导学前教育实践,帮助学前机构和家庭科学地对儿童进行教育,同时为国家和政府制定学前教育政策、措施和进行学前教育课程改革提供理论依据。

(二)学前教育学的研究对象

学前教育学是研究学前教育现象和问题、揭示学前教育规律、阐明学前教育理论与学前教育原理的一门科学。学前教育学具体的研究对象包括:

(1)学前教育现象。它是各种学前教育活动的外在表现形式,它从学前教育问题发展而来,主要包括学前儿童在家庭、幼儿园等各个场合中的表现以及学前教育工作者在教育过程中的表现。

(2)学前教育规律。它是教育的一般规律在学前教育阶段的具体化和特殊化,是学前教育现象内部各要素之间本质的、内在的、必然的联系或关系。

(3)学前教育理论。它是对学前教育规律的具体阐释,它的主要功能是帮助人们透过学前教育的现象认识学前教育的本质和规律。

(三)学前教育学的任务

1. 研究并揭示学前教育规律

学前教育学的任务在于总结我国学前教育的经验,研究学前教育的理论,并引进国外学前教育的理论和实践,以探讨我国学前教育的规律以及未来的发展趋势。认识和掌握学前教育规律,有利于促进学前教育的科学化、规范化,促进儿童身心全面和谐发展。

2. 指导学前教育改革与实践

当今社会，学前教育越来越受到社会与家庭的关注，学前教育在发展与改革的过程中，不断遇到各种新的问题，产生新的教育现象，需要学前教育学做出回答。学前教育学需要关注学前教育的实践发展，在研究新情况、新问题的过程中，为解决实践中的问题提供必要的理论指导。

3. 丰富和发展学前教育理论

学前教育学是指导和推动学前教育实践不断发展的重要理论基础。学前教育实践的发展不仅要求学前教育理论的指导，同时要求学前教育理论不断更新完善。丰富和发展学前教育理论，构建科学的学前教育学理论体系是学前教育学的重要任务。

(四) 学前教育学的研究内容

学前教育学是以教育学和心理学的基本理论为基础，研究学前教育的任务、内容、手段和方法，揭示在日常的教育教学活动中，怎样对儿童施加教育影响，促进儿童在德、智、体、美等方面发展的规律。学前教育学主要研究的内容包括：

第一，学前教育理论的发展历史；

第二，学前教育与社会发展、儿童发展的关系；

第三，学前教育的目标和任务；

第四，学前儿童全面发展教育的任务、内容、方法与途径；

第五，幼儿园教师的角色和素质；

第六，幼儿园教育活动的组织形式及指导方式；

第七，幼儿园和小学的衔接与配合。

四、学前教育学的学科价值

(一) 有助于形成正确的学前教育观

作为一门基础的理论学科，学前教育学是在学前教育活动的不断发展和学前教育研究的理论成果不断积累的基础上发展起来的，学前教育学关于学前教育的各种问题和现象的理性分析和探讨，有利于教育工作者对学前教育有一个全面系统的认识和理解，树立正确的教育观念，掌握科学的儿童观和教育观。

(二) 有助于推动学前教育改革

对学前教育进行改革是时代发展的趋势和要求，在教育改革过程中出现的新问题、新情况需要学前教育理论的指导。学前教育学在研究学前教育规律与原理的过程中，蕴含着对学前教育工作的指导，为解决学前教育实践问题提供理论依据。

(三) 有助于学前教育的实践评估

学前教育学集中了对学前教育的哲学认识、社会学认识、心理学分析及学前教育实践经验，学前教育学所阐述的学前教育理论是评价学前教育工作科学性、有效性的潜在依据。

第二节　学前教育的形成与发展

对一门学科的形成和发展过程进行回顾，能够使我们更明确地认识这门学科的现状和面临的问题，并对未来的发展做出分析与评价。

一、孕育阶段（15 世纪以前）

在这一时期，正确的儿童观还没形成，儿童还没有从成人世界中独立出来，学前公共教育还没有产生。随着生产力的缓慢发展，学前教育思想散见在各种著作之中，国外一些哲学家、思想家提出了关于教育的一些看法和主张。对于年幼儿童的教育，柏拉图、亚里士多德、昆体良等教育家都曾有过精辟的见解，对儿童早期教育价值的发现起到了重要的作用。

（一）柏拉图

柏拉图（公元前 427 年—公元前 347 年）是古希腊著名的哲学家、教育家。柏拉图的著作较多，其教育思想主要反映在《理想国》和其中的《法律篇》中。在《理想国》中，他提出了学前教育思想，构筑了一个从优生、优育到成人教育的教育体系。柏拉图重视儿童早期教育，提出了较为系统的学前教育思想，是西方历史上最早提出优生优育和公共学前教育思想的教育家。他认为，对儿童的教育开始得越早越好。他还主张将 3 岁的幼儿送到国家的特设机关，由国家选派公民监督教育，饮食起居由女奴负责。教育内容主要是讲故事、做游戏、学音乐等。柏拉图对幼儿教育很重视，认为讲给幼儿的故事要经过挑选，剔除不健康的；应选择那些能激发幼儿勇敢、正义和高尚品德的故事。在组织游戏时，方式和内容要有精心的安排，不要经常变化，否则会影响其成人时对国家和法律的忠诚。

（二）亚里士多德

亚里士多德（公元前 384 年—公元前 322 年）是古希腊知识渊博并具有多方面成就的哲学家、科学家和教育家。他是继柏拉图之后在西方教育思想史上有重大影响的人。据说他的著述共有 400 多卷，其中与教育相关的主要是《伦理学》和《政治学》。亚里士多德首次提出了按儿童年龄划分受教育的阶段，并根据不同的年龄阶段实施不同的教育任务。亚里士多德坚持"效法自然"的教育原则，即把一个人受教育的年龄按每 7 年为一自然阶段划分为 3 个时期。亚里士多德对第一个时期即幼儿教育做了深入而具体的论述，成为他全部教育理论的一个有机组成部分。他认为，在幼儿时期应顺应自然，通过循序渐进的策略来锻炼儿童的身体并通过反复的实践来形成良好的习惯。

（三）昆体良

昆体良（约公元 35 年—95 年）是古罗马最有成就的教育家。他的《雄辩术原理》是西方第一本专门论述教育问题的系统著作，在教育史上占据极其重要的地位。昆体良

微课 1-3
西方学前教育的形成

很重视早期教育,主张在儿童刚能说话时就应开始智育和德育。在当时的罗马,人们认为在儿童七岁以前进行道德的培养是应该的,但对何时进行智力培养则看法不一。昆体良认为虽然七岁前的儿童接受知识的能力有限,但学习总比闲着好,一点一滴地学习,积少成多,长期下去就很可观了。而且,儿童虽然学的不多,但记得牢,所学的东西终身有用。

我国古代儿童教育思想的萌芽最初散见在谚语中,如"三岁看大,七岁看老""教儿婴孩,教妇初来"等。先秦至秦汉时期的《礼记·内则》篇中提出关于小儿出生后选择保姆的要求:"凡生子,择于诸母与可者,必求其宽裕慈惠,温良,恭敬,慎而寡言者,使为子师,其次为慈母,其次为保姆,皆居子之室,他人无事不往。"同时,还根据婴幼儿年龄大小制定出循序渐进、有条不紊的教养计划:"子能食,教以右手,能言,男唯女俞,男鞶革,女鞶丝。六年,教之数与方名。七年,男女不同席,不共食。八年,出入门户及即席饮食,必后长者。始教之让。九年,教之数日。十年,出就外傅,居宿于外。学书计。"《礼记·内则》中记载的学前教育计划作为我国教育史上最早的关于学前教育的记录,不仅是开展学前教育的标志,而且对封建社会学前教育的实施也产生了一定的影响。

魏晋南北朝时期,颜之推在《颜氏家训》中提出,对儿童应从"婴稚"时期起"便加教诲",认为俗谚"教儿婴孩"很有道理,并强调父母对年龄幼小的子女不能"无教而有爱"。

南宋时期著名教育家、哲学家朱熹也特别重视蒙养阶段的基础教育作用,主张"生子必择乳母""乳母之教,所系尤切",必须选择品德良好的乳母,才有利于婴幼儿的保教。

二、萌芽阶段(16世纪至18世纪初期)

随着资本主义生产力的发展,欧洲出现了文艺复兴运动,资产阶级要求个性解放,教育理论和教育实践有了新的发展,学前教育逐渐从哲学中分化出来,成为独立学科,学前教育思想有了新的突破。与此同时,也出版了一批很有影响的教育专著。在不少论著中都概述了学前教育的思想,与之前相比,更加系统、完整和更有现实性。影响较大的教育著作主要有捷克教育家夸美纽斯的《大教学论》、洛克的《教育漫话》、法国教育家卢梭的《爱弥尔》、裴斯泰洛奇的《林哈德与葛笃德》。

(一)夸美纽斯

夸美纽斯(J. A. Comenius,1592—1670)是捷克的教育家,他高度评价了教育对人发展的作用,主张所有的儿童都应受教育,提出要普及教育。夸美纽斯著有《母育学校》一书,这是世界历史上最早论述学前教育的专著。夸美纽斯认为,学前教育应当在家庭中进行,家庭就是母育学校,母亲是母育学校的教师。母育学校是为儿童以后所要学习的一切奠定基础的,这一时期的儿童所接受的应当是简易的实物课程。夸美纽斯在其代表作《大教学论》中阐述的基本教育原理,即一切教学必须依循自然的秩序,这一观点对后世的学前教育影响颇深,《大教学论》通常被看作是教育学作为一门独立学科的标志。他所编写的《世界图解》是历史上第一部看图识字的图书。夸美纽斯总结了古希腊、古罗马和文艺复兴时期的学前教育经验,第一次以家庭为背景,较系统地探讨了学

前教育的规律,为世界学前教育理论的形成奠定了基础。

(二) 卢梭

卢梭(J. J. Rousseau,1712—1778)是法国启蒙思想家、哲学家、教育家,18世纪法国大革命和近代欧洲资产阶级革命的思想和理论先驱。《爱弥儿》是卢梭的代表作,其自然主义的教育思想体现其中。卢梭对儿童教育的首要贡献是"发现了儿童",他认为儿童并不是可以任意塑造和填充的容器,而是有其固定发展的"自然的存在"。他在《爱弥儿》一书中对封建的旧教育进行了猛烈的批判,他反对封建经验主义教育压制儿童个性,束缚儿童自由,强迫儿童盲从的做法。卢梭认为,儿童的天性是好的,教育应遵循儿童发展的自然规律,顺应儿童的天性。父母应教养孩子,努力提高孩子的体质,让孩子进行体育锻炼,发展孩子的感觉和语言。他还首次详细地论述了"发现法",主张对孩子进行直观教学,让孩子在活动中自然成长。卢梭主张的"以儿童为本位"的教育观,一方面唤起了人们对儿童天性的注意和尊重;另一方面也开创了儿童中心主义教育思潮的先河。

真题链接

从科学知识取向转向儿童经验取向的代表性教育著作是(　　)。

A.《理想国》　　　　　　　　B.《爱弥儿》

C.《大教学论》　　　　　　　D.《林哈德与葛笃德》

答案:B

【解析】　卢梭在《爱弥儿》一书中对封建的旧教育进行猛烈批判,反映了自然主义的教育思想,首次提出了新的儿童教育观,从而在教育史上掀起一场"哥白尼式的革命"。

(三) 裴斯泰洛奇

裴斯泰洛奇(J. H. Pestalozzi,1746—1827)是瑞士教育家,深受卢梭教育思想及社会思想的影响,创办过孤儿院,后又在主持的孤儿院从事初等教育的试验,为贫民开办了专招6岁以下儿童的幼儿学校。他认为,儿童不是自然、自发地发展,教育目的在于有组织地帮助和激发儿童的天赋和能力,使各种内在能力得到和谐的发展。他第一次明确提出"教育心理学化"的口号,要求把教育和教学工作置于儿童本性发展的自然法则基础上。他实施的教育主要有两个方面的内容:一是实施爱的教育,激发儿童的良心,培养儿童善良的情感和团结友爱、互助合作的精神,使孤儿院的教育和生活家庭化;二是实施劳动教育,针对儿童的年龄特点组织劳动训练,促进他们体力、智力和道德的发展,从而获得生活必备的劳动技能。他主张幼儿期的教育应采取直观的方法,通过孩子日常接触的事物进行教学。裴斯泰洛奇的主要著作有《林哈德和葛笃德》《立法与杀婴》《幼儿教育书信》等,其中《幼儿教育书信》归纳了他的幼儿教育原理和方法。

在我国唐宋以后,由于长期闭关自守,同时推行文化专制主义,实施八股取士的科举制度,严重阻滞了科学技术和文化教育的发展。18世纪以后,学前教育仍然延续着传统的封建教育,与国外学前教育没有交流,学前教育发展缓慢。但也有一些思想家提出了一些学前教育思想。如明朝王守仁(1472—1528)提出,要认识到儿童的心理特点,"教童子,必使其趋向鼓舞,中心喜悦"。唯物主义思想家王廷相(1471—1544)认为,"蒙童无先人之杂,以正导之而无不顺受",主张及早对孩子进行教育。隋朝陈弘谋所编写的《五种遗规》中同样包含着学前教育的思想,提出"养正之方,最小时为尤要",强调幼年时期教育的重要性。

三、初创阶段(18世纪至19世纪前期)

从19世纪中期以后,学前教育理论已从笼统的认知发展到建立独立的范畴和体系,并从普通教育学中分化出来,成为独立的学科。这一时期的代表人物有欧文、福禄贝尔等。

(一)欧文

欧文(R. Owen,1771—1858)是一位典型的空想社会主义者。他不仅强调教育下一代是最重大的问题,是每一个国家最高利益所在,而且坚持认为环境决定人的性格,儿童的行为主要受环境影响。他在《新社会观》《新道德世界书》《人类思想和实践中的革命》等著作中,阐述了自己独到的学前教育思想。他认为,人的性格主要受遗传因素和后天环境的影响,而一般贫民没有条件和能力教育孩子,因此,应把这些贫民的子女送到协作社或新村接受公共教育。他主张用科学代替宗教和迷信,让儿童学会辨别真伪,吸收真正的知识。教师要亲切和蔼地对待儿童,用实物和直观教具进行教学,与孩子开展热烈的交谈,以便使孩子能学到一般课程的初步知识。1816年,欧文在苏格兰纽兰纳克创办了"性格形成学园",这是欧洲最早的学前教育机构。

(二)福禄贝尔

福禄贝尔(F. W. A. Froebel,1782—1852)是德国教育家,曾实践于裴斯泰洛奇主义的学校。福禄贝尔于1837年在勃兰根堡设立了一所幼儿学校,1840年命名为"幼儿园",这是世界上第一所幼儿园。他也被称为"幼儿园之父"。他对学前教育的主要贡献是:① 教育应当适应儿童的发展。他认为儿童的发展是渐进的过程,教育应适合儿童的发展,遵循儿童的自然本性,发展儿童的天然禀赋。学前儿童不是成人的缩影,幼儿园的教育应和学校不同。他为学前儿童创设了一种不用书本的学校。② 教育应以儿童的自主活动为基础。儿童天生是善的,儿童通过自我活动实现内部的发展。教师只为儿童提供条件,不进行干预,必要时才要儿童服从一定的要求。他还认为儿童生活在社会中,应重视儿童与他人的交往时应具有的品德。③ 游戏有重要的教育价值。他重视游戏的教育价值,认为游戏是一种创造性的生活,能促进儿童的成熟与学习。他发明了名为"恩物"的一套玩教具,即12种手工材料,作为幼儿园的核心"教材"。

福禄贝尔对学前教育的理论基础、内容、原则、方法、玩具、游戏等都进行了详细的阐述,因此,他也被誉为近代学前教育理论的奠基人。福禄贝尔的主要著作有:《人的教育》(1826)、《慈母游戏和儿歌》(1843)、《幼儿园教育学》(1862)。《人的教育》主要论述了关于婴儿期、幼儿期及少年期的发展和教育,展示了其学前教育思想。但他的某些教育思想,如强调儿童的自我发展,实现自然禀赋,忽视教育的作用,不够正确,存在唯心主义倾向。福禄贝尔在实践上和理论上推动了各国幼儿园的建立和学前教育学的研究,对学前教育理论和实践做出了很大的贡献。他为学前教育献身的精神也是值得纪念的,正如那句:"来吧!让我们和我们的儿童生活在一起!"就是他思想和行动的格言。

四、发展阶段(19世纪前期至20世纪中期)

19世纪中叶以后,学前教育逐步发展成为一门独立的学科,但仍然停留在经验的描述和简单的形式逻辑推理上。到了20世纪中叶,生理学、社会学、心理学、脑科学等的发展和研究成果被运用到学前教育领域,为学前教育事业的发展提供了科学的基础,使得世界学前教育呈现新的发展趋势。

微课 1-4

西方学前教育的发展

(一)杜威

杜威(J. Dewey,1859—1952)是美国的哲学家、社会学家和教育家,他对美国乃至世界现代教育包括现代学前教育的发展起了重要的作用。杜威的教育理论是建立在其儿童观基础上的。杜威认为儿童的本性在于他具有与生俱来的本能、冲动和需要,儿童具有自我生长的能力;且儿童是在活动中,通过与环境相互作用而获得发展的,儿童的发展存在个别差异。由此,杜威认为教育的本质是"教育即生长""教育即生活""教育即经验的不断改造"。

1. 教育即生长

杜威认为儿童的心理内容基本上是以本能活动为核心的习惯、冲动、智慧等先天生理机能的不断发展、生长,教育的本质和作用是促进这种本能的生长。在他看来,教育绝不是强迫儿童去吸收外面的东西,而是要使人类与生俱来的能力得以生长。由于强调教育在儿童本能生长发展的本质作用的认识,他提出了"儿童中心主义"的教育观念,反对把教育变成一种外在的压力和忽视儿童内部的机能、倾向。他主张儿童是中心,教育的措施要围绕儿童组织起来。

2. 教育即生活

杜威认为人的发展是人与环境的互相作用而产生的,人不可脱离环境,学校也不能脱离眼前的生活。因此,教育就是儿童现在的生活过程,而不是将来生活的预备。应把学校改造成简化、净化的雏形社会,学校中的课程不应该着眼于文字科目,而应着眼于儿童现在的生活经验。教学应该从学习者现有的直接经验开始,注重培养儿童对现实社会的适应能力。

3. 教育即经验的不断改造

杜威认为教育是一个过程,即通过儿童活动去体验一切和获得各种直接经验的过程。儿童学习知识、认识外部世界的本质在于儿童通过活动不断地增加、改造自己的亲身经验,这个过程是没有止境的。他主张"做中学"的教学方法。他提出,人最初的知识,最能永久不忘的是关于怎样做的知识。因此,他强烈反对以既有知识为中心的教材和由这种教材组成的学科课程,极力强调教材的中心应是各种形式的活动作业,如木工、裁缝和各种服务性劳动等。

杜威通过对教育本质的论述,驳斥了传统教育中的"三中心",以生活化的教学取代传统的课堂讲授,以儿童的亲身经验代替书本知识,以学生主动活动代替教师的主导,实际上是以"现代教育三中心"取代"传统教育三中心"。他所提倡的"现代教育三中心"曾被各国的众多学前教育工作者视为学前教育工作的指导思想,并加以借鉴、利用,从而对学前教育的理论与实践的发展产生了重要影响。杜威教育理论中有关"经验""活动"等概念范畴至今仍具有重大的理论和实践价值。他的代表作有《儿童与课程》《我的教育信条》《民主主义与教育》《经验与教育》等。

> **真题链接**
>
> 杜威认为,学校生活的组织中心是( )。
> A. 教材　　　B. 家长　　　C. 教师　　　D. 儿童
> 答案:D
> 【解析】 杜威提出"儿童中心论",主张教师应以儿童的发展为目的,围绕儿童的需要和活动组织教学。

(二) 蒙台梭利

蒙台梭利(M. Montessori, 1870—1952)是意大利的儿童教育家、医生,曾任罗马大学附属精神病院临床助理医师,主要负责治疗智障儿童。她是继福禄贝尔之后对学前教育理论的发展有重大贡献的学前教育家。1907年,她在罗马开办"儿童之家",招收3—6岁的贫苦儿童,进行教育实验,力图以医学、生理学、心理学为基础,用直接观察的研究方法,建立"科学的教育学"。

蒙台梭利的教育思想表现为:第一,教育的目的在于发现儿童"生命的法则",帮助儿童发展生命,使每个儿童具有的天赋潜能能在适宜的环境中得到自然的发展,在了解儿童的基础上促进儿童的全面发展。第二,教育的根本原则是使儿童获得自由,使儿童从妨碍其身心发展的障碍中解放出来,使儿童的天性得以自然的表现。蒙台梭利认为,在她的学校里,儿童是自己在学习,而非强制性的,教师的作用在于提供符合儿童身心发展规律的环境,帮助儿童实现自我教育。第三,蒙台梭利强调儿童的感官训练和肌肉练习,设计了训练感官的教育活动,对儿童进行感官教育,让儿童在操作中认识客观事物的特性及客观事物之间的关系。她在儿童的身心发展特点的基础上设计了一系列教具。

蒙台梭利的学前教育理论比福禄贝尔的学前教育理论少了些宗教色彩,多了些生物学和心理学的学科基础,且吸收了近代教育学的部分进步观点,因而更具科学性。她的主要著作有《适用于儿童之家的幼儿教育的科学方法》《有吸收力的心智》《童年的秘

密》等。

蒙台梭利学说和"儿童之家"实践使她在幼儿教育领域享誉全球,被称为二十世纪的"幼儿园改革家"。

(三)弗洛伊德、艾里克森

弗洛伊德(S. Freud,1856—1939)是奥地利的精神病学家、心理学家,精神分析学派创始人。艾里克森(E. H. Erikson,1902—1994)是美国的精神病医生,新精神分析学派的代表人物。他们在理论上的不同点主要表现在,弗洛伊德较多地强调生物本能决定论,而艾里克森在接受弗洛伊德的理论影响的同时,反对其生物本能决定论,强调社会文化生活对人格发展的影响。

精神分析学派的学前教育思想可以归结为以下几个方面:一是强调早期经验对人格发展的重要性。精神分析学派认为早期经验会影响、抑制或形成人的某种特殊性格,童年生活经验对儿童的一生有重大影响。对一个人过去知道得越清楚,越有可能了解他行为发生的原因。二是强调教育的目的在于健全人格的培养。弗洛伊德将人格的结构分为本我、自我与超我,并且强调自我的重要性。如果自我的功能发挥得不好,便无法认清事物的本身,甚至无法接触到真理。一个性格偏离的人无法真正体验到人际关系的正确意义,一个自恋的人对于爱的体验和了解往往没有常人那么深切。不同的人格对事物的了解也就各异,从这个意义上说,人格的培养不只是影响人格发展本身,还从一定程度上影响事物的认识——人的认知层面。三是以儿童的发展为前提开展道德教育,避免教条灌输。道德教育是一种不断人格化的力量,其成败影响着一定社会团体的内在聚合力及社会性格。精神分析学派在道德教育上提出了"人格化"的教学方法,认为所有的品德必须能在实际活动和体验中纳入人格,只有在实践活动中获得体验,才能陶冶出好的品格。如果"超我"的权威过大,易造成过多的焦虑和不安,使一个人丧失活力和朝气,所以人格教育应以儿童的发展为前提。四是强调良好教育环境的创设,发展儿童多种能力,尤其是培养儿童的创造力。同时,强调使儿童形成良好的态度,注重情感培养,鼓励发挥想象力,提供自由外放的教育环境,鼓励儿童的创造性思考。

精神分析学派没有形成系统的学前教育理论,但在他们的著作中有不少对学前教育理论构建具有启发意义的思想。相关的著作有《儿童期与社会》《同一性:少年和危机》等。

(四)班杜拉

班杜拉(A. Bandura,1925—)是美国的心理学家。他把学习理论、认知理论和信息加工理论中的有关观点结合在一起,以系统的实证研究为基础,形成其理论。

班杜拉的主要论点有:一是强调个人和环境因素对学习的影响。因为人类心理功能的形成和完善受制于个人、环境和行为不断交互作用的历程。所以,在指导儿童学习时,除了重视个人能力的发展以及情绪反应、认知过程外,还应注重设置良好的环境。因为无论透过有意安排的还是随意发生的观察发现,环境力量均可以左右个人行为的发展。二是儿童通过亲身体验和观察产生学习。班杜拉对儿童的攻击性行为及其产生的家庭因素、模仿过程、观察学习以及行为矫正进行了研究,并提出了相关的理论观点,他认为亲身体验是人类最基本的学习方式,据此,可以学会明辨是非、利弊,斟酌个人行为。但许多的学习不必要通过亲身体验,通过观察学习便可以获得,观察者可以在付诸行动之前,对新的行为具有初步的概念,如有强烈的模仿动机,自然容易达到学习效果。观察可以是对积极行为的肯定和强化,也可以是对消极行为否定和不强化。所以示范教学、观察示范等都是学前教育中行之有效的方法。三是强调教师和成人的素质。因为教师和成人,尤其教师是行为的楷模,是被观察和模仿的对象,所以必须保持言行一致,并与儿童建立良好的师生关系,善于引导儿童观察和模仿,又要注意避免儿童对消极行为的观察和模仿,并能很好地运用奖惩的手段。班杜拉的教育思想主要适用于社会学习方面,他的主要著作有《青少年的攻击行为》《社会学习与人格发展》等。

(五)皮亚杰

皮亚杰(J. Piaget,1896—1980)是瑞士的儿童心理学家。皮亚杰心理学的理论核心是"发生认识论",主要研究人类的认识(认知、智力、思维、心理)的发生和结构。皮亚杰认为,心理、智力、思维,既不是源于先天的成熟,也不是源于后天的经验,而是源于主体的动作。这种动作的本质是主体对客体的适应。主体通过动作对客体的适应,才是心理发展的真正原因。

皮亚杰对于学前教育的主要观点有:一是强调儿童与环境的相互作用——活动的重要性。他认为儿童发展的每一个阶段都是由机体的成熟和环境的相互作用产生的。儿童就是通过各种有组织的活动,去探索、了解外界的客观事物,了解客观事物之间的关系。他还强调儿童的主动性活动,他认为人出生后的反射活动不是机械被动的,而是真实的能动性表现。儿童的发展主要在于儿童本身主动的建构活动,在于有机体自身所具有的积极的适应能力。二是强调教育的目的在于培养儿童的创造力和批判力。皮亚杰指出,教育的第一目的在于培养能做新事物、有创造力与发明才干的人,而不在于训练只能重复既有事物的人。换言之,就是要培养具有创造力、富有想象力与发明能力的人。教育的第二目的在于培养批判、求证的能力,而不在于接受所提供的一切。三是注重儿童的兴趣和需要,重视游戏的作用,把儿童的兴趣、需要看作是儿童心理发展的动力,并强调要考虑不同年龄儿童特殊的兴趣和需要。他认为游戏是儿童学习新的、复杂的客体和事件的一种方法,是巩固和扩大概念、技能的方法,是思维和行为相结合的方法。儿童认知发展的阶段决定了儿童在特定时期的游戏方式。

皮亚杰的理论为现代学前教育学的建立提供了认识论的基础。他首次将数理逻辑作为刻画儿童思维发展的工具,描绘了个体从出生到青年初期认知发展的路线。皮亚杰在其《儿童的语言与思维》《儿童的道德判断》等著作中,还深入探讨了儿童的语言和道德的产生与发展的规律,并提出了相应的教育对策,使人们对儿童的心理有了更深刻的认识。

(六)维果斯基

维果斯基(Vygotsky,1896—1934)是苏联著名的心理学家,"文化—历史"理论的创始人。其代表著作有《思维和语言》《学龄前期的教学与发展》《学龄期教学与智力发展问题》等。

维果斯基所提出的"文化—历史"发展理论认为：人的高级心理机能亦即随意的心理过程，并不是人自身所固有的，而是在与周围人的交往过程中产生和发展起来的，是受人类的文化历史所制约的。维果斯基特别强调在人的发展过程中社会文化历史的作用，尤其是强调活动和社会交往在人的高级心理机能发展中的突出作用。他认为，高级的心理机能来源于外部动作的内化，这种内化不仅通过教学，也通过日常生活、游戏和劳动等来实现。此外，内在的智力动作也外化为实际动作，使主观见之于客观。内化和外化的桥梁便是人的活动。

维果斯基在说明教学与发展的关系时，提出了"最近发展区"的理论。他认为教学必须要考虑儿童已达到的水平并要走在儿童发展的前面。为此，就要确定儿童的发展水平。儿童发展的两种水平：一是现有的发展水平；二是在有指导的情况下借助成人的帮助可以达到的解决问题的水平，或是借助他人的启发帮助可以达到的较高水平。这两者之间的差距，即儿童现有水平与经过他人帮助可以达到的较高水平之间的差距，就是"最近发展区"。这一思维对正确理解教育与发展之间的关系，具有重要意义。

维果斯基的心理发展理论揭示了人类整体与个体心理发展的本质，他的教学心理思想改变了传统的教学观，有利于建立新型的因材施教观，是"支架教学"观的渊源和理论基础。

（七）陈鹤琴、陶行知、张雪门

这一时期，我国民主教育家蔡元培也提出了学前社会教育体系，提出以儿童为本位，让儿童个性得到自然、自由的发展，并认为应从胎儿期就开始进行教育。

1. 陈鹤琴

陈鹤琴(1892—1982)我国著名幼儿教育家。他提出"活教育"理论，主张中国儿童教育的发展要适合中国国情，符合儿童的身心发展规律。他于1923年创办了我国最早的幼儿教育实验中心——南京鼓楼幼稚园。抗战时期，他又创建了我国第一所公立幼稚师范学校——江西实验幼师；对幼儿园的课程、教材、教学方法和设备进行了实验研究，撰写了《儿童心理之研究》《幼稚教育》《家庭教育》等著作。他的"活教育"思想与学前教育思想主要包括如下方面：

（1）教育目的。陈鹤琴指出，"活教育"的目的是"做人，做中国人，做现代中国人"。

（2）教育内容。陈鹤琴提倡要到大自然、大社会中去寻找"活教材"。"活教材"是指以大自然、大社会为教材，即让儿童在与自然和社会的直接接触中，在观察中获得经验和知识。他把"活教育"的内容具体化为"五指活动"，即健康活动、社会活动、科学活动、艺术活动和文学活动。

（3）教育方法。陈鹤琴指出，"活教育"方法论的基本原则是"做中学，做中教，做中求进步"。

微课 1-5
我国学前教育的发展史

(4)教学原则。陈鹤琴提出了十七条教学原则：原则一，凡是儿童自己能够做的，应当让他自己做；原则二，凡是儿童自己能够想的，应当让他自己想；原则三，你要儿童怎样做，就应当教儿童怎样学；原则四，鼓励儿童去发现他自己的世界；原则五，积极的鼓励胜于消极的制裁；原则六，大自然、大社会是我们的"活教材"；原则七，比较教学法；原则八，用比赛的方法来增进学习的效率；原则九，积极的暗示胜于消极的命令；原则十，替代教学法；原则十一，注意环境、利用环境；原则十二，分组学习，共同研究；原则十三，教学游戏化；原则十四，教学故事化；原则十五，教师教教师；原则十六，儿童教儿童；原则十七，精密观察。以上十七条原则是陈鹤琴"活教育"理论体系中的核心部分，它全面地反映了该体系的各个方面，尤其是"活教育"的三大目标像一条线贯穿于其中。

> **真题链接**
>
> 创建"活教育"体系的教育家是（　　）。
> A．福禄贝尔　　B．杜威　　C．陈鹤琴　　D．蒙台梭利
> 答案：C
> 【解析】"活教育"思想是陈鹤琴先生于1940年在江西省立实验幼稚师范学校提出的。

2. 陶行知

陶行知(1891—1945)是我国平民幼稚教育理论的首创者、实践者和开拓者。他提出了"生活即教育""社会即学校""教学做合一"三大主张，生活教育理论是陶行知教育思想的理论核心。他的办园思想是"中国化""平民化"，主张在工农中普及学前教育，并创办了我国第一所乡村幼稚园和劳工幼稚园。他关于幼儿教育问题的论述，发表在《创设乡村幼稚园宣言》《幼稚园之新大陆》等著作中。

3. 张雪门

张雪门(1891—1973)，我国著名的学前教育专家。他主办了香山慈幼院的北平幼稚师范学校，并出版了《幼稚园教育概论》《新幼稚教育》《幼稚园的课程》《幼稚园组织法》等著作。这些著作为建立中国学前教育学迈出了第一步。

总之，这一时期，几乎所有的教育家都提出了尊重儿童，热爱儿童，按照儿童的特点发展儿童的个性的观点，主张学前教育应该有其特殊的内容和方法。教育必须"适应自然"，儿童一出生就具有一切首先的、理智的、身体的能力萌芽，如果用适当的教育加以培养，就能使儿童的一切内在能力和谐地发展起来。这种教育思想虽过分强调自由发展，但在当时具有一定的进步意义。

五、学前教育的普及与提高阶段(20世纪中叶至今)

20世纪中叶以后，学前教育逐渐成为各国教育体系的有机组成部分，获得了空前的重视和前所未有的发展。学前教育的普及范围不断扩大，学前教育的科学性和教育

质量也在不断提高。

各国政府制定相关法令和政策,加大对学前教育的经济投入,保证学前教育的快速发展。1965年,美国开始实行开端计划(Head Start),旨在实现教育机会均等。1979年和1990年,美国国会分别通过了《儿童保护法案》和《儿童早期教育法案》。1981年颁布《提前开始法》。1994年颁布《2000年美国教育目标法》。

1946年日本公布了《生活保护法》,大力发展保育所。1947年3月,日本通过了《教育基本法》和《学校教育法》。1947年又颁布了《儿童福利法》。1948年颁布了由日本政府编制的第一个学前教育大纲——《保育大纲》。1956年文部省对其进行了修订,并改名为《幼儿园教育大纲》。20世纪60年代以来,日本政府三次出台了幼儿园教育振兴计划,同时对《幼儿园教育大纲》进行了三次修订,推动了日本学前教育目标、内容和方法等方面的改革与发展。

中华人民共和国成立后,新中国的幼儿教育以老解放区的教育经验为基础,借鉴苏联经验,进行了整顿、改造和发展。1951年10月,政务院公布施行《关于改革学制的规定》,从此"幼儿园"的名称正式取代"幼稚园"。1952年,教育部制定《幼儿园暂行规程(草案)》和《幼儿园暂行教学纲要(草案)》,明确了幼儿园的双重任务和保教并重方针。"文化大革命"结束以后,教育部颁布了一系列拨乱反正的文件,如《城市幼儿园工作条例》(1979年)、《幼儿园教育纲要》(1981年)、《国家教育委员会关于进一步办好幼儿园学前班的意见》(1986年)等,使广大幼儿教育工作者重新明确了幼儿教育的方向。1989年6月,国家教育委员会为了加强幼儿园科学管理,提高保育和教育质量,制定颁发了《幼儿园工作规程》(试行草案),1996年6月正式实施,2016年进行了重新修订。2001年7月,教育部颁发了《幼儿园教育指导纲要(试行)》,2012年10月教育部正式颁布《3—6岁儿童学习与发展指南》,2018年11月国务院颁发了《中共中央国务院关于学前教育深化改革规范发展的若干意见》,这些法规的颁布和实施,进一步推动了我国学前教育的科学化、规范化进程。

六、现代社会学前教育的发展趋势

学前教育学是一门年轻的学科,近30年来由于科学技术的发展和社会上对学前教育的重视,学前教育理论的研究有很大进展。

(一)国际化

每一个国家、每一种社会的学前教育及其发展都有其自身的特点。但是在现代社会,由于科学技术的发展、媒体的介入、交通的发达,使得不同国家的学前教育有了更多的了解与交流,国际合作也在不断加强。尤其在进入20世纪90年代后,世界各国对学前儿童教育的国际沟通已成为现代学前教育的发展趋势。

现代社会学前教育发展的国际化趋势决定了现代学前教育的社会化与合作化的特征。现代社会学前教育不仅应该关注国内的教育发展趋势,而且还要关注国际学前教育的发展趋势,要了解他国的教育经验,既不能简单照搬,也不能简单地排斥一切,而是要采用比较分析,选择采纳、合理借鉴等方式,不断地完善学前教育理论。同时将本国的学前教育及时融入国际化的大背景,积极参与学前教育的国际行动。

(二)多样化

在急剧变革的现代社会中,学前教育的发展必将受到社会各种因素的影响与控制。社会中的经济活动、文化活动、人口变化、生活方式等的变化,都对学前教育的体制、观念、内容与方法产生深刻的影响与猛烈的冲击。原先单一的办学体制、单一的教育模式、单一的教育理念已很难适应不同地区对学前教育的不同要求。所以,现代社会的学前教育在适应社会变革的过程中,其教育体制、办学模式、教育理论必然向多样化方向发展,从而解决新问题。

(三)科学化

现代社会的学前教育越来越重视学前教育的科学化,越来越重视科学技术手段、科学研究成果、科学教育观念对学前教育发展的影响作用。通过借鉴各学科的方法、手段、研究成果,学前教育逐渐走向科学化。

(四)整体化

当下的教育越来越关注人的全面发展,学前教育尤其关注儿童发展的各种需要,并尽可能为儿童发展创设良好的条件与丰富的环境,不仅保证其身体正常的生长发育,还要为他们提供参加文化生活和休息活动的机会,使他们获得在该社会条件下最完整的发展,从而避免孤立的、片面的发展。

(五)规范化

随着社会经济与教育事业的不断发展,现代社会的学前教育机构呈现出多样化、规模化的发展趋势。虽然不同国家、不同地区的托幼机构有很大的不同,但对各种不同的托幼机构的规范化管理,也已经成为世界学前教育共同的发展趋势。

上述现代学前教育的发展趋势,既反映了学前教育的发展对管理的影响作用,也反映了学前教育管理对学前教育发展的制约作用。只有把握了两者之间的关系,才能把握学前教育的发展趋势。

情景实训

小陆老师的困惑

九月一日开学啦,园长在全体教职工大会上提出,在原有课改取得成效的基础上,本学年幼儿园还要深入贯彻实施《幼儿园教育指导纲要(试行)》,加大课程改革的力度,希望每个老师都要积极参与,为进一步提高保教质量和效益做出努力。

小陆老师是刚参加工作的新老师,听了园长的话,既兴奋又纳闷。兴奋的是,一走上工作岗位,就可以投身于火热的教改实践。纳闷的是,自己虽然是学前教育专业毕业的,但却对如何开展教改,从何入手考虑班级的教改方案和措施,丝毫没有头绪。

如果你是小陆老师,你接下来会怎么做?

思考与练习

1. 什么是学前教育学？
2. 简述福禄贝尔、蒙台梭利的主要教育观点。

第一章课后自测

第二章 学前教育与社会发展

学习目标 →

1. 了解学前教育与政治、经济、文化之间的关系，理解社会发展对学前教育的制约作用以及学前教育在社会发展当中的重要作用。

2. 理解影响儿童发展的因素，掌握学前儿童身心发展的特点以及儿童发展对学前教育的制约作用。

本章提要 →

学前教育与社会发展
- 社会发展与学前教育
  - 社会政治与学前教育
  - 社会经济与学前教育
  - 社会文化与学前教育
  - 人口因素与学前教育
- 儿童发展与学前教育
  - 影响儿童发展的因素分析
  - 学前儿童身心发展的特点
  - 学前教育对儿童发展的促进作用
  - 儿童发展对学前教育的制约作用

问题情境 →

今年5岁的豪豪平时非常好动，几乎在凳子上坐不住，在家没一刻消停。一开始以为是顽皮，家长也没在意。上幼儿园后，老师常常反映豪豪上课时到处乱跑，做游戏都无法集中精神。无奈之下，豪豪的母亲带着孩子来到南京某所医院儿童神经与心理疾病门诊求助。门诊专家经过专业检查和测试，确诊孩子患有多动症。像豪豪这样的孩子，该医院每月接诊的多达上百例。有很多孩子，年龄比较大了才来就诊，导致预后十分不理想。

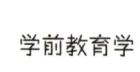

学前教育的本质特征是学前教育理论中的重要问题。学前教育的本质特征主要从两方面来探讨，一方面是学前教育与社会的关系，另一方面是学前教育与儿童发展的关系。研究和认识这两方面的关系，才能使我们认识学前教育的基本规律，才能在理论研究和教育实践中有正确的方向。

第一节　社会发展与学前教育

政治体系由政治观念、政治态度、政治信念、政治标准、政治权力、政治制度、政权机关、政党等因素构成，这些政治因素对学前教育及其发展有不同程度的影响和制约作用，同时，学前教育对社会政治具有一定的影响作用。

一、社会政治与学前教育

（一）社会政治对学前教育性质的制约作用

政治主要指国家性质、各阶级和阶层在政治生活中的地位、国家管理的原则和组织形式等。学前教育的性质受社会政治的影响，并由政治因素所决定。

学前教育的根本任务是为社会培养人。对哪个阶级和阶层的子女进行教育，进行什么样的教育，要培养他们成为什么样的人，这些有关教育和学前教育的领导权、法令、方针政策、目的任务及教育制度的问题主要是由社会政治决定。

在阶级社会里，学前教育体现了统治阶级的利益和意志，服从或服务于统治阶级的需要，具有明显的阶级性。在奴隶社会、封建社会和资本主义社会的政治制度下，学前教育主要是面向统治阶级的子女，为剥削阶级的政治统治服务，具有专断性和特殊性。在社会主义制度下，学前教育面向广大劳动者的子女，体现了社会主义的性质，服务于无产阶级的政治需要，具有平等性和民主性。我国社会主义性质的学前教育是国民教育体系的重要组成部分，是重要的社会公益事业，具有公益性和普惠性。

（二）社会政治对学前教育领导权的制约作用

教育的领导权直接关系到教育为谁服务和怎样服务的问题。在人类历史进程中，哪一个阶级掌握政权，哪个阶级在教育上就居于统治地位，掌握着教育的领导权，为他们培养社会所需要的接班人。

在原始社会时期，社会处于一种原始的平等阶段，没有阶级划分，教育是没有阶级性的，儿童平等地接受教育。到了奴隶社会，由于财富的不均带来了社会阶级的划分，教育具有了阶级性，教育的领导权掌握在奴隶主、贵族手中。如我国夏、商、周时，奴隶主家庭十分注意对幼小子女的教育，有专人负责，从小培养国家的管理者。到了封建社会，不同社会等级的子女的教育权和学习内容各不相同。地主阶级的子女从小接受封

微课 2-1

社会政治与学前教育的关系

建伦理教育,以巩固宗族、维护君权,而下层劳动人民的子女只能在生活和劳动中获得劳动技能的训练。

新中国成立以后,教育的领导权回到人民手中,学前教育面向广大人民群众的子女,幼儿园的布局、类型、收托制度等都贯彻为人民群众服务的方针,明确并制定了幼儿园教育任务和教育内容,使学前教育具有了社会主义性质。

总之,在不同的社会形态下,由于社会的政治不同,学前教育的性质也不同。但同时也要看到,由于学前教育是人的启蒙性教育,在儿童日常生活的基本行为习惯和独立生活能力的培养,基本动作的发展,智力的发展和认识自然环境等具体教育任务和内容方面,有一部分不随政治的改变而改变,而是相对独立的。因此,当前世界各国的学前教育在教育任务、教育内容和方法等方面也有其相近的一面。

(三)社会政治对学前教育发展的影响作用

首先,政府权力机关及职能部门对学前教育的重视程度,是发展学前教育的先决条件。实践证明,政府权力机关及职能部门和领导人的态度对学前教育的发展与改进意义重大。若政府权力机关及职能部门和领导人能够意识到学前教育的重要性并全力支持学前教育的发展,那么学前教育就会呈现良好的发展态势。如我国清朝末期,统治阶层开始关注学前教育的发展,并派代表团赴日本参观学习,考察教育制度,写成《东游丛录》一书,主张兴办女学,创办学前教育机构。1903年,张之洞与端方联合上奏《筹定学堂规模次第兴办折》,主张设置学前教育机构,成立了中国近代教育史上第一所官立幼稚园。

其次,社会政治直接影响教育财政的拨款、教育经费投入等。一方面,政治决定教育份额的多少,不同国家出于不同的政治需要对学前教育的公共投入比例有很大差异。在发达国家,美国父母分担的教育费用是60%左右,而法国和瑞典只有20%左右。在发展中国家,国家之间差距更大,如印度尼西亚的教育经费在公共投入中只占5%,古巴政府则承担所有费用。一般来说,以公共投入为主的国家,入园率更高。研究表明,以政府公共投入为主的多元模式既有利于政府获得新的教育资源,又有利于政府在政策多变的环境中保持教育资源投入的稳定性,从而实现教育普及化的目标。另一方面,政治决定教育经费的筹措。一般而言,政府根据财政收支情况及政治需要而决定教育经费的筹措方式,或者完全由政府财政支出,或者由民间集资或者私人出资,或者三者兼而有之。《国家中长期教育改革和发展纲要(2010—2020)》指出"社会投入是教育投入的重要组成部分。充分调动全社会办教育的积极性,扩大社会资源进入教育途径,多渠道增加教育投入。完善财政、税收、金融和土地等优惠政策,鼓励和引导社会力量捐资、出资办学"。

(四)学前教育对政治的作用

首先,学前教育为公民素质的培养奠定基础。学前教育通过对儿童进行社会化教育,培养儿童的社会认知、社会情感和社会行为。儿童通过学前教育获得对自我与社会中的人、社会环境、社会规范等方面的认识，在社会生活和社会交往的过程中习得自尊心、同情心等社会情感，获得社会行为技能。学前教育可以使儿童从小获得作为一个社会合格公民应具有的基本行为规范，为其今后成长为一名合格的公民奠定最初的素质基础。其次，学前教育通过影响学前儿童的思想观念影响政治。党的二十大报告指出："广泛践行社会主义核心价值观，弘扬以伟大建党精神为源头的中国共产党人精神谱系，用好红色资源，深入开展社会主义核心价值观宣传教育，深化爱国主义、集体主义、社会主义教育，着力培养担当民族复兴大任的时代新人。"学前教育作为学校教育的奠基阶段，是培养国家所需人才的最初阶段，学前教育向儿童传授的政治观念，使儿童从小认同并认可现有的政治关系格局。学前教育还通过环境创设、日常教育教学、家园共育等多种活动和形式将爱国主义教育渗透在儿童的生活之中。

二、社会经济与学前教育

学前教育的产生、发展与完善都与经济的发展密切相关，并受社会经济发展的制约。

（一）社会经济制约学前教育机构的产生和发展

社会经济的发展促进学前教育的发展和学前教育机构的产生。在原始社会，生产力落后，儿童在生活和劳动中接受的教育是非常原始的。在奴隶社会和封建社会的漫长历史时期，生产力发展缓慢，学前教育也长期处于缓慢发展的状态。资本主义大工业的兴起促进了经济的发展，提高了生产力，为建立学前教育机构提供了物质基础。同时，工厂的发展需要大批女工，使得儿童无人看管，产生了相应的社会问题，因此客观上产生了建立学前教育机构的需要。所以，当时工业发达的国家，如英、法、德、美等国首先建立起各种学前教育机构以解决儿童无人照管的社会问题，而在一些社会经济水平较低的国家，系统批量地建立学前教育机构则相对来说较为缓慢。

我国有组织的学前教育机构的出现源于近代大工业生产的需要。鸦片战争之后，中国产生了近代工业，使得城市手工业和农民家庭手工业遭到破坏，不少妇女走进工厂，参加近代大工业的劳动，在大量女工走进工厂的同时，婴幼儿的教育问题也随之出现。解决婴幼儿的教养问题，是当时经济发展和大工业生产对社会幼儿教育的迫切需要，也是社会和时代的客观要求。1903年，湖北武昌湖北幼稚园成立，这是我国近代教育史上第一所公办幼稚园。

从当前我国各地区学前教育状况来看，各地区学前教育事业发展是不平衡的。通常经济发达地区学前教育发展较好，城市和农村经济发展较快的地区，学前教育机构也有明显的发展。按照中共中央国务院《关于学前教育深化改革规范发展的若干意见》的主要目标要求，到2020年，全国学前三年毛入园率达到85%，普惠性幼儿园覆盖率（公办园和普惠性民办园在园幼儿占比）达到80%。广覆盖、保基本、有质量的学前教育公共服务体系基本建成，学前教育管理体制、办园体制和政策保障体系基本完善。投入水平显著提高,成本分担机制普遍建立。幼儿园办园行为普遍规范,保教质量明显提升。不同区域、不同类型城市分类解决学前教育发展问题,大型、特大型城市率先实现发展目标。到2035年,全面普及学前三年教育,建成覆盖城乡、布局合理的学前教育公共服务体系,形成完善的学前教育管理体制、办园体制和政策保障体系,为幼儿提供更加充裕、更加普惠、更加优质的学前教育。

(二) 社会经济发展水平制约学前教育的任务、内容和手段

不同社会经济发展水平给学前教育提供的财力和物力是不一样的,对学前教育的要求也是不一样的。因此,不同经济发展水平下的学前教育的内容、手段也会有所不同。从总的趋势来看,学前教育的任务在不断发生变化,从最初带有慈善性质,照顾幼儿的生活起居,保障幼儿的安全,到关注幼儿身体健康,注重行为习惯养成,再到注重幼儿情感发展等。现代社会,学前教育任务转向儿童身体、情感、社会和认知的全面发展。如我国在20世纪50年代初期,由城市街道集体举办幼儿园、托儿所和农村办的幼儿园、托儿所,大都以照看儿童的安全为主要任务。随着社会经济的发展,大都转向以教育儿童、促进每个儿童富有个性地发展,为儿童一生的发展打好基础作为主要任务。

学前教育的内容要反映社会生活的变化,同时由经济发展创造的物质财富与精神财富,又可为丰富和更新学前教育内容及手段提供条件。自1846年福禄贝尔正式创办第一所幼儿园以来,在社会经济发展的影响下,学前教育的内容和手段有了很大的变革。在教育内容方面,扩大了认识社会环境和自然环境的内容,注重儿童认识周围事物的兴趣和求知欲的发展,注重发展儿童的智力和能力,特别是创造力,培养儿童社会交往能力。在手段方面,儿童的游戏更为丰富多彩,多种多样,寓教育于儿童的日常生活,开发了各种观察、操作和实验活动,并运用了录音、幻灯、电视及计算机等现代化教学手段,不断提高学前教育质量。

(三) 学前教育对社会经济的作用

学前教育是整个教育的最初基础。教育学和心理学的研究表明,提高人的素质不只是在入小学后的教育,很重要的是在入学前的教育。首先,学前教育可以增加财政收益。发达和发展中国家所实施的早期项目表明,良好的幼儿教育将大大减少儿童青少年时期的学业失败比例,降低儿童留级率和辍学率,提高儿童入学率、录取率和毕业率。美国经济发展委员会资助的研究项目"普及学前教育与投资传统经济方案的比较研究"表明,高品质的学前教育对经济发展产生的影响远远大于一般商业补贴和投资。该研究预测,持续普及学前教育到2080年可提高将近2%的国家就业率和国内生产总值,会为国家多创造出300多万个就业机会,学前教育带来的增益收入约达到每年投入的四倍。因此,学前教育的投入是回报率最大的公共投入。其次,学前教育能够解放妇女。学前教育机构承担保育和教育幼儿的任务,灵活安排教育机构的服务时间,减轻了母亲养育子女的负担,使她们有更充沛的精力参加到社会工作中。学前教育把妇女从家庭中解放出来,既可以直接增加家庭收入,推动社会经济发展,也可为实现社会平等做出贡献。再次,学前教育在提高劳动力的素质方面,在促进社会经济发展方面越来越

受到人们的重视。学前教育可以在儿童幼小的心灵中播下爱自然、爱探究的种子,从小培养的科学文化兴趣和基础,在提高劳动力素质中会发挥积极作用。

三、社会文化与学前教育

"文化"是一个使用十分广泛且定义非常宽泛的概念。文化有广义、狭义之分。广义的文化是指人类在社会发展过程中所创造的物质财富和精神财富的总和。狭义的文化指人类后天习得的,并为一定群体所共有的一切观念和行为,主要限于广义文化的精神层面,即社会的思想、道德、科技、教育、艺术、文学、宗教、传统习俗等,它往往表征一个社会团体所具有的行为和信仰体系特征。

社会文化制约着人类各方面的活动,同样也制约着教育活动。从影响的形式看,文化对教育的制约作用具有间接性、隐蔽性;从影响范围看,文化对教育的影响具有广泛性;从影响的方式和途径看,文化对教育的影响既有对社会意识、社会舆论的影响,也有对个人深层认知结构的影响。社会文化对学前教育的影响主要体现在教育目标、内容与方法、个体发展等方面。

(一) 社会文化影响学前教育的目标和内容

文化的核心价值观念,作为一种沉淀于人们深层心理结构中衡量事物的基本尺度,极大地制约着学前教育的目标。学前教育目标反映社会价值观念和发展方向,反映社会生产力发展水平对人才的要求,不同文化有不同的文化角色与素养要求。如瑞典曾经是"一种语言、一个民族和一种宗教"的同质社会,但二战后大量移民涌入,使瑞典面临前所未有的挑战,即如何应对日益复杂的民族文化多样性,如何处理移民和少数民族问题。瑞典政府致力于创建和谐与平等的多元文化社会,教育就成为融合移民的重要手段和途径之一。1998年,瑞典正式颁布了全国统一的学前教育课程,详细规定了学前教育的总体目标和方向,强调学前教育课程应增长儿童知识,丰富儿童经验,使儿童不仅能够了解、热爱本民族的文化,还能够尊重和接受外国文化。而美国作为一个倡导民主理念的国家,特别强调要"帮助儿童理解并尊重他们自己的文化传统和其他儿童的种族文化"。韩国是一个重视群体价值的国家,则强调"培养儿童体验、热爱进而乐于参加集体生活的态度"。

教育所传授的内容,是人类积累的文化财富,所以,教育内容的选择在很大程度上受到文化因素的影响。不同国家和民族创造不同的社会文化传统,民族传统文化中可利用的课程资源非常丰富,像语言、仪式、民间游戏、社会活动、民族文化传统等,为幼儿园课程提供了广阔的开发空间。

(二) 社会文化影响学前教育师生关系和教育教学方法

不同的文化背景下,师生关系的特点是各不相同的,我国古代的师生关系偏重师道尊严,重视教师的地位和作用。当代的师生关系强调师幼平等,强调教师是幼儿学习的支持者、合作者和引导者。在西方,强调人性解放,注重调动幼儿的积极性,培养儿童独立思考、探索创新的能力,教学方法注重科学有效。我国在《幼儿园教育指导纲要(试行)》中强调幼儿实际的学习是综合的、整体的,幼儿园教育内容范畴的划分是相对的,教育过程中应依据幼儿的学习特点进行整合处理,以使幼儿通过真实而有意义的活动主动、活泼地学习,获得完整的经验,促进身心全面和谐的发展。

(三)学前教育对社会文化的影响

首先,学前教育对社会文化的影响体现在学前教育影响社会文化的传承和选择。社会文化有三种基本形式,即物质文化、制度文化、精神文化,与此对应,不同文化形式的保存与传承具有不同的方式。物质文化的传承通常表现于各种艺术作品中,制度文化渗透于人们的社会生活规范与习俗中,而精神文化常常通过思想观念的方式传承,往往保存在各种官方典籍和民间文化中。

学前教育对社会文化的传承是有所选择的,必须依据儿童发展需求选择适宜的、符合社会可持续发展的文化作为传授内容,帮助其形成最初的世界观。学前教育阶段是儿童发展的基础阶段,学前教育选择用什么文化去影响儿童,对国家和民族未来的发展有着十分重要的影响。我国古代的蒙养教材,如《三字经》《弟子规》《千字文》等反映了当时中国人受教育的文化氛围、生活习俗、道德风貌,对国民性格的形成,以及民族传统、社会风尚的保持和维护起到了重要作用。

其次,学前教育影响社会文化的创新。党的二十大报告指出:"全面建设社会主义现代化国家,必须坚持中国特色社会主义文化发展道路,增强文化自信,围绕举旗帜、聚民心、育新人、兴文化、展形象建设社会主义文化强国,发展面向现代化、面向世界、面向未来的,民族的科学的大众的社会主义文化,激发全民族文化创新创造活力,增强实现中华民族伟大复兴的精神力量。"教育在传承社会文化的过程中,不是对社会文化的简单复制,而会根据社会变革、儿童身心发展的状况以及教育自身价值的差异,赋予社会传统文化以新的意义。学前教育是从儿童身心发展特点和特定的社会文化背景出发,有目的地选择、组织和提供有益的经验,促进幼儿身心和谐全面发展的教育活动。学前教育作为社会文化的存在,作用于幼儿及家庭,可以帮助幼儿获得自我认同和社会认同,延续并传承社会文化,并影响社会文化的生成。

四、人口因素与学前教育

人口是社会生态基础的重要组成部分。人口是指生活在一定社会、一定地域,具有一定数量、质量与结构的人的总体。教育与人口的关系非常密切。教育以人口为对象,人口的发展又以教育为条件,二者互相影响,互相制约。

(一)人口影响学前教育发展的战略目标与战略重点

学前教育发展的战略目标的实现既取决于一定的社会经济条件,又受人口因素的制约。如亚洲国家的卡拉奇计划、非洲国家的亚的斯亚贝巴计划,都是在 1960 年初拟订并期望实现二十年的长远规划。然而许多国家由于人口增长过快等原因而难以按计划实行。

战略重点的选择不仅要视教育发展的特点和需要,而且还应视人口等客观条件而

定。当人口增速比较快时,由于新增人口多,国家为保证学龄人口都有接受教育的机会,它的战略重点必须放在教育"量"的发展上。而当人口处于零增长或负增长时,由于现有的教育设施足以保证每一个学龄人口的入学机会,因此国家的教育战略重点便会放在教育"质"的提高上。

(二) 人口数量影响学前教育的规模和资源的合理使用

一般来讲,人口出生率越高,需要受学前教育的人口数量越多,学前教育规模也就越大。可以说,学前教育规模与人口数量共升降。在教育资源为一定量的情况下,人口多,则人均教育资源就少,二者呈反比例关系。

(三) 人口质量影响学前教育质量

人口质量对学前教育质量的影响,直接地讲是指入学者已有的水平对教育质量的总影响;间接地是指现有人口的整体质量影响着新生一代的人口质量,从而影响以新生一代为对象的学前教育质量。

(四) 教育对人口的影响

教育是控制人口增长的手段之一。人口出生率受多种因素制约,如经济条件、文化观念等。联合国儿童基金会的一份报告指出:"在很穷的社会里,因为父辈的一生常常是单调的、含辛茹苦和逆来顺受的,因此孩子是能给他们欢乐和自豪的来源之一,孩子们有可能给他们带来改变和希望。"但教育与人口出生率的联系十分密切。1987 年 1‰ 人口抽样调查资料显示,文盲(半文盲)妇女的生育水平分别是小学、初中、高中、大学文化程度妇女的 1.19 倍、1.38 倍、1.63 倍、2.34 倍。正如联合国人口司在《世纪转换之际的世界人口》中指出的:"在生育率与教育……之间存在着负相关关系,看来这一规律对中国也不例外。"育龄妇女的文化程度高,往往会推迟初婚、初育年龄,并比较容易克服"传宗接代"等封建残余思想的影响和掌握科学的生育方式。同时,她们就业机会多,为了能在业余时间使自己多进修提高,同时指导小孩取得良好成绩,也希望少生孩子。可见,大力发展教育事业,不仅有利于提高人口素质,而且也有利于控制人口数量。

教育对人口质量的影响更为突出。通过教育向人们传授优生优育的知识,可以提高新生婴儿的先天素质;通过体育可以提高人口的身体素质;通过智育可以提高人口的科学文化素质;通过德育可以提高人口的道德素质。也就是说,人口质量的提高必须依靠于教育。

教育也是使人口结构趋向合理化的手段之一。首先,国民教育水平的提高直接影响着人口的文化素质结构,如果一个国家高等教育比较发达,无疑这个国家人口中受过高等教育的人所占比例就会比较高。其次,教育可以调整人口的职业构成。尤其是通过不同类型的学校及其专业的调整来调节社会各种职业的结构。

教育可以影响人口的机械变动。人口的机械变动指人口在空间位置上的移动,即人口的迁移变化。有关研究表明,教育程度与迁移成正相关,即教育程度高,人口迁移倾向就高,反之则低。美国芝加哥大学人口学家鲍格研究发现,当年龄因素受到控制后,大学毕业生的迁移数量为小学毕业生的 2—3 倍。

教育可以影响人口的社会变动。人口社会变动是指人口社会构成的变动。人口社会构成就是人口在社会机体中的组合状况，如文化教育构成、职业构成等。人口文化构成是由各级各类学校教育的发展规模和速度决定的，它是教育发展水平的直接体现。教育发展水平越高，非文盲人口的构成比例就越大，反之文盲人口比重较大。

教育程度的高低也直接影响到个人社会职业地位的升降。从理论上讲，如果不考虑社会背景、家庭出身、机遇等因素，教育学历将直接影响个人未来的职业角色。

第二节 儿童发展与学前教育

儿童的发展是指个体生理、心理方面的发育、成长、分化、成熟、变化的过程，是个体身心整体连续变化的过程，既有量的变化，也有质的变化。其中生理的发展，是指儿童机体的正常生长和发育，包括形态的增长和功能的成熟。心理的发展，是指儿童的认知、情感、意志和个性的发展。对学前儿童来说，其生理的发展与心理的发展是密切相关的，儿童年龄愈小，其生理发展和心理发展之间的相互影响也就愈大。儿童的发展受到诸多因素的影响：有先天的因素和后天的因素；有生物的因素和社会的因素；有生理的因素和心理的因素；有物质的因素和精神的因素等。这些因素都会对儿童的发展产生不同的作用，教育是其中的重要因素。

学前教育作为一种教育活动，是以学龄前儿童为教育对象，而学龄前儿童身心发展的规律则是实施学前教育的重要依据。学前教育与儿童发展又是一个相互作用、相互制约的复杂过程。所以，我们不仅要厘清学前教育与社会发展的关系，而且还要研究学前教育与儿童发展的关系。

一、影响儿童发展的因素

关于儿童发展的理论研究影响较大的是遗传—成熟理论、精神动力学理论、心理社会发展阶段论、环境—学习理论、文化—建构理论等。综合不同儿童发展理论可以归纳出影响儿童发展的因素主要有遗传、环境及儿童自身特征等因素。

微课 2-5
学前儿童身心发展的影响因素

（一）遗传因素

相对于遗传—成熟理论，现代遗传学关于遗传对儿童发展的影响有了较为深入和科学的研究。有机体与生俱来的构造形态、感官和神经系统等方面的解剖心理特征被称为遗传素质。一些遗传的特征显现于物种的每一个成员之中，如儿童的直立行走、语言、模仿及使用简单工具的天赋，一些遗传特征也因人而异，如身材、运动能力、智力等。现代医学研究表明，遗传对儿童发展的影响体现在以下几个方面：

1. 遗传素质为儿童发展提供了可能

首先，遗传素质是儿童身心发展的物质前提条件。个体在感知以前，必须有各种感

知器官,人们为了思维,必须有特殊组织的物质——脑的存在,否则,个体就无从感知,无从思维。所以,遗传素质为儿童的发展提供了最初的可能性。

其次,遗传素质的差异性是构成儿童身心发展的个性化的因素之一。儿童的智力、才能、个性是有个别差异的,这些差异都在一定程度上受到先天遗传素质的影响。如高级神经系统生理机能的不同特征,影响智力活动,神经过程灵活性高的儿童,思维敏捷;神经过程强而灵活的儿童,知觉广度较大;神经过程平衡性高的儿童,注意分配需要时间短。

再次,遗传素质并不能单一地决定儿童发展,儿童具有的遗传素质只有与社会环境和教育相互作用时,才能实现其对儿童发展的影响。如出生后与人类社会隔绝,生活在动物群的儿童,明显与正常幼儿的发育及生活特点不同。需要注意的是,遗传素质在后天条件影响下,又是发展变化的。如大脑的发育在胚胎阶段就受母体环境的影响,出生后,早期经验也影响脑的结构和机能。

总之,遗传素质是儿童身心发展的物质前提条件;没有这个前提条件就谈不上儿童发展,但遗传素质只为人的发展提供物质前提和可能性,不能夸大遗传素质的作用。因而,那种夸大遗传素质作用的"遗传决定论"是片面的。

2. 胎内环境等先天因素对儿童发展的影响

自 20 世纪 50 年代以来,对胎儿发育的研究,科学地说明了母亲的营养、疾病、药物和情绪对胎儿发育有重大影响。已有研究表明,由于孕妇营养不良,或出生后第一年营养不良,婴儿的脑细胞数量会低于正常数值,有时只达预期数量的 60%。母亲的营养还会影响胎儿出生以后的智力发展。如哈勒尔于 1955 年进行了一项实验研究,对营养不良的孕妇,一半人给以营养补助,另一半人给以安慰剂,在她们孩子三四岁进行智力测定时,发现给予营养补助的一组,孩子智力的平均分数高于另一组。如果孕妇患有某些严重疾病,常常会引起流产、早产和死胎,或导致胎儿患病或先天缺陷。如果孕妇滥用药物,会影响血液中的化学成分和细胞的新陈代谢,从而影响胎儿的正常发育,因此母体环境对发育中的胎儿有很大影响。

3. 成熟机制对儿童发展的影响

儿童的生理和心理的发展,是按照遗传信息所控制的特定顺序,有规则、有次序地进行的。儿童的发展有一张"时间表",他们的发展必然遵守这张"时间表"。这种用来指导发展过程的机制,就是成熟。对于儿童来说,成熟是推动发展的重要动力。没有足够的成熟,就没有真正的发展。脱离了成熟的条件,学习本身并不能推动发展。美国儿童心理学家格塞尔指出:儿童在成熟之前,处于学习的准备状态。所谓准备,就是由不成熟到成熟的生理机制的变化过程。只要准备好了,学习就发生了。而在未准备好之前,成人应等待,等待儿童达到对新的学习能够接受的水平。各种学习、训练内容,应该在儿童达到一定的成熟水平时展开。例如,训练一个 7 个月的儿童爬行是完全可能的,但如果训练他走,由于其机体的构造和机能尚未成熟,则是有害无益的。

(二)环境因素

人类发展生态学表明,人的发展过程是个体与其直接生长于其中的变化着的环境之间渐进的、双向的互动过程。环境是儿童赖以生长和发展的必不可缺的外部条件,它包括自然环境和社会环境。

1. 自然环境对儿童发展的影响

一切生物生长发育都离不开适宜的自然环境。首先,自然环境是影响儿童发展的首要环境因素。在儿童还未出生时,母亲所处的自然环境是否健康,对胎儿的健康发育有着十分重要的影响。美国一项研究表明,空气污染可以导致胎儿基因发生变化,增加其未来患癌症的概率,研究人员发现,吸入污染程度较重的空气的孕妇,其新生儿发生持久性基因变异的概率比正常水平增加50%。其次,自然环境对儿童的性格也有不同程度的影响。儿童生长最初遵循的是生命自然的节律,如自然睡与醒的节律,如果这种节律得到很好的保护,儿童就能健康地成长和适应。同时,自然环境也为儿童生命的成长与发展提供必要的物质资源,儿童接触不同品质的自然资源,会导致他们有不同的发展。儿童生活的自然条件优劣,对其性格形成也有一定影响,如在恶劣山区条件下生长的孩子,性格就相对质朴、坚强;而生活在交通贸易繁荣地区的孩子,性格表现相对比较机灵、变通。不过,这种差异随着信息化水平的提升不断减少。科学研究表明,最基本的教育力量源于自然本身。儿童在与自然的直接接触中,儿童对植物、动物、土地和水的情感和亲密最终演变成在自然中就像"在家"的感觉。然而,也有研究表明,随着全球化进程的推进,原始的自然栖息地不断减少,可供孩子接触的自然环境越来越少,这种自然接触的缺失会使他们出现多动、注意力不集中、抑郁等。

2. 家庭环境为儿童的发展奠定基础

家庭是儿童成长的最初场所,父母是儿童的第一任教师。家庭环境是指家庭的经济和物质生活条件、社会地位、家庭成员之间的关系,以及家庭成员的语言、行为、情感的总和。家庭环境对学前儿童的影响主要包括物质环境的影响、心理环境的影响和教养方式的影响。物质环境是指家庭中生活、学习物品是否充足,如何摆设与使用;心理环境是指父母与子女之间的态度及情感交流的状态,家庭中人与人是否和睦、尊老爱幼、各尽其责、相互谅解,语言是否文明有礼等;教养方式是指长辈对子女的教育是否民主平等,家长是否尊重儿童的个性,家长是否鼓励子女自主独立,等等。

家庭是人生的奠基石,家庭环境为儿童的发展奠定了基础,所以家庭环境直接影响儿童的发展,对儿童生长发育、心理素质的形成和发展,其影响是长远和深刻的。如我国著名桥梁专家茅以升在回忆母亲时写道:"她的言行德操,在我家垂为风范,勤俭操家,事亲和顺。审利害,察是非,英断决疑,教养子女,视严实宽,协助亲朋,既丰且勤……"他的母亲还教育他"要取得真才实学,真有实识,报国始有方"。正是在这种家庭环境的熏陶下,茅以升养成了爱祖国、爱家乡、刻苦钻研、奋发学习、勤俭朴实等优良品质,成为我国近代著名的科学家。

3. 社区是儿童成长的文化摇篮

生活在一定社区里的人们,由于长期的共同生活,就会积累和培养起共同生活的社会习俗,这些习俗反映在人们的衣食住行等的价值观、审美观和道德观以及与这些观念

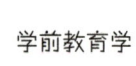

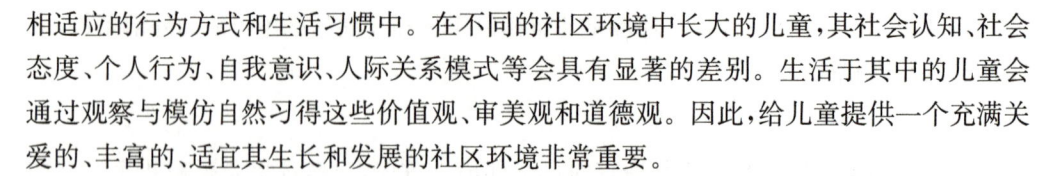

相适应的行为方式和生活习惯中。在不同的社区环境中长大的儿童,其社会认知、社会态度、个人行为、自我意识、人际关系模式等会具有显著的差别。生活于其中的儿童会通过观察与模仿自然习得这些价值观、审美观和道德观。因此,给儿童提供一个充满关爱的、丰富的、适宜其生长和发展的社区环境非常重要。

4. 幼儿园在儿童发展中起独特作用

幼儿园是环境的重要组成部分,是环境中的自觉因素。它与遗传、家庭相比较,在儿童身心发展中具有更为独特的作用。幼儿园是根据一定的社会要求,用一定的内容和方法,对儿童实施有目的、有计划、系统的引导和影响活动。它决定儿童的发展方向,为儿童的发展提出明确的方向和目标;它运用科学的手段和方法组织活动和学习,尊重儿童的年龄特点;它从环境中筛选了符合儿童身心健康的内容,更有利于促进幼儿良好的发展。

首先,幼儿园是儿童社会化的重要场所。幼儿园是儿童离开家庭后进入的第一个社会机构,在幼儿园儿童开始学习群体生活规范,在群体生活中,儿童要学会考虑他人的需要与感受,学会管理自己的情绪、情感,规范自己的行为,这是儿童迈向合作与自制的起点。其次,幼儿园对儿童的教育是有目的、有计划、系统性的。作为专门的教育机构,幼儿园要为儿童健康发展创设适宜的条件,促进其身心和谐发展。幼儿园有专职的保教人员,按照儿童发展需要和社会的要求精心制定各种教育教学计划,组织儿童开展各种活动,引导儿童系统发展。最后,幼儿园对儿童的发展起到主导作用。影响儿童发展的各种因素在方向和力量上往往存在不一致或矛盾的地方,要促进儿童健康和谐地发展,就需要幼儿园将各种影响力量进行整合,发挥独特作用,当然,这种主导作用不是自然发生的,需要教育工作者有一种自觉的责任意识,为儿童创设最佳的生长环境。

(三) 儿童自身的能动性

儿童的发展,除了受遗传、环境和教育等因素影响外,还取决于其自身的能动性。这是决定儿童发展方向与发展水平的又一个不可忽视的因素。因为儿童在发展过程中,不是消极被动地接受外部环境的影响,而是积极主动的学习者,他们对环境的刺激有较大的选择性,并表现出作为独立的生命体所具有的能动性。因此,同样的环境对于不同的儿童可以产生不同的影响。

首先,儿童的主动探究影响其身心发展。儿童天生就是一个探索者,出生不久,就能随声音转动头部,眼睛也能追随物体。当儿童能抓握、行走时,会不停地进行各种活动,这些活动促进他的身心发展。其次,儿童的选择可以影响其所处的环境。从儿童的心理发展来看,儿童认识外界是儿童内部的主动活动的过程。没有儿童自身能动性的体现,其他因素的作用也难以完全得到实现。儿童作为一个有机体,并不是消极地接受各种影响,而是能动地做出自己的选择,跳出自己理解的知识和事件,探究不理解的知识和事件,不断发展对人、对事的看法,不断积累和提炼。

总之,儿童的发展绝不是某一种因素单独影响的结果,而是多种因素综合地、系统地相互作用的结果。其中儿童的主观能动性对儿童自身的发展尤为重要,我们不能孤立地、静止地强调遗传、环境和教育的作用，更不能忽视儿童主观能动性对其发展的重要作用。只有把各种因素综合起来考虑，才能全面地认识儿童的发展与教育问题。

二、学前儿童身心发展的特点

学前儿童身心发展有其自身的规律和特点，在不同阶段有着不同的特点，身心发展的年龄特征和总体趋势如下：

（一）基础性与易感性

学前儿童具有多样化的潜能，可塑性强，随着生命机能的不断发展和成熟，其可塑性会不断降低，因此，儿童的早期发展起着非常重要的奠基作用，这也是人们重视早期教育的主要原因。

同时，学前儿童发展具有较强的易感性，不仅容易朝着积极的方向快速发展，也容易朝着消极的方向快速发展。这与儿童发展的"敏感期"密切相关。"敏感期"是生态学家从对动物的研究中提出的，指的是儿童在某个时间内，会有某种强烈的自然行为。敏感期的出现使孩子对环境中的某个层面有强烈的兴趣，几乎掩盖了其他层面，并且在敏感期内的孩子会出现大量的、有意识的活动。研究表明，"敏感期"一般发生在生命的早期，如 4 岁前是形状知觉的敏感期，口语学习的敏感期在 8 岁前，1.5—4 岁是对细微事物感兴趣的敏感期，2.5—4 岁是对社会规范的敏感期等。儿童的易感性会产生两种可能的结果：一是特定的早期经验在发展最具可塑性和对刺激最易做出反应的时候，为儿童发展某些能力做准备；二是如果这些基本的经验缺失，儿童就极易受到不利影响，进而产生永久性的机能障碍。

（二）连续性和阶段性

儿童的身心发展按照一定顺序展开，如身体发展是从头部到四肢、由中心到边缘。心理的发展也有一个从低级到高级、从简单到复杂、从不分化到逐渐分化的顺序。它既是相对稳定的，又可以随着社会生活和教育条件等文化背景的改变而有一定程度的可变性。如人类脑的结构和功能的发育是有一定过程的；语言的发展和知识的深浅也是有一定顺序的；学习、求职、成就等生活事件和活动形式的变化也有一定的时间性。如婴儿身体发展遵循"头尾原则"和"近远原则"。婴儿动作发展的顺序是从头到脚、从中心到外周、从大肌肉到小肌肉。儿童的认知发展遵循由近及远、由表及里、由片面到比较全面、由浅到深、由绝对到相对、由自我中心到脱中心化的过程。再比如，柯尔伯格认为道德发展的三种水平六个阶段是按照固定的顺序由低到高逐步展开的。

儿童的身心发展过程是一个从渐进性的量变到跃进性的质变的过程。整个发展过程表现出若干连续的阶段，不同的阶段，表现出区别于其他阶段的典型特征和主要矛盾，这就是身心发展的阶段性。

划分心理发展阶段的标准，是与心理发展的基本观点相联系的，主要有如下几种：

表 2-1　不同划分标准下的心理发展阶段划分

划分标准	代表人物	阶段划分
认知发展	皮亚杰	① 感知运动阶段(出生—1岁半、2岁);② 前运算阶段(1岁半,2岁—6、7岁);③ 具体运算阶段(6、7岁—11、12岁);④ 形式运算阶段(11、12岁—15岁)。
生理发展	柏曼	① 胸腺期(幼年期);② 松果腺期(童年期);③ 性腺时期(青年期);④ 内分泌的全盛期(成年时期);⑤ 内分泌缺乏时期(老年期)。
情欲说	弗洛伊德	① 口唇期(0—1岁);② 肛门期(1—3岁);③ 前生殖器期(4—5岁);④ 潜伏期(6岁到青春期前);⑤ 生殖期(青春期)。
人格特征	艾里克森	① 信赖对怀疑(0—1岁);② 自主对羞愧(1—3岁);③ 主动对内疚(4—5岁);④ 勤奋对自卑(6—12岁);⑤ 角色统一对角色混乱(12—20岁);⑥ 亲密对孤独(20—24岁);⑦ 繁殖对停滞(25—65岁);⑧ 完善对失望(65—　)。
主导活动	列昂节夫	① 直接的情感交际活动(0—1岁);② 操作实物的活动(1—3岁);③ 游戏活动(3—7岁);④ 学习活动(7—11岁);⑤ 社会公益活动(11—15岁);⑥ 专业的学习活动(15—17岁)。

综上所述,虽然划分的标准各有不同,但在实际年龄阶段的区分上是相近的。儿童在生理、智力、个性、教育和生活诸方面的发展各有其各自的特点,在以身心发展的各种指标,综合地来划分各自年龄阶段的同时又要看到其内在的一致性。

（三）普遍性和差异性

在儿童的发展过程中,有些变化会出现在每一个儿童身上,反映了儿童发展的普遍性特点。这种普遍性既有年龄阶段的特征,又有文化与时代意义的普遍性,如一个时代和文化背景下成长的儿童自然有别于其他文化背景和时代下成长的儿童。儿童发展的个别差异性,是指在儿童发展具有整体共同特征的前提下,个体与整体相比较,每一具体儿童的身心发展,在表现形式、内容和水平方面,都可能会有自己的独特之处,这种表现于个体发展方面的差异性,源于个体遗传素质和生活环境的差别。例如,同样年龄的儿童,在身高方面有明显的高矮之分。同年龄的儿童,也会由于他们各自神经系统灵活性的差别,在学习中表现出注意力的持久性、知觉的广度方面的差异。

三、学前教育对儿童发展的促进作用

（一）学前教育促进儿童身体的发展

母体环境对胎儿的发育起着重要的作用,适当的教育和训练能保证并促进胎儿的正常发育。中国古代就有孕妇规范自己行为举止的胎教记录。古人认为,胎儿在母体中能够感受母亲的情绪、言行,所以孕妇必须谨守礼仪,给胎儿以良好的影响。比如,《颜氏家训》记载了圣王的胎教方法"怀子三月,出居别宫,目不邪视,耳不妄听";《大戴礼记·保傅》中记载"周后妃妊成王于身,立而不跛,坐而不差,独处而不倨";汉代韩婴在《韩诗外传》中记录了孟子的母亲怀孟子时"席不正不坐"。现代心理科学的发展已证明,胎儿不仅具有视觉、听觉、活动和记忆力,而且能够感受母亲的情绪变化。孕妇的情绪变化会通过神经和体液的变化，影响胎儿的血液供应、呼吸、胎动等。在妊娠期间，母亲保持愉快的情绪，采取适当的方法和手段，对胎儿的听觉和触觉实施良性刺激，通过神经系统传递到大脑，可促进胎儿大脑皮质的发育。

婴儿出生后身体的正常生长和发育也离不开文化因素，尤其是教育的参与，世界各地关于兽孩的报道就说明了这一点。这些兽孩在身体发育方面具有以下特征：四肢爬行，不会直立行走和奔跑。即便他们重回人类社会，经过长时间的教育也很难学会直立行走和奔跑。这说明人的身体发育也存在着关键期，一旦错过，以后的教育和学习是无法成功补救的。另外，学前儿童生长发育迅速，可塑性强，各器官尚未发育成熟，肉嫩娇弱，易受伤害，身体形态结构没有定型。健康教育就担负着保健和身体锻炼的责任。合理的营养、充足的睡眠和适当的体育运动能促进儿童正常地生长发育，反之，则会给儿童的健康带来严重的损害。

总之，学前阶段是人的一生中身体发展的起步和奠基阶段，是身体生长发育的高峰期，更是各种基本动作技能和习惯动作定型及心理发展的初期。在婴幼儿期，婴幼儿获得各种活动机会，这对他们的成长和发展具有特殊的意义。学前教育为婴幼儿提供了具有丰富刺激的良好环境，使得他们有机会在各种活动中获得更加丰富的体验。

（二）学前教育促进儿童认知的发展

学前期是人的认知发展最迅速、最重要的时期，在人一生认识能力的发展中具有十分重要的奠基性作用。处于学前期的儿童虽然发展变化迅速，具有巨大的学习潜力，但是这种发展特点只说明了婴幼儿具有很大的发展"可能性"。如果要将这种发展的可能性变为现实性，需要成人提供适宜于儿童发展的良好环境，尤其是良好的教育影响。已有研究证明，早期教育对于儿童的认知发展具有重要影响。单调、贫乏的环境刺激和适宜的学前教育的缺乏，会造成儿童认知方面的落后，而为儿童提供丰富的感性经验，并给予积极的引导、帮助和教育，则能够促进其认知的发展。另外，学前教育的质量还直接关系儿童能否拥有正确的学习态度、良好的学习习惯和强烈的学习动机，从而对个体的认知发展和终身学习产生重大影响。适宜的、遵循儿童身心发展规律的学前教育能够积极地促进儿童各种智力和非智力因素，包括语言能力、思维力、想象力、创造性、学习动机、求知欲、自我效能感的发展，而不适宜的学前教育，如单纯对儿童进行机械的学业知识和技能的训练，不但会损害儿童的学习兴趣、学习积极性和内在的学习动机，降低其自我效能感，而且会使儿童逐渐丧失独立思考的能力和创新精神，从而对儿童的认知发展产生长远的消极影响。

学前教育对于儿童智力的发展起着至关重要的作用。学前期是神经系统迅速发展时期，这一时期的教育对人的智力启蒙有重大作用。国内外一些研究者对学前教育在儿童智力发展中的作用进行了很多研究，如美国著名心理学家布鲁姆（Benjamin Bloom，1913—1999）对近千名儿童进行从出生一直到成年的追踪研究，在《人类特性的稳定性与变化》一书中，他提出了早期经验与智力发展的科学假设：5岁前是智力发展最为迅速的时期，与17岁所达到普通智力水平相比较，在4岁时约已获得个体智力的

50%,其余的30%的智力是在4—8岁获得的,最后的20%是在8—17岁时获得的。他认为在智力发展极为迅速的时期,环境对智力发展的影响最大。儿童入学后学业成败很大程度上取决于早期经验。虽有人对他的论点持不同看法,如认为布鲁姆只是就智力测验资料而言,并非指儿童的智力发展,但学前期是智力发展的重要时期是公认的。这些研究成果为20世纪60年代以来,国际上重视学前教育发展这种现象提供了重要依据。

(三)学前教育促进儿童社会性心理的发展

自出生伊始,除了身体成长、运动能力增强以及认知水平逐步提高外,婴儿开始了社会化的过程。婴幼儿的情绪、个性以及社会关系等的发展变化构成了其社会性心理发展的内容。研究表明,适宜的学前教育可以促进儿童个性、情绪情感、社会性等方面的发展。

1. 学前教育促进儿童个性的发展

个性也可称为性格或人格,是指具有一定倾向性的比较稳定的心理特征的总和。通俗地说,就是指一个人整个的内在心理面貌。俗话说:"人心不同,各如其面。"就是说人们内心世界就如人的生理面貌一样,也是各不相同、各具特色的。

儿童随着认识能力、自控能力的增强,社会合作和自我评价能力的提高,其个性也逐渐形成。儿童出生时只是一个生物个体。个性的形成是从婴儿期开始的,并在成长中逐步形成自我意识、独立性及对自尊心的需求。

在学前教育的群体活动中,通过成人的评价、儿童的体验,儿童逐步学着处理人与人之间的关系,从而形成独特的个性。因此,学前教育对儿童个性的发展起着较大的影响。有心理学家对第二次世界大战期间失去了父母的数千名儿童进行研究,发现早年丧失父母和正常的家庭环境,对儿童行为和个性的发展极为不利。人类学家的一些研究发现,由于各个种族对儿童照料的方式不同,如从小受成人关心的儿童,长大后性格温和,能处理好人与人之间的关系;如从小成人对他们不关心,只是给他们喂食,就会有相反的结果。这些研究也说明,在神经系统迅速发展的学前期,最容易接受外界刺激的影响,暂时神经联系一经形成,就会留下深刻的印迹。总的来说,儿童由于认识水平较低,知识经验较贫乏,对人和事物的态度还不够成熟、稳定,自我意识尚在发展中。所以,儿童的个性虽已初步形成,但尚未定型,还在不断地发展完善。因此,儿童期是个性发展的关键期,具有较强的可塑性。这个阶段,儿童若形成良好的个性将会对他整个人生产生积极影响;相反,若形成了不良的个性品质,不但会对自身发展产生消极影响,严重者甚至会给他人、集体、社会造成危害。

2. 学前教育促进儿童情绪情感的发展

学前期是情感教育的重要时期,帮助学前儿童形成初步的情感调控能力,是儿童情感教育的目标之一和重要内容。良好的情绪发展不仅有利于儿童智力发育,而且也有利于儿童的社会交往能力的形成,使其更好地适应社会,所以我们要积极创设条件,培养学前儿童的积极情绪。

学前儿童的情绪具有易激动、易感性、易表现性等特点,情绪调控能力比较薄弱。

通过教育培养、教育环境的影响,让儿童在活动中感受、感知、体验、理解和反应,得到情感经验的积累,从而提高情绪的调控能力。许多研究表明,儿童情感的发展除了与其自身的认知发展和社会性发展有关之外,还与成人对儿童的情绪反应方式有关。成人的情绪示范对孩子情绪的发展十分重要。成人愉快的情绪对孩子的情绪是良好的示范。更重要的是,成人要善于控制自己的情绪;家长喜怒无常,孩子也会无所适从,情绪也不稳定。父母关心儿童情感调控需要,会培养儿童对自身情绪的意识和注意。

教师还要以理性的情绪态度对待每个幼儿,有些孩子容易引起老师的好感,老师对他们的态度也自然较好,并且经常委派给他们任务,孩子得到更多的锻炼机会,也容易进步,跟老师的感情也越来越好;另一些孩子,爱哭闹,不专心学习,不听劝说等,由于干扰集体活动,常受到批评,因而他们和老师疏远,学习也不好。上述这两种情况,在师生感情上,前者表现为良性循环,后者则为恶性循环。教师应自觉地控制自己的情绪,切断恶性循环,主动关心孩子,发现其优点,给予耐心帮助。

3. 学前教育促进儿童社会性的发展

人的个体社会化是个体适应社会的要求,与社会交互作用过程中,通过学习与内化而形成社会所期待的及其应承担的角色,并相应地发展自己个性的过程。社会性发展,即儿童的社会化,是指儿童从一个生物人,逐渐掌握社会的道德行为规范与社会行为技能,成长为一个社会人,逐渐步入社会的过程。它是在个体与社会群体、儿童集体以及同伴的相互作用、相互影响的过程中实现的。儿童的社会性发展包括:① 亲子关系的发展;② 同伴关系的发展;③ 性别角色行为的发展;④ 亲社会行为的发展;⑤ 攻击性行为的发展。其中,亲子关系和同伴关系既是社会性发展的内容,也是社会性发展的途径。

学前期是个体社会化的起始阶段和关键时期,在后天环境与教育的影响下,在与周围人的相互作用过程中,婴幼儿逐渐形成并发展着最初的、最基本的对人、事、物的情感、态度,奠定行为、性格、人格的基础。

研究表明,6岁前是人的行为习惯、情感等基本形成的时期,是儿童养成良好社会行为和人格品质的重要时期。这一时期儿童的发展状况具有持续的影响性,其决定着儿童日后社会性、人格的发展方向、性质和水平。同时,儿童在学前期形成的良好的社会性、人格品质有助于儿童积极地适应环境,顺利地适应社会生活,从而有助于他们的健康成长、成才。因此,学前教育在个体社会化中发挥着核心、主导的作用。在良好的教育环境下,儿童的个性得到塑造,逐步完善自己,并朝着特定社会的要求发展,达到适应社会生活的基本要求。如适宜的学前教育能使儿童逐步获得正确的价值观、积极的情感、良好的行为与品格等。

总之,儿童社会性、人格的健康发展需要成人提供良好、适宜的教育环境。学前期适宜的社会性教育能够有力地促进儿童社会交往能力、爱心、责任感等社会性、人格品质的发展,接受了适宜社会性教育的儿童以上各方面发展水平都要显著高于没有接受过这一教育的儿童。而不良的学前教育则容易使儿童形成消极的社会性及人格品质。诸多事实和研究均反映,学前期是儿童形成各种行为、习惯和性格的重要时期,而该时

期所受到的环境和教育影响则是其行为、性格形成的基础。

四、儿童发展对学前教育的制约作用

科学的、适当的学前教育可以促进学前儿童的发展,但是,学前教育的实施受到学前儿童身心发展水平的制约。学前教育要发挥这种积极的作用,必须理解并遵循学前儿童的发展规律,违背学前儿童身心发展特点的学前教育是不能起到正面的促进作用的。

(一)学前教育必须考虑儿童身心发展的水平

学前教育与儿童发展是一个复杂的、动态的相互作用、相互制约的过程。学前教育既是促进儿童发展的重要因素,同时又受儿童身心发展水平的制约。学前教育必须考虑儿童身心发展水平,儿童身心发展具有一定的顺序性和阶段性,并且在每一阶段上有着不同的发展水平和主要的活动形式。学前教育不仅要了解、掌握每一阶段的年龄特征,而且还应针对各阶段的主要特征开展教育。这样才能更好地促进儿童从前一个阶段向后一个阶段发展。

儿童在教育和环境的影响下,从出生到成熟经历着几个阶段:婴儿期、幼儿期、学龄期。阶段与阶段之间不仅有量的差异,也有质的差别。每一个阶段儿童身心发展有着不同的发展水平,有其主要的活动形式,标志着该阶段的特征。

学前教育在遵循儿童身心发展的顺序性和阶段性的同时,要注意儿童身心发展还具有一定的可变性。如思维发展阶段和顺序、每阶段的变化过程和速度,大体上是稳定的、共同的。但由于环境和教育在儿童身上起作用的情况不尽相同,在儿童心理发展的过程和速度上,彼此之间可以有一定的差距。儿童身心发展的稳定性和可变性的关系,是共性和个性的关系。教育既要以儿童身心发展的年龄特征为依据,又要考虑到个别差异性,因材施教。

在一定的社会和教育条件下,儿童发展的顺序、过程、速度大体上是稳定的,但在不同的社会条件和教育条件下,儿童身心发展在一定限度内可变化,儿童身心发展具有稳定性和可变性。为了进一步理解和运用儿童身心发展的规律,必须了解各年龄阶段儿童身心发展的水平和特征。

(二)学前教育要以学前儿童为主体

陈鹤琴说过:"一切为了孩子,为了孩子的一切,为了一切孩子。"学前儿童是学前教育的对象。学前教育能否正确认识学前儿童的主体性,树立儿童主体性观念,关系到儿童的特点和地位能否得到承认和尊重,也关系到儿童的积极性、主动性和创造性能否得到充分发挥。在教育过程中,幼儿园教师有目的、有计划、有组织地对幼儿施加影响,促进学前儿童的全面健康发展。幼儿园教师的作用对学前儿童来说是外部影响,学前儿童要通过自身的活动来接受这些影响。因此,幼儿园教师必须以学前儿童为主体,以学前儿童为中心。

首先,幼儿园教师要尊重学前儿童。一方面,教师要尊重他们的人格和权利,了解他们的兴趣和需要,听取他们的想法,使他们充分感受到自己是活动的主人。另一方面,幼儿在智力结构、发展速度、个性特征等方面各不相同,每个儿童都是一个独立的、完整的个体,他和其他儿童在各个方面存在着差异。作为成人应当认识儿童的个体差异,尊重儿童的个体差异,平等地对待他们,这样才能做到因材施教,保证每一个儿童获得充分的、富有个性的发展。

其次,把学前儿童看成教育的主体,并不是放任幼儿自由地发展。幼儿园教师要明确《幼儿园教育指导纲要(试行)》和《3—6岁学前儿童学习与发展指南》中对幼儿教育的目标和要求,真正成为幼儿学习活动的支持者、引导者、合作者,有目的、有计划、科学地对学前儿童施加影响,促进每个学前儿童全面健康和谐地发展。

(三)学前儿童身心发展的特征,为学前教育提供科学基础

教育是儿童发展的外部条件,要实现教育对发展的作用,必须使外部的教育要求符合儿童发展的需要,转化为他自己的行动、兴趣、情感和意志。教育的作用必须通过儿童的内部矛盾发展才能实现。

学前阶段,儿童的身体生长发育非常迅速,其身体各器官的结构和功能均处在不断发育成熟的过程中。如学前儿童身高、体重的增长速度虽较婴儿期有所减缓,但仍保持相对平稳的速度,身高平均每年增加4—5厘米,体重每年增加1.5—2公斤。与此同时,身体各部分的比例也在发生变化。婴儿期的儿童头大、躯干长、腿短,显得头重脚轻。学前期的儿童腿长得比较快,到7岁时腿长已达身高的44.6%左右,身体各部分的比例已接近成人。再如,学前儿童的骨骼继续生长,与3岁前比较,钙化速度加快,但远未完成。骨头韧性强,硬度小,容易变形。脊柱的生理性弯曲也尚未完全形成。由于学前儿童的肌纤维细,肌肉成分中水分较多,肌肉的力量和能量储备不如成人,因而肌肉容易疲劳。

因此,学前教育以"保教并重"为原则,以"让幼儿快乐健康地生活"为宗旨,特别重视学前儿童的身体保健,为学前儿童创造良好的生活条件,如提供宽敞安全的活动场地、合理的喂养、充足的睡眠,正确地组织幼儿的一日生活,科学地护理幼儿的饮食起居,促进儿童健康正常地生长发育。

"儿童的智慧在手指尖上。"这句经典的论断来自瑞士心理学家皮亚杰。学前期是儿童动作技能发展的关键期,特别是手的操作,关乎儿童高级神经系统的发展,从而直接影响儿童智力的发展。学前阶段,儿童的思维是动作思维占主导地位。因此,学前教育应为儿童提供自由操作的机会和环境,让儿童能够亲自动手操作各种材料,从而使儿童获得丰富的直接经验。

学前阶段,是儿童感知觉器官发展的敏感期。学前儿童的认识过程具有直觉行动性、具体形象性、无意性和不稳定性等特点。因此,从婴儿期就应进行感官教育,为婴儿营造具有丰富感官刺激的环境。3岁后,仍要继续提高儿童听觉、视觉、触摸觉、嗅觉的分化能力,让儿童多观察、多操作实物,以培养儿童多方面的兴趣。

所以,学前教育与儿童的发展有着密切的关系。它们之间是一个相当复杂的相互依赖、相互制约的动态过程。学前教育的工作者只有在了解了儿童发展的基础上,才可能选择最适当的教学方法,对儿童进行有的放矢的教育,促进儿童的健康发展。

情景实训

"冷漠"的欣欣

欣欣在幼儿园是个讨人喜欢的宝宝,用老师的话说:"欣欣又懂事,又爱帮助人,不仅老师喜欢,许多小朋友也乐意和她玩。"一天,欣欣的妈妈身体不适,但由于欣欣爸爸没有时间,她还是强忍着身体疼痛去幼儿园接欣欣回家。到家后,欣欣嚷嚷着要喝酸奶,妈妈说:"欣欣,家里没有酸奶了,因为妈妈肚子疼,不能出去给你买,你自己从冰箱里拿果汁喝吧,妈妈要到床上休息一下。"妈妈说完就躺在床上了。欣欣拿完果汁,打开电视自顾自地边看电视边喝果汁,始终对妈妈的病情毫无反应,欣欣妈妈觉得有些难过。

如果你是欣欣的老师,今后会怎样对欣欣进行教育?

思考与练习

1. 简述社会政治与学前教育的关系。
2. 简述社会经济与学前教育的关系。
3. 你是如何理解"发展良机"与"发展危机"并存的?
4. 请论述学前教育与儿童发展的关系。
5. 联系实际,谈谈如何实现学前教育的科学化。

第二章课后自测

第三章 学前教育的目标

学习目标 →

1. 理解教育目的的含义、作用及层次结构,明确我国学前教育的目标。
2. 认识、了解学前教育目标结构体系,掌握制定幼儿园具体教育目标的基本要求。
3. 了解国外学前教育的目标。

本章提要 →

学前教育的目标
- 我国教育目的与学前教育目标
  - 我国的教育目的
  - 学前教育目标
- 学前教育目标的实施
  - 学前教育目标的结构体系
  - 制定幼儿园具体教育目标的基本要求
  - 学前教育目标的实现
- 国外的学前教育目标
  - 美国的学前教育目标
  - 法国的学前教育目标
  - 德国的学前教育目标
  - 日本的学前教育目标
  - 英国的学前教育目标
  - 瑞典的学前教育目标

问题情境 →

幼儿园的葫芦熟了,大大小小的葫芦挂在藤上,引起了孩子们强烈的探索兴趣。中班的王老师决定摘下一些葫芦,带领幼儿深入地探究葫芦的秘密。王老师将全班幼儿分成几个小组,为每一小组准备了3个葫芦以及放大镜、纸、笔等观察与记录材料,以小

组的形式开展活动,并将活动目标定位为能够从外到内细致地观察葫芦,了解葫芦的外部特征与内部结构;尝试记录自己观察到的信息,大胆表达自己的发现;感受探究葫芦秘密的快乐。活动开始了,在王老师的引导下,幼儿饶有兴趣地观察起来,他们发现葫芦是黄色的、葫芦上有点状的黑斑、摇一摇葫芦会沙沙地响、没有长得一样的葫芦。正当王老师决定过渡到下一个环节,将葫芦切开,引导幼儿观察内部特征时,孩子们却就"谁的葫芦大"讨论起来。有的孩子说"我的葫芦高,我的大",有的说"我的葫芦重,我的大",有的说"我的葫芦胖,我的大",大家嗓门越来越大,争执不休,完全没有想切开葫芦继续探索的兴趣。天哪,备课时王老师可没有想到这样的问题呀!后来王老师及时调整,变成了一次测量活动,大家开始测量葫芦的身高、体重和腰围,并尝试记录。

上述案例中,教师从幼儿的"学"出发,准确把握其喜爱探究的心理,及时地改变了原先的活动内容,将幼儿兴趣点巧妙地引入活动的过程中,并且以参与者和活动伙伴的角色与幼儿在彼此的交互作用中自然生成了新的活动内容与目标。

第一节 教育目的与学前教育目标

一切教育活动都是围绕教育目的的实现而展开的。因此,教育目的在教育活动中居主导地位,是制定各级各类学校教育目标、确定教育内容、选择教育方法、评价教育效果的依据。

一、教育目的概述

(一)教育目的的含义

所谓"目的",是人对于他所希望达成或获得的活动结果的一种主观上的设定,目的性是人类实践活动的一个根本特性。正如马克思所说:"蜘蛛的活动与织工的活动相似,蜜蜂建筑蜂房的本领使人间的许多建筑师感到惭愧。但是最蹩脚的建筑师从一开始就比最灵巧的蜜蜂高明的地方是他在用蜂蜡建筑蜂房以前,已经在自己的头脑中把它建成了。"

教育目的是教育活动的出发点和归宿,它不仅影响着教育者和受教育者,也影响着学校和社会的发展。总的来说,教育目的是社会对教育所要造就的社会个体的质量规格的总的设想或规定。它是根据一定社会的政治、经济、文化与科学技术发展的要求和受教育者的身心发展规律提出的,反映了一定社会对受教育者的要求。一般来说,教育目的由两部分组成:一是教育所要培养出的人的身心素质,即指明受教育者在知识、智力、品德、审美、体质诸方面的发展要求,以便受教育者形成某种个性结构。二是教育所要培养出的人的社会价值,即指明这种人应符合什么社会需要或为什么阶级服务。其中,关于身心素质的规定是教育目的结构中的核心部分。

(二) 教育目的的作用

教育目的是一切教育工作的出发点,教育目的的实现是教育活动的归宿,教育目的贯穿于教育活动的全过程,对一切教育工作具有指导意义。

1. 导向作用

首先,教育目的具有指导并规范教育者的教育行为的作用。教育者在教育过程中都要以社会总的教育目的为出发点和最终归宿来统摄、整合自己的从教目的和教育理想等。其次,教育目的具有引导受教育者的发展方向,制约受教育者的发展进程的作用,既为受教育者指明了发展的美好前景(方向),又提出了发展的要求(内容)。

2. 协调作用

教育目的具有保持教育作用的统一性与一贯性的作用,即在不同时间、地点进行的教育实践,具有师生双边性的教育活动,以及教育中起作用的众因素(如课程教材、学校环境等),要保证在促进受教育者的身心发展过程中前后连贯,横向联合,并协调整合到一个方向上。

3. 激励作用

目的反映人的需要和动机,是人们在一起共同活动的基础。因此,共同的目的一旦被人们认识和接受,不仅能指导整个实践活动过程,而且能够激励人们为实现共同的目标而努力。

4. 评价作用

教育目的具有评价教育质量的作用。教育目的作为对教育结果的预期,可以作为评价教育效果和教育过程的依据。

(三) 教育目的的层次结构

教育目的的层次包括:国家的教育目的、各级各类学校的培养目标和教师的教学目标。

1. 国家的教育目的

国家的教育目的是关于教育培养什么样的人的质量和规格的总的设想和规定,体现了国家对教育培养人的系列要求。国家的教育目的,是关于整个国家教育体系,特别是各级各类学校教育体系要把教育对象培养成什么样的人的设想和规定。它一般以成文的形式表现,通常是从哲学的高度提出的,因而很难客观测量它。只有当它进一步具体化时,对教育实际工作才具有重大的指导意义。

我国的教育目的建立在马克思主义关于人的全面发展学说的基础上。新中国成立以来,我国的教育目的经历了一个复杂而曲折的历史演进过程,教育目的的表述也屡经变动。这些变动,反映了时代对所要培养的人才规格要求的变化,也体现了我们对教育目的认识的变化。

《教育法》中的教育目的:1995 年 9 月 1 起施行的《中华人民共和国教育法》第五条明确规定:"教育必须为社会主义现代化建设服务,必须与生产劳动相结合,培养德、智、体等方面全面发展的社会主义事业的建设者和接班人。"

《国家中长期教育改革和发展规划纲要(2010—2020)》(以下简称《纲要》)中提出了"全面贯彻党的教育方针,坚持教育为社会主义现代化建设服务,为人民服务,与生产劳动和社会实践相结合,培养德智体美全面发展的社会主义事业的建设者和接班人"的教育目的。《纲要》同时提出:"坚持以人为本、全面实施素质教育是教育改革发展的战略主题。核心是解决好培养什么人、怎样培养人的问题,目标是培养德智体美全面发展的社会主义事业的建设者和接班人,重点是提高学生的社会责任感、创新精神和实践能力,推进思路是坚持德育为先、能力为重、全面发展。"

党的十八大报告中提出的教育目的是"坚持教育为社会主义现代化建设服务、为人民服务,把立德树人作为教育的根本任务,培养德智体美全面发展的社会主义事业的建设者和接班人"。党的二十大报告进一步明确:"全面贯彻党的教育方针,落实立德树人根本任务,培养德智体美劳全面发展的社会主义建设者和接班人。"

2. 各级各类学校的培养目标

为了满足各行各业、各个社会层次的人才需求和不同年龄层次受教育者的学习需要,就要建立各级各类学校。根据各级各类学校任务确定的对所培养的人的特殊要求,通常称为培养目标。即各级各类学校根据国家的教育目的和自身情况确定的把教育对象(学生)培养成什么样的人的设想。它是由特定的社会领域(如工、农、医、师等各个领域)和特定的社会层次(如工程师、专家、科学家、小学教师、中学教师、大学教师)的需要决定的;也因受教育者所处的学校级别(如初等、中等、高等学校)而变化。各级各类学校要完成各自的任务,培养社会需要的合格人才,需要制定各自的培养目标。

教育目的与培养目标是普遍与特殊的关系。教育目的是针对所有受教育者提出的,而培养目标是针对特定的教育对象提出的,各级各类学校的教育对象有各自不同的特点,制定培养目标时要考虑各自学校学生的特点和要求。

3. 教师的教学目标

教学目标是教育者在教育教学过程中,在完成某一阶段(如一节课、一个单元或一个学期)工作时,希望受教育者达到的要求或产生的变化结果。学校培养人的工作是长期、复杂而又细致的,学校实现教育目的和培养目标不是一蹴而就的,对学生的培养需要长期的辛勤工作,日积月累,各学科课程的教学目标和各项教育活动的目标都是学校培养目标在学科课程教学和各具体教育活动中的具体化。这种具体化还可以更细,表现为在某一阶段内,通过教授一门学科或组织各种活动时,力求学生在认知、情感、行为等诸方面所要达到具体目标。

教学目标与教育目的、培养目标的关系是具体与抽象的关系,它们彼此相关,但不能相互取代。目的与目标不同,我们能够测量目标,但不能测量目的。

教育目标是各级各类学校根据国家的教育目的制定的具体的培养目标,是教育目的的具体化,如学前教育目标,中小学教育目标等。教育目的和教育目标的关系是一般和个别、普遍与特殊、概括与具体、指导与操作的关系。

（四）制定教育目的的基本依据

1. 教育目的的制定受制于特定的社会政治、经济、文化背景

党的二十大报告指出："我们要坚持教育优先发展、科技自立自强、人才引领驱动，加快建设教育强国、科技强国、人才强国，坚持为党育人、为国育才，全面提高人才自主培养质量，着力造就拔尖创新人才，聚天下英才而用之。"教育目的是社会的历史性与时代性的动态结合。任何教育目的必然受社会历史的客观进程所制约，因而任何教育目的的主体都不可能主观任意地超越社会，超越历史，提出一个永恒不变的普遍的教育目的。因此，一个社会的教育目的既是该社会历史发展的结果，又是该社会在特定时期或时代选择的结果。教育目的受制于生产力和科学文化的发展水平，也受文化背景的影响。

2. 教育目的体现了人们的教育理想

教育目的是一种理想，它同政治理想、社会理想等紧密结合在一起，因此，从不同的哲学观点出发会有不同的教育目的，如实用主义教育目的、要素主义教育目的、永恒主义教育目的、存在主义教育目的等。在漫长的教育实践历史进程中，人们从各自的理想出发，赋予了教育所要培养的人以不同的内涵。

3. 教育目的的确定必须考虑受教育者的身心发展规律

教育目的的确定必须考虑社会需要与个人自身发展的辩证统一。受教育者是当下的社会历史生活中的具体的人，离开了人自身的发展，教育本身就不会存在。教育要以促进人的身心发展为目的，就必须研究人的身心发展的特点，以此确立年龄阶段的培养目标。教育目标的确定只有充分考虑到人的发展规律，才可能真正促进人的发展。

二、学前教育目标

（一）学前教育目标的含义

学前教育目标是教育目的在幼儿园教育这一阶段的具体化，是国家对幼儿园提出的培养人的规格和要求，是全国各类型幼儿教育机构统一的指导思想。

新中国成立以来，我国在不同的历史时期提出了不同的学前教育目标，从中我们可以发现学前教育目标的发展和变化。

1952年，教育部颁发了《幼儿园暂行规程（草案）》，其中提出了幼儿园教养工作的目标是：

（1）培养幼儿基本的行为习惯，注意其营养，锻炼其体格，保证幼儿身体的正常发育和健康；

（2）培养幼儿正确运用感官和语言的基本能力，增进其对于环境的认识，以发展幼儿的智力；

（3）培养幼儿的爱国思想，国民公德和诚实、勇敢、团结、友爱、守纪律、有礼貌等优良品质和习惯；

(4) 培养幼儿爱美的观念和兴趣,增进其想象力和创造力。

1979年,教育部颁发的《城市幼儿园工作条例(试行草案)》中提出的学前教育的主要目标是:

(1) 供给幼儿必需的营养,培养他们良好的生活习惯和卫生习惯,发展他们体育运动方面的基本动作,锻炼身体,以增强他们的抵抗力,保证身心健康发展;

(2) 教给幼儿粗浅的自然常识和社会常识,发展幼儿的智力(注意力、观察力、记忆力、想象力、思维能力,特别是口头语言的表达能力),培养他们对学习的兴趣和良好的学习习惯;

(3) 向幼儿进行初步的五爱教育(爱祖国、爱人民、爱劳动、爱科学、爱公共财物),培养他们诚实、勇敢、团结、友爱、活泼、守纪律、有礼貌等优良品德、文明行为和习惯;

(4) 教给幼儿音乐、美术、舞蹈等方面粗浅的常识和技能,培养他们对艺术的爱好。

1996年,国家教委发布的《幼儿园工作规程》中提出的学前教育目标是:

(1) 促进幼儿身体正常发育和机能的协调发展,增强体质,培养良好的生活习惯、卫生习惯和参加体育活动的兴趣;

(2) 发展幼儿智力,培养正确运用感官和运用语言交往的基本能力,增进对环境的认识,培养有益的兴趣和求知欲望,培养初步的动手能力;

(3) 萌发幼儿爱家乡、爱祖国、爱集体、爱劳动、爱科学的情感,培养诚实、自信、好问、友爱、勇敢、爱惜公物、克服困难、讲礼貌、守纪律等良好的品德行为和习惯,以及活泼、开朗的性格;

(4) 萌发幼儿初步感受美和表现美的情趣和能力。

2016年,国家教育部颁发的《幼儿园工作规程》第三条明确规定:"贯彻国家的教育方针,按照保育与教育相结合的原则,遵循幼儿身心发展特点和规律,实施德、智、体、美等方面全面发展的教育,促进幼儿身心和谐发展。""全面"指体、智、德、美发展的整体性,缺一不可;"和谐"指体、智、德、美的有机性,不可分割。"全面和谐发展"是幼儿园教育目标的核心要求,既是出发点,也是归宿。幼儿园教育只有全面实施素质教育,才能满足幼儿终身学习和未来发展的需要。这一目标体现了国家对新一代要求的总方向,是确定幼儿园教育任务,评估幼儿园教育质量的根本依据,国家通过这一目标对全国幼儿园教育进行领导和调控。

我国幼儿教育目标的具体内容在《幼儿园工作规程》第一章第五条中做了较为详细的说明,具体规定了体育、智育、德育、美育的具体目标是:

(1) 促进幼儿身体正常发育和机能的协调发展,增强体质,促进心理健康,培养良好的生活习惯、卫生习惯和参加体育活动的兴趣;

(2) 发展幼儿智力,培养正确运用感官和运用语言交往的基本能力,增进对环境的认识,培养有益的兴趣和求知欲望,培养初步的动手探究能力;

(3) 萌发幼儿爱祖国、爱家乡、爱集体、爱劳动、爱科学的情感,培养诚实、自信、友爱、勇敢、勤学、好问、爱护公物、克服困难、讲礼貌、守纪律等良好的品德行为和习惯,以及活泼开朗的性格;

（4）培养幼儿初步感受美和表现美的情趣和能力。

《幼儿园教育指导纲要（试行）》中指出幼儿园的教育内容可以相对划分为健康、语言、社会、科学、艺术五大领域，各领域的内容相互渗透，从不同的角度促进幼儿情感、态度、能力、知识、技能等方面的发展。

健康领域目标：身体健康，在集体生活中情绪安定、愉快；生活、卫生习惯良好，有基本的生活自理能力；知道必要的安全保健常识，学习保护自己；喜欢参加体育活动，动作协调、灵活。

语言领域目标：乐观与人交谈，讲话礼貌；注意倾听对方讲话，能理解日常用语；能清楚地说出自己想说的事；喜欢听故事、看图书；能听懂和会说普通话。

社会领域目标：能主动地参与各项活动，有自信心；乐意与人交往，学习互助、合作和分享，有同情心；理解并遵守日常生活中基本的社会行为规则；能努力做好力所能及的事，不怕困难，有初步的责任感；爱父母长辈、老师和同伴，爱集体、爱家乡、爱祖国。

科学领域目标：对周围的事物、现象感兴趣，有好奇心和求知欲；能运用各种感官，动手动脑，探究问题；能用适当的方式表达、交流探索的过程和结果；能从生活和游戏中感受事物的数量关系并体验到数学的重要和有趣；爱护动植物，关心周围环境，亲近大自然，珍惜自然资源，有初步的环保意识。

艺术领域目标：能初步感受并喜爱环境、生活和艺术中的美；喜欢参加艺术活动，并能大胆地表现自己的情感和体验；能用自己喜欢的方式进行艺术表现活动。

这五个领域的目标分别从不同角度提出幼儿在情感、态度、知识、能力等方面的发展要求，具有现实的可操作性和科学的指导性。

从我国学前教育的实践来看，学前教育目标的侧重点随着不同的历史时期而发生一定的变化。从较多地强调知识教育发展到强调能力培养，从知识、能力并重发展到强调个性发展和情感发展。

（二）制定学前教育目标的意义

1. 学前教育目标对幼儿园教师思想和观念具有规范作用

幼儿园教师是教育活动的组织者，是教育活动方向的把握者。利用学前教育目标影响教师，使之具有明确和正确的目标意识，并以这种意识去选择教育内容、教育方法、教育手段，设计教育环境。因此，可以说对教育活动起真正指向作用的是扎根于教师意识中的教育目标。

2. 学前教育目标对教育过程具有指导和控制作用

学前教育过程是一个多因素参与的过程。教育环境、教师、幼儿三者之间经常需要协调，班级环境、园内环境、园外环境（包括家庭环境）之间也要进行协调，这种协调是增效的过程，是对与学前教育目标不一致的因素的排斥和控制的过程。因此，教育过程的调控器还是学前教育目标，它能使教育过程都围绕、指向教育目标。

3. 学前教育目标对幼儿发展具有规范、评价作用

学前教育目标指明了幼儿发展的领域和基本范围，描绘了幼儿发展的蓝图。正如

美国当代课程专家拉尔夫·泰勒所言:"教育的真正目的不在于教师完成某种活动,而在于学生的行为范型中引起某种重要的变化。"同时,教育目标既是衡量教育成效的尺度,又是衡量幼儿发展的尺度。因此,学前教育目标也是学前教育评价体系的基础。

(三)确立学前教育目标的依据

1. 社会发展的客观要求

学前教育目标不仅要反映社会的要求和愿望,关注社会的变化,还要关注社会的未来,世界的未来。随着社会的不断发展,人们的思想观念发生了一定的变化,在某些观念上甚至发生了根本的转变,并且这种转变通过各种途径影响着幼儿,有些影响对幼儿可能是健康有利的,也有些影响可能是消极有害的。而作为幼儿园,不应袖手旁观,听之任之,必须针对这一现实做出教育上的调整,有的可能是低层目标的调整,有的可能是总目标的调整。关注社会的未来并不意味着要提升教育目标,只是引导幼儿对现实及其发展趋势的了解、推测及关心。比如,森林火灾会造成什么影响?气温越来越高怎么办?人口越来越多怎么办?为什么会下黑雨?水不够用会怎么样?有的问题是幼儿关心的,有的问题是幼儿乐于参与解决的(如节约用水),这些问题都涉及对人类的未来有重大影响的环境问题、资源问题和人口问题。

2. 幼儿身心发展规律及其需求

全面促进幼儿的和谐发展是幼儿教育的中心任务。发展包括身体和心理两个方面。前者指身体的正常发育和体质的增强;后者指知识技能的获得,生活经验的丰富,智力才能的开发,思想品质的培养,以及情感、兴趣、爱好、志向和性格发展等。由于幼儿"身""心"是一个有机统一的整体系统,所以必须保证二者同步、协调、和谐发展,即常说的"体、智、德、美全面发展"。幼儿身心发展是有规律的,既有连续性,又有阶段性。而发展的实质是不断开发其个体潜能,即表现为各方面都由"现有发展区"向"最近发展区"迈进的过程。如果对幼儿提出过高、过难或过低、过易的教育要求,都违背了幼儿身心发展规律,达不到发展潜能的目的。所以,制定教育目标必须以幼儿身心发展的客观规律和要求为依据。

3. 幼儿教育的本质属性

幼儿教育是启蒙教育。这是因为幼儿对客观世界的认识尚处于朦朦胧胧的阶段,还不能分门别类地接受系统的科学知识。这一启蒙性质的表现为:第一,幼儿认识的内容应是幼儿周围生活环境中所常见的、有代表性的、具体形象的、浅显易懂的自然知识和社会知识,初步培养幼儿的数量、时空等概念,发展语言表达与审美能力等。第二,对幼儿认知要求虽是粗略、浅易的,但必须是科学的、唯物的、辩证的。第三,幼儿教育的方式应形象、具体、直观、生动活泼,并将多种形式、手段、方法合理结合,综合运用,创设立体、开放的教育环境。第四,强调幼儿教育不以传授知识的多少为主要目标,重在发展幼儿素质,开发幼儿智能和创造性才干,培养良好的个性品质,提高适应社会环境能力等。总之,把握幼儿教育的启蒙性质,在于严格区别与小学教育的不同,防止幼儿园教育小学化或成人化倾向,使教育目标确实建立在幼儿教育工作的本质属性上。

只有把握好上述三个方面的依据,才能确立起科学的幼儿教育目标。幼儿园根据国家对幼儿教育的要求,结合本园的具体情况所制定的目标,体现了国家对幼儿园教育的一般要求,同时又具有本园特色。

(四)学前教育目标的价值取向

学前教育目标的价值主要存在"儿童本位"与"社会本位"两种基本取向。

1. 学前教育目标的"儿童本位"取向

学前教育目标的"儿童本位"取向的基本观点是,儿童是教育的中心,学前教育的根本目的是促进儿童的生长与发展。因而,教育的一切考虑要从是否能够有助于这一目标的达成出发,学前儿童的健康生长与发展成为评估学前教育价值的标准。

"儿童本位"取向的开端可以追溯到卢梭。他开启了近代教育"儿童中心"的先河。他主张教育要遵循自然,把人看作人,把儿童看作儿童,让儿童自己实现自己的意志,最终由他自己把自己造就成人,发展其自身。儿童自然健康的发展被卢梭视为教育的核心目标。卢梭的这一思想在裴斯泰洛齐、福禄贝尔、蒙台梭利、杜威等人的教育理念中得到了延续和发展。

裴斯泰洛齐通过教育的心理学化,将卢梭的儿童本位教育观进一步落到了实处,他强调教育教学应与儿童心理发展的特点和规律协调一致起来,使儿童在获取知识、发展智慧和道德情感诸方面,都处于自然主动的地位,并指出教育的目的在于使人固有的、内在的能力得到培养和发展。

福禄贝尔也强调以儿童为中心的自由教育,重视儿童自我活动和自由发展,将培养自由、自觉的人作为教育的最终目标,他说:"体现上帝精神的自由和自决是全部教育和生活的目的和追求,也是人的唯一命运。"

蒙台梭利认为教育的基本任务是使每个儿童的潜在能力,在一个有准备的环境中得到自我发展的自由,它的使命是寻找一个解放人类潜能的途径,促使儿童个性发展和自我建构。

杜威也指出,儿童期的真正含义是儿童生长和发展的时期。但他将儿童的发展置于个体与社会的互动之中来加以考虑,儿童的发展必须放在个人与社会的互动之中才能得到恰当的理解。

20世纪80年代末期,全美幼儿教育协会针对当时美国的早期教育方案将主要关注点放置于儿童的学业成就,从而导致了学前教育的小学化倾向的问题,提出了"发展适宜性"学前教育理论,认为每一个儿童不仅在成长与发展的速度、需要、兴趣以及学习的形式上具有不同于他人的特点,而且每一个儿童的已有经验、家庭及文化背景所持有的价值观也不同,因而,强调学前教育要适合儿童的年龄及个体差异。衡量幼儿园教育质量的一个重要标准就是教育的适宜发展性。我国《幼儿园教育指导纲要(试行)》强调,幼儿园应为幼儿提供健康、丰富的生活和活动环境,满足他们多方面发展的需要,使他们在快乐的童年生活中获得有益于身心发展的经验;幼儿园教育应尊重幼儿的人格

和权利,尊重幼儿身心发展的规律和学习特点,以游戏为基本活动,保教并重,关注个别差异,促进每个幼儿富有个性的发展。

2. 学前教育目标的"社会本位"取向

学前教育目标的"社会本位"取向的基本观点是传递一定社会的文化价值观,这是学前教育的重要目的之一,强调学前教育本质上是一种文化陶冶活动,学前教育目标的制定应围绕社会文化的需求来展开。

学前教育目标的"社会本位"取向具有两种渊源。一种是超越性的教育目的社会本位取向,可追溯至20世纪20年代产生的德国文化教育学,认为教育是为培养个体人格精神而进行的一种文化活动,其最终目的在于唤醒个人的意识,使其具有自动地追求理想价值的意志,并有所创造,增加文化的新成分。这一取向强调通过新人的培养来促进社会文化的发展,是一种超越性的社会本位取向。

另一种是被称为适应性的教育目的社会本位取向,以法国的涂尔干为典型代表。涂尔干认为,教育的目的在于使儿童身体、智力和道德都得到某种激励与发展,以适应整个社会对儿童的要求,并适应儿童将来所处的特定环境的要求。在这种取向中,强调的是受教育者对社会的适应而不是超越。

学前教育目标中的"社会本位"取向,直接体现于不同文化背景中的学前教育课程理论对学前教育文化传承价值及学前教育文化适宜性的强调。如美国学者波纳德·斯波代克在反省美国20世纪50年代的早期课程改革时指出,课程只考虑儿童发展是不够的。他认为,课程应该超越儿童发展,因为人们的文化价值观决定了什么才是儿童应该知道的和教师应该教的。

国内学者朱家雄在反省我国幼儿园的课程改革时也指出,幼儿园课程改革必须适应社会文化变革的需要。因为社会文化不仅决定了个体幼儿的发展方向,也决定了幼儿教育机构的发展方向。因此,幼儿园课程改革应该明确地反映社会文化的价值观。幼儿园课程改革必须对社会、经济、文化和教育发展的不平衡性和差异性给予足够的关注,而不能只是去倡导和发展合乎某种或某些儿童发展理论的幼儿园课程;幼儿园课程改革如果过分强调儿童发展理论,必然会导致对社会文化缺乏敏感性。在一定意义上,没有最好的课程,只有最适合的课程;没有最好的理论,只有最适合的理论;没有最好的文化,只有最适合的文化。他指出,在课程改革过程中,如若放弃了对文化的关注,放弃了在哲学层面上的思考,很有可能会使人陷入"技术主义"的泥坑,而忘却了幼儿教育的根本价值。

在具体的学前教育实践中,学前教育的"儿童本位"取向与"社会本位"取向并不是对立的两极,而是一种相互交融的状态,只是在不同的文化背景与历史时期,这两种取向的比重有所不同。在崇尚个体发展的文化与时代中,"儿童本位"的学前教育目标价值取向就会更为人们所推崇,而在崇尚集体价值的文化与时代需求中,"社会本位"的学前教育目标价值取向则会成为主流。处理教育目标价值取向的难点是如何在具体的时空背景下寻找到恰当的价值平衡点,以尽可能地为学前儿童提供最有效的帮助。

第二节　学前教育目标的结构

一、学前教育目标的结构体系

国家对学前教育的目标做了宏观的表述，要实现这一宏观目标，必须将它层层分解，逐步转化为低一层次的、可操作的具体目标，才能成为教师制定活动计划的有效依据，并通过各种活动，落实到幼儿的发展上。目标的层层分解就形成了学前教育目标的金字塔结构，如图3-1所示。

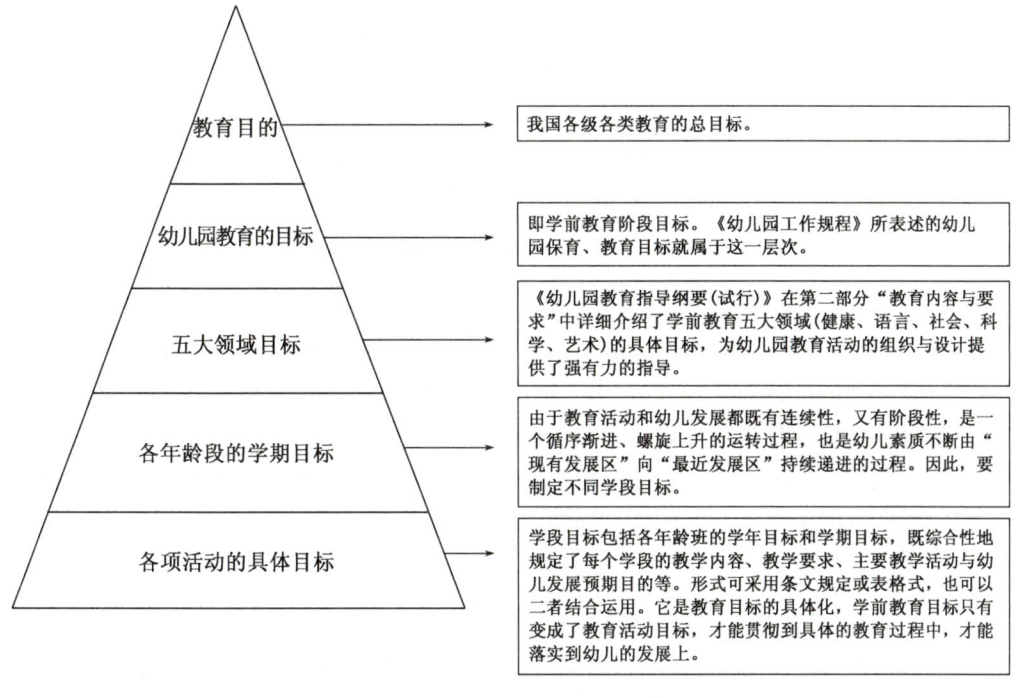

教育目的	我国各级各类教育的总目标。
幼儿园教育的目标	即学前教育阶段目标。《幼儿园工作规程》所表述的幼儿园保育、教育目标就属于这一层次。
五大领域目标	《幼儿园教育指导纲要（试行）》在第二部分"教育内容与要求"中详细介绍了学前教育五大领域（健康、语言、社会、科学、艺术）的具体目标，为幼儿园教育活动的组织与设计提供了强有力的指导。
各年龄段的学期目标	由于教育活动和幼儿发展都既有连续性，又有阶段性，是一个循序渐进、螺旋上升的运转过程，也是幼儿素质不断由"现有发展区"向"最近发展区"持续递进的过程。因此，要制定不同学段目标。
各项活动的具体目标	学段目标包括各年龄班的学年目标和学期目标，既综合性地规定了每个学段的教学内容、教学要求、主要教学活动与幼儿发展预期目的等。形式可采用条文规定或表格式，也可以二者结合运用。它是教育目标的具体化，学前教育目标只有变成了教育活动目标，才能贯彻到具体的教育过程中，才能落实到幼儿的发展上。

图3-1　学前教育目标的金字塔图

二、制定幼儿园具体教育目标的基本要求

1. 教育目标分解的方法要恰当

制定幼儿园具体教育目标的过程，实际上是将国家的教育目的、学前教育的目标层层分解，逐步具体化，并落实在幼儿发展上的过程。

如果按时间的范围划分，幼儿园具体教育目标可分为四个层次。第一层次：每一学年的教育目标；第二层次：学期教育目标；第三层次：一个月或一周的教育目标，也可以是单元活动目标（"单元"可以是主题活动单元，也可以是教材单元）；第四层次：幼儿园一日活动、一个教育活动的目标。

如果从教育目标指导的范围来划分,幼儿园具体教育目标可以划分为这样四个层次。第一层次:指导本园的教育目标;第二层次:指导一个班级的教育目标;第三层次:指导不同活动组的教育目标;第四层次:指导每个个体的教育目标,即根据每个幼儿发展情况确定目标。这几个由抽象到具体、由统一到多样的层次组成了学前教育目标的阶梯式结构,如图3-2所示。

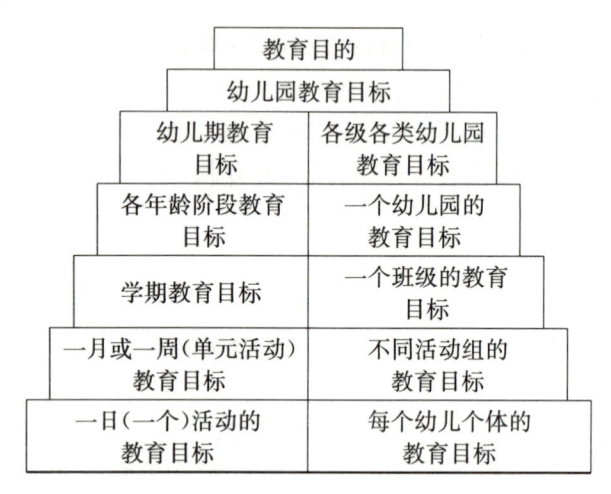

教育目的	
幼儿园教育目标	
幼儿期教育目标	各级各类幼儿园教育目标
各年龄阶段教育目标	一个幼儿园的教育目标
学期教育目标	一个班级的教育目标
一月或一周(单元活动)教育目标	不同活动组的教育目标
一日(一个)活动的教育目标	每个幼儿个体的教育目标

图3-2 学前教育目标的梯式结构图

从上图可以看出,最上面两个层次基本上是固定的,下面四个层次,根据每个幼儿园对目标的分解方法不同而不同。由上往下看,最高层次的教育目标体现了社会的要求,之后每一层目标都是上一层目标的具体化,最后转化为促进每个幼儿发展的可操作的具体教育目标。由下往上看,每一层次的目标都受到上一层目标的制约,各层次的目标由低到高,共同构成一个达到总目标的阶梯。

2. **教育目标的涵盖要全面**

将幼儿园的教育目标层层具体化的过程,实际上也是一个将教育目标的内容逐步具体化的过程。需要注意的是,不论分解到哪一层次,都要保证教育目标的整体结构不受损害,其内容的涵盖一定要全面,即包括幼儿全面发展的各个方面的全部内容。在实践过程中,制定具体教育目标的指导思想常常出现偏差,如在德、智、体、美四育中,或重德轻智,或重智轻德。在每一育中也有这种情况,如在智育中重知识的掌握而轻智力的培养;在体育中重动作的发展而轻生活卫生习惯的培养;在德育中重社会常识的掌握而轻道德情感的培养;在美育中重艺术技能的掌握,轻创造性的培养等。教育目标需要涉及幼儿的德、智、体、美,态度、情感、行为、知识、技能、方法,智力与非智力等方面。教育目标的不全面会严重影响幼儿的全面发展。

3. **教育目标要有连续性和一致性**

教育目标的实现是一个长期的过程,它由若干不同的阶段组成。每个阶段性目标之间要互相衔接,体现幼儿身心发展的渐进性和连续性;同时,下层目标与上层目标之间、局部目标与整体目标之间要协调一致,以保证每一个具体目标的实现都是向总目标

前进一步,成为实现上层目标的有效环节。

4. 灵活调整教育目标

教育者要发挥教学机智,根据孩子的兴趣、特点、表现等,及时灵活地调整教育目标,满足孩子的发展需要。教师要明确教育目标是围绕着幼儿特点和需求制定的,不能让目标成为限制教师和幼儿活动的枷锁,而应当让其成为推动活动进行的有效助手。教师在调整目标时要注意幼儿在活动中新生成的需求,要考虑幼儿的兴趣点是否存在教育价值,同时还要考虑目标是否能达到幼儿的"最近发展区"。

5. 准确表述教育目标

教育活动目标通常从知识技能、能力培养和情感态度等三个维度进行表述,每个教育活动都要尽量涵盖这三个维度目标,并且表述要科学规范。每个目标的表述都要保持三个要素的完整性。

知识技能目标指的是通过本次活动所要完成的任务或达到水平,常用认识、知道、掌握、学会、理解、说出、区分、判断等词语表述。

能力培养目标指的是通过活动幼儿形成某种能力,常用培养、形成、提高、发展等词语表述。

情感态度目标指的是幼儿在活动过程中获得的情绪情感体验,常用热爱、喜欢、乐意、愿意、遵守、热爱、激发等词语表述。

三、学前教育目标的实现

在教育目标确定之后,我们面临的任务是如何把它贯彻到教育实际工作中去,落实到幼儿的发展中去。

1. 学前教育目标实现的途径

《幼儿园工作规程》中提出的幼儿教育目标,对整个学前阶段的教育都具有指导意义。学前教育的目标,最终是通过每天的教育工作来实现的。一日生活中的各种活动,是向幼儿进行全面发展的教育、实现幼儿教育目标的基本途径。

2. 幼儿园教师与学前教育目标的实现

学前教育的目标,是通过每个幼儿园教师每天的教育工作来实现的,幼儿园教师在教育目标的实现中起着重要的作用。幼儿园教师对于教育目标的把握与理解,自觉或不自觉地影响着他们对待幼儿的态度,指导着他们的教育行为。为了克服这种隐性的教育目的观对教育工作可能造成的影响与干扰,在教育工作中,应当树立正确的儿童观与教育观,正确认识与把握教育目标,并经常有意识地按照教育目标的要求对照和反省自己对待幼儿的态度与言行举止,自觉地调整自己的教育行为。除了不断地、自觉地用教育目标来调节自己的教育行为以外,幼儿园教师(包括幼儿园园长)还应当自觉地抵制来自社会的消极影响。幼儿园的园长与教师应当向家长宣传幼儿教育的目标与价值,使家长接受、理解、支持幼儿园的正确做法。

第三节 国外的学前教育目标

一、美国的学前教育目标

直到19世纪后期,美国人才共同认识到"儿童"是全国人口中与众不同的一类人,应该受到特别的对待。1909年,西奥多·罗斯福总统第一次在白宫召开了关于关心不能自立和无人照管的儿童的会议,随后在1912年,又在商业和劳工部建立了儿童局,以"调查和报告所有关于儿童福利教养和儿童寿命的情况"。接着便是各州先后为儿童教育立法,更多的美国人开始看到了,儿童是一个特殊的阶层,有他们自己的特殊需要和特殊利益。

美国的幼儿教育一开始便与心理学有着密切的联系,杜威有着心理学家的身份,霍尔也是一位伟大的心理学家。心理学是一种民主的科学,它把"是"和"应该"结合了起来。你要知道人应该成为什么样的人,那么首先就要去发现人是什么样。心理学不是把所有关于人类行为的问题交给任何最高权威去处理,也不是从某个传统的经文中去寻找这些问题的答案,而是把这些问题看作是人的正常行为。这些反映在美国的幼儿教育中,便是其多样性、灵活性和民主性的特点。在现代社会发挥出公民的积极作用,这便是美国教育的目的。

围绕这一教育目的,美国的幼儿园教育制定了以下具体的目标:
(1) 有好奇心、想象力和创造力,发挥自己的潜力,在各方面都得到发展。
(2) 能发现问题、解决问题,有独立精神和探索精神。
(3) 能对成人的各种要求做出反应,有信任感、责任感、自尊心。
(4) 能够表达自己的需要,学会与人分享和合作,友好地与同伴交往。
(5) 不断提高肢体动作的准确性、手眼动作的协调性。
(6) 通过游戏丰富知识、经验,并对知识经验进行总结、分类。
(7) 通过培养艺术技能和认知技能,发展他们的社会性和情感。
(8) 培养学习技能,如读、写、算,但不强迫他们学习,使他们能够根据自己的接受能力进行学习。

二、法国的学前教育目标

在法国,学前教育因作为初等教育的准备阶段而受到国家的重视,并与初等教育同属一个系统,是初等教育的组成部分,它的主要任务是促进儿童身体、智力、性格和情感的全面发展。法国学前教育不属于义务教育范畴,但实行免费制,所有3岁儿童均可就近入园。

法国学前教育与其他国家明显不同的是,它承担着教育、诊断、治疗三种职能,即把社会、卫生、心理三者综合起来。学前教育的目的旨在促进儿童在体力、社会、智力、艺术、能力等方面得到全面和谐的发展,为儿童未来的社会生活做好准备。

法国学前教育的目标主要包括以下几个方面:

(1) 体力:锻炼儿童的身体,发展儿童的动作,增强儿童的体质,促进儿童身体的健康发展。

(2) 社会:培养儿童自我服务的能力,发展儿童的独立性,提高儿童的交往能力,使其学会关心和友爱,能与人分享、协商和合作。

(3) 智力:激发儿童的求知欲,培养儿童的学习兴趣、学习习惯、探索精神和口语表达能力,为读写算做好准备,发展儿童解决问题的能力和创造力,提高儿童的思维水平,充分发展儿童的各种潜能。

(4) 艺术:培养儿童的乐感、绘画能力和手工制作能力,发展儿童对美的欣赏能力和表达能力。

(5) 能力:增强儿童适应环境的能力,使儿童懂得民主、科学,学会遵纪守法,发展儿童健康的人格等。

法国幼儿园教育的具体目标如下:

(1) 提高机体的平衡性及协调性。

(2) 发展口语表达能力,能正确表达自己的思想、情感和需要。

(3) 积极地与教师、同伴交往。

(4) 发展艺术表现能力和创造力,提高审美能力。

(5) 发展自由探索、独立创造的精神。

(6) 获得有关科学技术方面的粗浅知识与技能。

三、德国的学前教育目标

德国的学前教育属于儿童和青少年的福利事业,而不属于正式的教育系统。作为社会福利事业,学前教育的立法权属于联邦政府,州政府只有执行权,因而对于学前教育事业的资金投入是州政府和市政府的责任。

在德国,学前教育机构可以分为州立、私人或教会举办等几种类型,所有学前教育机构的运作经费绝大部分由国家提供。德国的学前教育是非营利性的,儿童入托费是根据儿童的出勤率、幼儿园人数、家庭人口以及家庭经济水平分别决定的,以满足不同社会经济地位儿童的需要。

德国学前教育课程领域包括:游戏、社会教育、语言教育、动作教育、韵律与音乐教育、图像与劳作性教育、事实与环境教育、实际生活与家政教育等八个方面,每一个领域都有其目标要求。具体要求如下:

(1) 游戏:幼儿通向真实世界的桥梁,是幼儿生活与学习的活动形式,游戏给予幼儿自由的机会,使幼儿的个性得到充分的发展。

(2) 社会教育:协调幼儿的需求与社会的实际需要,从幼儿的个性与社会背景出发来促进其社会性行为。

(3) 语言教育:通过阅读图书、听故事、猜谜语、游戏等,促进幼儿的语言和表达

能力。

（4）动作教育：发展幼儿的动作能力，包括触摸、手工操作、闻气味、跳跃、跑步等，提高幼儿的行动欲望和自我创造力，学会认识和领会世界各个部分之间的相互关系。

（5）韵律与音乐教育：通过音乐节奏、运动、舞蹈的体验，使幼儿获得对美的感受力、想象力和心灵的陶冶。

（6）图像与劳作性教育：给幼儿提供各种各样的材料，引导他们熟悉不同的工具与技术，引发幼儿对创造性活动的兴趣，给他们设计和实施自己的想法的机会，从而进一步训练他们的注意力和耐心。

（7）事实与环境教育：唤起幼儿环境保护的初步意识；通过观察、访问不同的机构，促进幼儿对周围环境的兴趣，直观地体验自然过程。通过各种方式让幼儿接触事实与自然，是培养幼儿环保意识的前提条件。

（8）实际生活与家政教育：创设有意义的情境，给幼儿以机会，形成集体生活中必须具备的技能。例如，穿衣、熟悉使用各种玩具、认识每年重复的事件、掌握家务劳动（整理房间、洗衣服、做饭等）、熟悉交通规则、学习操作一些仪器（收录机、煎锅、烤箱等）、对紧急情况做出反应等。应给幼儿创设各种机会，进行模拟练习。

德国幼儿园的具体教育目标：

（1）培养幼儿有自己独立的观点，有主见，不是老师怎么说，别的幼儿怎么说，自己就怎么说。

（2）培养幼儿敢于说，敢于发表自己的观点，克服个别幼儿的害怕心理。

（3）帮助幼儿认识周围的环境，如认识信箱，他可以把要寄的信放进去；认识电话亭，知道可以用来打电话。

（4）培养幼儿手工劳动的能力，如写字、拿针等，可以锻炼幼儿的手，训练幼儿四肢的技能。

（5）教幼儿认识厚薄，认识颜色，学认 1—10 的数字，认识具体的国家，认识不同的材料制品。

（6）对幼儿进行音乐方面的训练，学唱歌、跳舞、培养节奏感。

（7）培养幼儿熟悉马路上的交通规则，知道如何过马路、看红绿灯。

从这些内容可以看出，德国学前教育很重视幼儿独立性以及社会适应能力的培养，只不过他们的培养方式是玩，通过玩来教会孩子。

四、日本的学前教育目标

自 1876 年创办第一所幼儿园开始，日本的幼儿教育已走过了一百多年的道路。明治以来，在福禄贝尔理论的影响下，以御茶水幼儿园的保育为轴心所形成的一套幼儿教育的思想和方法，被认为是日本幼儿教育的传统。今天的日本幼儿教育便是在此基础上，顺应时代的发展和社会的变迁，不断地充实、变革、发展的结果。

日本幼儿园的教育目标：

1. 健康目标

（1）在心情舒畅、轻松愉快的活动中体验到生活的充实感。

（2）积极主动地参加力所能及的体育活动，使身体得到充分的活动。

（3）形成健康安全生活所必需的行为习惯和态度。

其内容包括：加强同教师、小朋友之间的相互接触，在活动中获得安全感；通过各种游戏，充分活动身体；主动地参加户外游戏；积极愉快地参加各种活动；健康的生活习惯；保持清洁卫生，能独立地穿脱衣服、吃饭、大小便等；熟悉幼儿园的作息时间，会自己动手整理活动场地；关心自身的健康，积极参加预防疾病的必要活动。

2. 人际关系目标

（1）体验到在幼儿园生活的乐趣以及靠自己的能力行动所产生的充实感。

（2）主动与周围的人相互交往，培养对他人的友爱之情和信赖感。

（3）逐步养成社会生活中良好的行为习惯和态度。

其内容包括：高高兴兴上幼儿园，与教师和其他小朋友和睦相处；培养独立思考和自主行动的能力；尽量做到自己的事情自己做；在与小朋友相处时共同感受、分担喜忧；很好地向别人表达自己的想法并能领会对方的意图；感受到与小朋友相处、游戏的乐趣；感受到与别人相处时，哪些话是不应该说的，哪些事是不应该做的；在与小朋友相处时，懂得遵守公共规则；认识到要爱惜公用玩具和物品，并能与大家共用；对与自己生活关系密切的人要有亲近感。

3. 环境目标

（1）熟悉周围环境，在与大自然的接触中，培养对各种事物及现象的兴趣和关心之情。

（2）自主地和周围环境发生联系，并能珍惜这种环境的存在。

（3）在观察思考和处理周围事物和现象时，丰富对物质、数量等关系的认识。

其内容包括：在接触大自然的活动中，领悟自然界的宏大、美丽和其中的奥妙；认识因季节变化而造成的自然界及人类社会生活变化的情况；对周围的事物、现象发生兴趣，并将其引入到游戏中；亲近周围的动植物并加以爱护和保护；对周围的物品有爱惜的态度；学会利用身边的物品，并尝试将其当作玩具运用到游戏中去；对玩具和用具的构造产生兴趣；对日常生活中出现的数字和图形加以注意和关心；对与生活有关的信息、设施产生兴趣；通过幼儿园内外的节日活动，认识并亲近国旗。

五、英国的学前教育目标

英国学前教育受到杜威实用主义教育思想和蒙台梭利自由思想的影响，学前教育方式呈现多元化并存的现象。

英国的幼儿园教育目标：

（1）为儿童提供一个关心、安全、爱和幸福的环境，使儿童能够受到积极的刺激、鼓励、表扬和尊重。

(2) 促进每个儿童在情感、身体、社会性、智力等方面的发展,使每个儿童的潜力都能得到最大限度地开发。

(3) 帮助儿童掌握读、写、算的简单技能,为儿童进入小学做好充分的准备。

(4) 为家长参加工作和学习提供便利条件,解除家长的后顾之忧。

但是在英国,不同的教育机构在确立具体的目标时,侧重点有所不同。例如,C社区幼儿园把教育目标概括为六个方面:

(1) 使儿童学会尊重自己和别人。

(2) 使儿童感到愉快,有自信心,乐于学习。

(3) 培养儿童的独立性。

(4) 培养儿童的关爱精神。

(5) 培养儿童的宽容心。

(6) 培养儿童的好奇心,使儿童喜欢探索。

而S幼儿园则把教育目标定在培养儿童的四大技能上:

(1) 社会技能:能和其他儿童合作游戏;适当使用、分享玩具和其他设备;能关心别人,善待别人;能发起谈话;能了解、接受不同于自己的儿童;注意个人卫生。

(2) 情感技能:能描述自己的感觉,能控制自己的情绪,能接受成人的批评,而不沮丧,能倾听、服从小组的要求;有自信心。

(3) 独立技能:能自己去洗手间;能自己穿脱外套;自己穿脱鞋子;能运用刀叉;至少能集中注意10—15分钟的活动。

(4) 教育技能:能了解主要颜色;能给身体部位命名;会写自己的名字;会复制/模仿书写;能运用各种艺术媒体;能用剪刀;能分类、匹配不同的物体;能欣赏、分享图书和故事;能排列事件的顺序;能复制几何图形。

六、瑞典的学前教育目标

瑞典自1998年颁布国家课程以来,学前教育遵照政府法律条例的形式并依照条例的规定进行授课。"国家课程虽然详细规定了学前教育的总体目标和方向,但并没有规定和限制具体的实施办法。"这给学前教育机构提供了充分自由的空间。

瑞典学前教育的目标充分体现了终身学习的理念,它强调要让儿童得到完整的发展,让儿童在体力、认知、社会性、情感等方面得到和谐发展,使其成为一个对社会有用的人。

其具体目标如下:

(1) 提高幼儿的学习能力,增强幼儿的社会性,丰富幼儿的情感,促进幼儿体力、语言和智力的发展。

(2) 增长幼儿的知识,丰富幼儿的经验,使幼儿不仅能了解、热爱本民族的文化,还能尊重、接受外国的文化。

(3) 帮助幼儿理解自己,学会认识周围环境,培养良好的自我意识,建立自信心。

(4) 全面细致地关心幼儿,促进幼儿身心健康成长。

(5) 培养幼儿的民主精神和责任感,提离幼儿的合作能力,帮助幼儿形成乐于助人的品质，使他们将来能成为一个对社会有用的人。

情景实训

"不速之客"

教室之中突然飞来了不速之客——一只花蝴蝶，蝴蝶在屋里飞来飞去，孩子们谁也不听你的了。

如果遇到这种情况，你该怎么办？

思考与练习

1. 论述制定学前教育目标的重要意义。
2. 确立学前教育目标的依据有哪些？
3. 教师在教育目标的实现过程中起着什么样的作用？
4. 制定幼儿园具体教育目标的基本要求是什么？

第四章 学前儿童全面发展教育

学习目标

1. 了解学前儿童全面发展教育的含义和意义；
2. 了解学前儿童德育、智育、体育、美育之间的关系；
3. 理解学前儿童德育、智育、体育、美育的概念及意义；
4. 掌握学前儿童德育、智育、体育、美育的实施方法。

本章提要

学前儿童全面发展教育
- 学前儿童全面发展教育概述
  - 学前儿童全面发展教育的含义
  - 学前儿童全面发展教育的意义
- 学前儿童德育
  - 学前儿童德育的概念
  - 学前儿童德育的任务
  - 学前儿童德育的内容
  - 学前儿童德育的实施
- 学前儿童智育
  - 学前儿童智育的概念
  - 学前儿童智育的任务
  - 学前儿童智育的内容
  - 学前儿童智育的实施
- 学前儿童体育
  - 学前儿童体育的概念
  - 学前儿童体育的任务
  - 学前儿童体育的内容
  - 学前儿童体育的实施
- 学前儿童美育
  - 学前儿童美育的概念
  - 学前儿童美育的任务
  - 学前儿童美育的内容
  - 学前儿童美育的实施

问题情境 →

2000年,在伦敦举行的父母与子女会议上,英国"0—3岁"公司总裁马修·梅尔梅德提出,很多父母热衷于让幼儿玩大量的益智玩具,安排幼儿进行各种"开发智力"的活动,希望借此提高孩子的语言、认知等能力。但是父母们却不知道,如果学习压力过重,幼儿的大脑会不堪重负。这样,孩子长大后容易对事物缺乏兴趣和好奇心,竞争力弱,不善于为人处事。

在实际教育中,是否存在这种现象,其产生的原因又是什么?

第一节 学前儿童全面发展教育概述

一、学前儿童全面发展教育的含义

学前儿童全面发展教育是指以学前儿童身心发展的现实与可能为前提,以促进学前儿童在体、智、德、美诸方面全面和谐发展为宗旨,并以适合学前儿童身心发展特点的方式、方法、手段加以实施的,培养学前儿童素质的教育。对学前儿童实施全面发展教育是我国学前教育的基本出发点,也是我国学前教育法规所规定的学前儿童教育的任务。

党的二十大报告明确指出:"办好人民满意的教育……全面贯彻党的教育方针,落实立德树人根本任务,培养德智体美劳全面发展的社会主义建设者和接班人。"德、智、体、美是全面发展教育的有机组成部分,他们对人的身心发展发挥着不同的作用,偏重任何一方或削弱任何一方都是不正确的,都不是全面发展教育。学前儿童的全面发展教育并不是要求个体在德、智、体、美诸方面齐头并进、平均地发展,对于不同的儿童来说,可能各有所长,在不同的方面有突出的表现,但学前儿童各方面的发展应该是全面与和谐的。

> **真题链接**
>
> 幼儿园对幼儿实施的教育包括( )。
> A. 德、智、体、美、劳诸方面 B. 智、德、体、心诸方面
> C. 体、智、德、美诸方面 D. 美、心、体、智诸方面
> 答案:C
> 【解析】 幼儿园实行保育和教育相结合的原则,对幼儿实施体、智、德、美全面发展的教育。

微课 4-1
学前儿童全面发展教育概述

二、学前儿童全面发展教育的意义

（一）对社会发展的意义

1. 德育是社会主义精神文明建设不断发展的保证

儿童是祖国的未来，他们的思想品德和道德素养将会在很大程度上代表着未来社会的文明程度，将会对我国未来的社会风貌、民族精神产生不可估量的影响，所以我们必须重视儿童的德育。

2. 智育是提高社会科学文化水平的基础

随着社会的飞速发展和科学技术的进步，社会对劳动者的智力要求越来越高，现代化的生产更需要掌握现代科学知识，具有较高智力水平以及开拓、创造精神的劳动大军。不仅如此，科学还通过各种技术渠道深入人们生活的各个领域，没有足够的知识修养，是不能适应现代化的社会生活的。只有充分发挥智育的作用，才能为社会主义现代化建设培养出具有良好智力结构的建设者和接班人，而对儿童开展智育则是培养这种人才的重要开端。

3. 体育有利于提高全民族的身体素质

个人能力的发挥必须以健康的身体为物质基础。随着社会科学技术不断发展进步，生活节奏逐渐加快，社会对人才身体素质的要求相应提高，不仅需要有强壮的体质、灵活的动作，还要有对外界变化的良好适应能力。学前教育是培养人的基础教育，健康的身体要从小抓起。因此要促进儿童身体全面发展，提高健康水平，为提高全民族的体质打下良好的基础。

4. 美育有助于提高整个社会的审美能力，形成良好的社会风气

美育能给人以追求美好生活的精神动力和按照"美的规律"改造主客观世界的审美修养。在我国的社会主义现代化建设中，美育作为社会文明和进步的标志，受到前所未有的重视，成为我国社会主义精神文明建设的一个重要内容。对儿童实施美育，促使儿童形成健全的人格，能为提高全民族的素质打下基础。

（二）对个体发展的意义

1. 德育可以帮助儿童适应社会生活，促进个性品质的健康发展

良好的个性品质对人一生的成长和发展起着十分重要的作用。研究表明，人的成就高低与自信心、独立性、坚持性等个性品质有密切的关系。儿童期是个性开始形成的时期。儿童3岁以后，由于语言、自我意识和独立性的迅速发展，在行为中开始出现个性倾向性的萌芽，也开始有初步的支配自己行动的能力。但是由于学前儿童好模仿，加之认识活动的具体形象性和生活经验的局限性，辨别是非的能力还很差，容易受环境的影响。社会上一些消极的东西，也会影响着儿童。因此，从小加强德育，增强儿童的是非观念，培养儿童良好的个性品质是非常必要的。

2. 智育可以满足儿童的认知需要，促进儿童智力的发展，并为以后的学习打下良好的知识与智力基础

早期智育可以促进大脑正常发育。儿童期是大脑迅速发育的时期，大脑的发育为儿童智力的发展提供了物质基础。美国心理学家布鲁姆对近千名儿童进行追踪研究得出结论，5 岁前是儿童智力发展最迅速的时期，但是，人的大脑结构和机能不是自然成熟的，而是在后天的环境中发育成熟的。儿童有强烈的认知需要、好奇心和求知欲，但是他们的认识还带有极大的无意性，他们只注意那些突出的表面现象而忽略事物的本质，他们所获得的知识往往是零碎的、表面的和不系统的。智育能有目的、有计划、有系统地满足儿童的认知需要，引导他们有顺序地认识周围事物，正确理解各种现象和因果关系，并在此过程中帮助儿童逐步学会学习，提高其认知能力，培养儿童良好的智力品质。

3. 体育能促进儿童身体的正常生长发育，全面增强体质，为儿童其他方面的发展奠定良好的物质基础

《幼儿园教育指导纲要（试行）》中明确指出：幼儿园必须把保护儿童的生命和促进儿童的健康放在工作的首位。儿童各器官、组织正在发育之中，尚未成熟；儿童生长发育迅速，新陈代谢旺盛，对营养、睡眠、新鲜空气等的需要较多。因此，合理地对儿童实施体育，能促进他们健康成长，并为其一生的健康打下基础。

体育也为儿童其他方面的发展提供物质基础。身体健康的儿童，精力充沛，求知欲强，能主动积极地参加各种活动，这使他们能广泛接触周围环境，促进智力的发展，并形成勇敢、开朗、自信的良好个性品质。因此，幼儿园应该科学护理儿童的生活，预防疾病，保护儿童的生命和健康，并通过有目的、有计划的体育活动，促进儿童生长发育，加强机体的机能及对外界的适应能力，增强体质，为其未来的发展打下良好的基础。同时，要树立正确的健康观念，在重视儿童身体健康的同时，高度重视儿童的心理健康。

4. 美育可陶冶儿童的心灵，促进其审美能力和智力的发展

美育通过美的事物和具体鲜明的形象唤起儿童的兴趣和感情上的共鸣，使儿童在轻松自由、没有压抑和强制的情形下，在主动感受美的活动过程中接受教育。如在欣赏祖国秀丽山川时，爱祖国的情感便会油然而生。因此，美育可感染陶冶儿童的情操，培养其积极向上的精神和活泼开朗的性格。

综上所述，德、智、体、美各育虽然在人的全面发展教育中起着相对不同的作用，但它们作为个人发展的各个方面的要素，是统一的。所以，德、智、体、美任何一方面的发展都与其他方面的发展相互促进，相互渗透，相互制约，不可分割。德、智、体、美四育应融汇在一起，形成一种整体教育力量，落实在幼儿的全面和谐发展之中。

第二节 学前儿童德育

一、学前儿童德育的概念及意义

(一)学前儿童德育的概念

学前儿童德育是指根据儿童身心发展的特点和实际情况,按照社会的要求,有目的、有计划地对学前儿童施加教育影响,发展儿童社会性,培养其道德品质的教育活动。

德育是全面发展教育的重要组成部分。在促进幼儿身心全面发展的教育体系中,德育主要指向于人的社会性发展过程,以引导和促进儿童社会性发展,培养和塑造儿童的道德人格为目的。

(二)学前儿童德育的意义

学前期是人的社会性、道德品质和个性形成与发展的重要时期。维果斯基的发展心理理论认为,学前期是一个人最早产生道德规范、形成道德准则的时期,在这一时期,儿童开始建立对世界、对社会、对自己乃至身边一切事物的基本概念。在这样一个时期对幼儿进行德育具有重要意义。

1. 帮助幼儿适应社会生活

人们生活在社会中,必须按照一定的社会生活准则(包括道德行为规范)来做事,了解和掌握这些社会生活准则,是人的社会性发展的重要内容。了解这些社会生活准则并用以指导自己的行为,有利于人对社会的适应。然而,这些社会生活准则不是先天地存在于人的头脑中,而是来自外部,来自环境与教育的影响。德育过程,是外部的社会意识与行为准则转化为个体的思想意识与行为准则的桥梁,它可以帮助年轻一代更好地适应社会生活。幼儿德育同样也具有这种社会化功能。幼儿虽然还不能够理解抽象的道德概念与政治理论,但是他们在与周围的成人和同伴的交往过程中,必然会遇到或产生如何与人交往、相处,应该遵循哪些行为准则的问题。这就为对幼儿进行德育提供了可能性与必要性。德育帮助幼儿了解和体验社会生活的基本行为准则,学习和掌握社会性交往技能,帮助幼儿适应社会生活。

2. 促进幼儿个性健康发展

在人的个性结构中,道德品质、性格、意志等是重要的构成因素。它们作为"非智力因素",对一个人的发展与成才起着十分重要的作用。它们不仅参与人的智力活动,对学习起着促进、定向、维持、调节与强化的作用,而且影响人的社会生活,影响着个体在群体中的地位和受欢迎程度,影响着个体的心理健康。幼儿德育的重要任务,是要培养幼儿"诚实、自信、好问、友爱、勇敢、爱护公物、克服困难、讲礼貌、守纪律等良好的品德行为和习惯,以及活泼、开朗的性格",这对于促进幼儿个性健康发展具有重要意义。

3. 促进社会主义精神文明建设

社会主义的现代化建设,不仅需要物质文明方面的建设,也需要精神文明方面的建设。两个"文明建设"都需要培养有理想、有道德、有文化、有纪律的社会主义事业的接班人和建设者。年轻一代的精神风貌体现社会的文明程度和民族精神,对我国未来的社会风貌有重要影响。德育在社会主义事业接班人和建设者的培养中,起着塑造人"灵魂"的作用,对社会主义精神文明建设具有重要的意义。

幼儿时期是人的品德与行为习惯形成的重要时期。在这一时期,他们容易接受外界环境的影响与熏陶,并留下深刻的印象。俗话说:"少成若天性,习惯成自然。"这一时期的德育,可以为人的终身发展奠定良好的品德基础,对人的一生都会有重要的影响。

二、学前儿童德育的目标

《幼儿园工作规程》明确规定了儿童德育的目标:萌发儿童爱家乡、爱祖国、爱集体、爱劳动、爱科学的情感,培养诚实、自信、好问、友爱、勇敢、爱护公物、克服困难、讲礼貌、守纪律等良好的品德行为和习惯,以及活泼、开朗的性格。

学前儿童德育的目标强调从情感入手,符合儿童品德形成和发展的规律,符合儿童的年龄特点。目标中的"五爱"及其对儿童行为规范等要求,充分体现了我国教育目的的基本精神。

三、学前儿童德育的内容

幼儿德育工作,以幼儿德育任务为依据,在人际关系与交往、集体生活、道德品质、自我意识与个性品质以及爱家乡、爱祖国、爱劳动等方面,对幼儿进行合乎幼儿年龄特点的培养与教育。幼儿德育工作的内容主要包括文明礼貌教育,友爱教育,集体生活教育,道德品质教育,爱家乡、爱祖国、爱劳动的教育以及良好的个性品质的培养。

1. 文明礼貌教育

文明礼貌教育主要培养幼儿待人接物的文明行为。文明的行为习惯是最基本的社会性行为,它既反映人的教养水平,也是社会精神文明建设水平的外部表现。文明礼貌教育要从小进行,以养成文明的行为习惯为目的。对幼儿进行的文明礼貌教育主要包括以下内容:

(1)培养幼儿礼貌待人的态度与行为习惯;
(2)培养幼儿关注社会生活的态度与文明行为。

2. 友爱教育

同伴关系是幼儿生活中重要的人际关系之一。同伴关系的质量直接影响幼儿的生活与发展。对幼儿进行友爱教育,目的在于帮助幼儿掌握同伴交往的基本技能,培养幼儿尊重、关心和理解他人的态度与能力,学会分享、合作、谦让、助人,能与小朋友友好相处。对幼儿进行友爱教育主要包括以下内容:

(1)培养幼儿积极交往的态度与能力;

(2) 帮助幼儿学习分享、合作、谦让、助人等良好的行为。

3. 集体生活教育

幼儿从家庭进入幼儿园,是幼儿生活环境的重大变化。要帮助幼儿逐步适应幼儿园新的生活环境,习惯在集体中生活。对幼儿进行集体生活教育的内容有:

(1) 帮助幼儿适应幼儿园生活,喜欢幼儿园,适应与家人短暂分离;

(2) 帮助幼儿理解集体生活的基本规则并遵守规则;

(3) 对集体有归属感、认同感,并且愿意为集体做事,具有初步的责任感。

在进行文明礼貌教育、友爱教育和集体生活教育的同时,还要注意培养幼儿诚实、勇敢的品质,培养幼儿自信、活泼开朗的性格,萌发幼儿爱家乡、爱祖国、爱劳动情感。

> **真题链接**
>
> 幼儿道德发展的核心问题是(　　)。
> A. 亲子关系的发展　　　　B. 同伴关系的发展
> C. 性别角色的发展　　　　D. 亲社会行为的发展
> 答案:D
> 【解析】 亲社会行为的发展是幼儿道德发展的核心问题。

四、学前儿童德育的实施

(一) 学前儿童德育的途径

1. 日常生活是实施学前儿童德育最基本的途径

日常生活对儿童品德的形成有多方面的影响,并且为儿童提供了行为练习实践的机会。学前儿童德育应贯穿于儿童的日常生活之中。

儿童在日常生活中,在与同伴、成人交往的过程中,了解人与人之间、人与社会之间、人与物之间的关系,了解一定的行为准则,并且进行各种行为练习,日积月累,循序渐进,逐步形成某些良好的行为品质。教师应当高度重视一日生活的教育价值,挖掘生活常规中的教育因素,让儿童在日常活动中逐步形成良好的品德。

2. 专门的德育活动是实施学前儿童德育的有效手段

专门的德育活动是指教师根据儿童的年龄特征与德育的内容与要求,结合儿童的实际情况、行为表现,有目的、有计划地组织的德育活动,也就是为实现某项德育内容而组织的教育活动,例如,谈话、讨论、上课以及丰富多彩的实践活动(如参观、春游、劳动、节日庆祝活动)等。通过每一次活动,特别是实践活动,使儿童的道德认知、情感以及行为得到逐渐发展。

(二) 实施学前儿童德育应注意的问题

1. 热爱与尊重儿童

热爱儿童是向儿童进行德育的前提,是使儿童身心健全发展的重要条件和必要的环境因素。同时,儿童对成人的信赖和热爱,也是他们接受教育的重要条件。

德育过程是按照一定的社会期望与要求,对幼儿有目的地施加教育影响,促进与引导幼儿社会性发展的过程。在这一过程中,成人总是要对幼儿提出合乎社会期望与规范的要求,去规范幼儿的行为。但是,这种"规范"不等于"就范教育",不能把幼儿当作被动的管教对象。德育绝不是向儿童灌输大道理,命令或强迫儿童服从就范的教育。在实施德育时,必须牢记儿童是自身发展的主体,离开了儿童自身的努力,德育是不会有效果的。

2. 遵循德育规律,实施学前儿童德育

人的每一种品德都由知(道德认识)、情(道德情感)、意(道德意志)、行(道德行为)四要素构成。在儿童的品德形成过程中,四要素的发展不是同步的,儿童的道德认识、道德意志等发展较差,因此,学前儿童德育必须从情感入手,重点放在道德行为的形成上。

具体的德育过程中应注意:

(1) 由近到远,由具体到抽象

比如,对儿童进行爱祖国的教育,"祖国"这一概念对儿童来说是很抽象的,因此,必须从培养儿童对周围的人和事物、对周围生活的热爱入手,由近及远,逐步扩大范围。可以从爱家庭、爱幼儿园、爱家乡的情感开始培养,从对父母、家庭成员、老师和同伴的爱,引导到对家乡、对生活以及对当前所处的社会的爱,然后对祖国的爱才会成为可能。

(2) 德育教育需要直观、形象,切忌说教、忌空谈

由于儿童思维能力的局限,德育必须直观、形象、具体,才容易为儿童所理解和接受。比如,用《拔萝卜》的故事或图书教育儿童团结友爱,就远比教师讲道理有效得多;要让儿童认识劳动的意义,教师就要让儿童切切实实地看到劳动的成果。当儿童参加打扫卫生,把活动室的地板擦干净了,教师表扬说"你们爱劳动,真是好孩子",就比较空洞,再具体地说"你们把地板擦得干干净净,待会儿小朋友在地板上玩游戏就不会弄脏衣服了",就为儿童描述了一个可理解的具体景象,让其看到自己劳动的价值。德育中要坚决反对形式主义,空洞的说教除了让儿童鹦鹉学舌似的学会一些道德词语之外,是不可能有真正的效果的。

(3) 注意个别差异

儿童在个性品质的发展上存在个别差异,因此德育应当有针对性地进行,以保证每个儿童的个性健康发展。如德育中常用的表扬手段在不同性格的儿童身上所产生的效应是不一样的,根据儿童的年龄、家庭背景等的不同,表扬的方式也应当不同。如对有的儿童,教师的口头表扬胜过物质奖励,而有的儿童则相反。同样,批评教育也必须因人而异。如常常让教师头疼的打人的儿童,其情况也往往是各不相同的,有的是习惯反应,有的是被欺负后的报复,有的是出于自卫,有的是模仿电视中的人物行为等,因此教师必须根据情况进行不同的教育。

第三节 学前儿童智育

一、学前儿童智育的概念及意义

（一）学前儿童智育的概念

智育是全面发展教育的重要组成部分，是有目的、有计划地使受教育者掌握系统的科学基础知识和基本技能，促进受教育者智力发展的教育过程。学前儿童智育就是按照认知发展的特点，有目的、有计划地增进儿童对周围环境的认识，获得粗浅的知识与技能，发展智力，并培养其认识活动兴趣和良好的学习习惯的教育过程。

在古今中外教育的发展进程中，智育始终占有重要的地位。在现代社会中，智育对社会的文明进步、培养儿童全面发展的作用更是日益显著。

（二）学前儿童智育的意义

1. 满足幼儿的认知需要

幼儿不仅有身体活动的需要、交往的需要，也有认知的需要。幼儿时期是求知欲十分旺盛的时期，他们对周围环境中的事物与现象感到好奇，他们在主动探索周围的世界时，常常向成人提出各种各样的问题，提出问题正是幼儿求知欲的表现。在与周围环境相互作用的过程中，幼儿也在主动地根据自己已有的经验去理解客观事物及其现象的意义，但是这种认识往往是片面的、零散的，甚至是不正确的，形成了在成人看来是"天真幼稚的理论"。对待幼儿的这种认知需要与认知活动的积极性，成人应当在尊重与理解的基础上加以支持和引导。教育者的责任是积极主动、不失时机地引导与支持幼儿的认知活动，满足幼儿的认知需要，丰富与增进幼儿对周围环境的认识，促进幼儿智力的发展。

2. 促进幼儿智力的发展

传统的观点认为，人的智力是由先天因素决定的，后天的智力发展只不过是先天预成的智力在后天的逐渐展现，环境与教育的作用微乎其微，充其量只能对这种先天预成的智力的显现速度与程度产生影响，而不能对智力发展本身产生任何积极的影响。这种观点在20世纪60年代以后受到人们的广泛批评，智力发展的多因素相互作用的观点，环境与教育是影响儿童智力发展的重要因素的观点被人们普遍认同与接受。大量研究表明：幼儿期是智力发展最快的时期，也是智力发展的重要时期。如果在人的智力发展最快和重要的时期，缺乏良好的环境条件与教育影响，大脑的发育和智力的发展就会受到抑制。从这个意义上来说，幼儿智育对于幼儿的智力发展具有重要的影响与作用，幼儿智育就是要在人的智力发展最快和最重要的时期，促进幼儿的智力发展，为幼儿的智力发展创造良好的条件。

3. 为体育、德育和美育的实施创造良好的条件

智力是顺利地进行任何活动的必要条件。在体育活动、艺术活动和社会性交往活动中，都有人的认知活动的参与。道德认识是人的道德品质的基本结构因素。所谓道德认识，就是对是非、善恶的认识与理解。要让幼儿懂得什么是对，什么是不对，本身就要幼儿具备一定的智力发展水平。即便是在体育活动中，也需要认知活动的参与。智育通过发展幼儿的智力为其他各育的实施创造良好的条件。

4. 智育促进社会的进步与发展

智育可以为幼儿的终身发展和未来的学习与工作奠定良好的智力发展基础，准备良好的动机系统与必要的知识基础。它不仅关系到每个幼儿今后的发展，而且关系到社会的进步与发展。智育通过发展儿童的智力，可以提高未来社会主义建设者与接班人的工作能力，促进社会物质文明与精神文明的建设，一个民族和国家要跻身于世界民族之林，必须使他的人民具有良好的文化修养和智力素质。要在一个文盲人数众多的国度里，建设一个现代化的社会主义强国是不可能的。所以，智育关系到社会主义现代化的建设问题。

二、学前儿童智育的任务

（一）向儿童传授粗浅的知识

儿童年龄小，知识经验贫乏，主要以具体形象思维为主，不可能掌握抽象的知识或从抽象的说教中掌握知识。因此，教给儿童的知识，必须是他们在周围生活中能接触到的具体形象的，带有启蒙性的、浅显的、儿童能理解的知识。通过传授粗浅的知识，激发儿童对客观事物的兴趣和求知欲，帮助他们形成简单的概念，培养他们对周围事物的正确态度，为今后形成科学的世界观打下初步的基础。

（二）发展儿童的智力

发展儿童的智力，主要是指发展儿童的观察力、记忆力、想象力、思维力等。无数教育实践证明，具有相同知识的孩子，智力不一定相同。他们在运用知识解决实际问题时表现出来的聪明才干，往往使个别差异明显。因此，教师在传授知识的同时，要注重发展儿童的智力，培养儿童从小学会观察，善于发现问题，并通过自己的思考和动手操作去解决问题，帮助他们锤炼一把将来可以打开知识宝库的"金钥匙"，为培养学得活、能迁移知识、会举一反三的创造型、开拓型人才打下基础。

（三）发展儿童的语言

语言是思维的外壳，是人们交际的重要工具。一个人的语言水平在一定程度上标志着他的智力水平。学前期是人的语言发展的敏感期，这一时期儿童如果没有得到正确教育，语言就发展缓慢或出现障碍。所以，发展儿童的语言是智育的重要任务。

发展儿童的语言，主要是使儿童发音正确、清楚，会说普通话，掌握一定数量的词汇，发展口头表达能力，从而为儿童进入小学学习书面语言打基础。

（四）培养儿童的学习兴趣、求知欲和良好的学习习惯

兴趣和求知欲是发展儿童智力、扩大眼界、获取知识和技能的动力。教师要最大限度地调动儿童学习的主动性、积极性，培养他们对学习的兴趣和求知的欲望。培养儿童广泛的学习兴趣和求知欲，也是开发儿童智力的重要环节。

良好的学习习惯，是指学习时注意听、仔细看、会动脑筋、认真思考，积极发问，能克服学习中的困难，主动完成教师指定的任务。良好的学习习惯是儿童获取知识和技能，发展智力以及今后学业上取得成功的重要条件，必须从儿童开始学习时，就注意培养。

上述学前儿童智育的任务是互相联系、互相促进的。其中，智力发展是核心，智力发展了，可以促进知识、技能的掌握，但智力发展又必须以知识为基础。儿童在获取知识、技能，发展智力的过程中，可以培养浓厚的学习兴趣和良好的学习习惯，而浓厚的学习兴趣和良好的学习习惯，又可以促使儿童更好地获取知识，发展智力。

三、学前儿童智育的内容

学前儿童智育要保护和促进幼儿的学习兴趣，培养幼儿良好的学习习惯；要培养幼儿的感知能力和动手操作能力；要引导幼儿学习周围生活中初步的知识和概念。

幼儿认识事物始于直接感知。引导幼儿获得的知识必须是有关于他们周围生活中常见的事物和现象的粗浅的、具体的知识，而且必须有科学性和教育性。这些知识包括：

1. 有关社会生活的常识

认识自己和别人，知道自己的名字、年龄、性别等，知道自己和别人的关系；了解衣食住行等方面的知识；认识周围环境和成人的劳动；知道国家的名称，认识国旗，国徽，知道重要节日，知道我国是个多民族的国家等。

2. 有关自然界的常识

了解天气和季节的变化；认识常见的动物、植物；了解安全卫生常识；认识交通工具及常用的交通规则；认识水的三态变化、物体的沉浮以及声、光、磁性等物理现象等。

3. 有关数的初步知识

认识和比较物体的大小、多少、长短、高低、宽窄、轻重等；认识几何形体、时间、空间；认识 10 以内的数等。

四、学前儿童智育的实施

学前儿童的智力发展不是自发的，而是通过一定的教育形式，让儿童在接触或参与外部环境的积极活动中不断得以发展。在托儿所与幼儿园中，智育主要通过上课、游戏、劳动、日常生活等多种活动进行，各项活动应有机配合，产生综合效应。只重视课堂教育这一种教育形式是不够的，还应该通过采用多种活动形式，让儿童在参与的过程中更多地发现问题，积极思考，寻求解决问题的途径和方法，以激发求知欲与学习兴趣，在不断积累知识的同时逐步发展智力。

学前儿童智育的实施，应注意以下几个方面：

（一）提供适合儿童发展水平的课程计划

课程是实施智育的重要内容，学前儿童智育主要是通过一定的课程计划得以实施的。所以，各托儿所、幼儿园应克服课程内容选择的零乱性、盲目性与无序性，应根据儿童的发展水平与教育的实际需要，构建出适合儿童发展与教育需要的课程体系，以确保课程内容的选择与编排的科学性，这是学前儿童智育有效实施的根本保证。

此外，允许多种课程模式并存。课程计划的多样性可以满足儿童的不同需要和心理发展水平，并针对儿童的个别特点，使其有更多的机会来表现自己的兴趣、爱好，更好地发展个性。

（二）重视儿童早期经验的获得与积累

学前儿童早期经验的获得与积累，对智力的开发有着十分重要的意义。学前儿童早期经验的获得，主要是靠经常接触周围的事物，参与日常生活、游戏、学习等活动。因此，对学前儿童来说，智力教育应采用多种活动形式与活动途径，才能使儿童广泛地接触周围环境，了解周围事物的现象、特征及其相互关系，才能形成亲身的感性经验和知识，并在此基础上，逐步获得智力的发展。因此，学前儿童智育在积累丰富知识经验的基础上，应注重对儿童进行智力品质培养。应创设良好的教育条件，提供各种适合儿童智力发展的活动机会与学习场所，有意识地培养儿童的各种智力品质；要从儿童开始，在重视智力发展的同时，训练他们的动手能力，使儿童手脑并用的能力得到充分的发展，从而展示儿童的创造性才能，这对学前儿童智力发展尤为重要。

（三）激发求知欲和学习兴趣

求知欲是儿童学习的内在动力，也是后续一系列的学习活动得以开展的保证。学前儿童学习的兴趣经常表现为强烈的求知欲望和参与探索性活动的需求，所以应尊重他们的这种兴趣与相应的学习行为，同时又要重视求知欲和学习兴趣的培养。要正确对待儿童的提问，既要根据不同年龄、不同知识经验和理解力，浅显易懂地正确回答儿童的提问，又要积极引导儿童不断提高提问题和回答问题的水平；对儿童的要求要适度，要求过高或过低都不利于儿童的发展；运用启发式的教学方法，经常向儿童提出各种启发性问题，打开思路，激发兴趣，让儿童从多种角度认识事物；培养儿童养成依靠自己努力，探索问题，克服困难，解决疑问的习惯。这些都有利于进一步提高学前儿童创造性思维的发展水平。

（四）发展口头语言

语言是思维的外壳，也是人类交往的工具。学前期是学习口头语言的重要时期，发展口头语言是学前期智力教育极其重要的任务。教师在学前教育中，要组织好语言教学。充分利用日常的生活与交往环节，帮助儿童积累一定数量的语词，还可通过故事、儿歌等语言教学的活动，帮助儿童学习掌握规范语言，并且发音正确，用词准确；要创设练习语言的机会，利用游戏、观察以及各种活动，创设各种交往情景，鼓励儿童多开口、多说话，培养儿童的口头表达能力；教师要正确地示范，以自己清楚、简练、规范、有条理

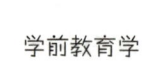

的语言为儿童提供学习口语的榜样,通过儿歌、故事、木偶、童话剧等形式,利用小小广播台等进行模仿性的语言学习,激发儿童学习语言的积极性,提高儿童语言的发展水平。

(五)提供多种活动,丰富学习环境

学前儿童智育不能仅仅局限于教学活动或有计划的课程。提供丰富有趣、符合儿童年龄特点和需要的学习环境以及多种类型的活动与丰富的活动材料,对完成学前儿童智育任务也是非常重要的。如布置种植区、科学实验角等各种区角,为儿童提供充分的游戏机会以及多种类的图书等,让儿童通过各种活动,自由探索,主动地获取各种知识与经验,有效促进其智力的发展。

(六)重视非智力因素的培养

学前儿童智力发展的水平,往往与其非智力因素有着十分密切的关系,行为习惯、学习态度、意志品质等这些非智力因素在很大程度上影响着智力因素的发挥。因此,在学前儿童智育中,不仅要关注智力的培养,而且要想方设法地采取各种有效途径,强化对儿童的非智力因素的教育,形成智力因素与非智力因素的良性循环机制。只有这样,才能真正有效地促进学前儿童的智力发展。

总之,学前儿童智育不宜过早地追求精与专,重点应放在培养儿童的学习兴趣、认知能力以及学习的主动性、创造性等方面。

第四节 学前儿童体育

体育是学前儿童全面发展教育中的一个重要内容。由于幼儿期是儿童身体迅速生长发育的时期,体育对于保护幼儿的身体健康,促进他们正常的生长发育具有十分重要的意义。

一、学前儿童体育的概念及意义

(一)学前儿童体育的概念

体育的概念有广义和狭义之分。广义的体育泛指人类社会的各种体育活动,而狭义的体育则指在教育机构中进行的,保证受教育者的身体正常生长发育的一种有目的、有计划、有组织的教育活动。学前儿童体育是指在幼儿园进行的,遵循儿童身体生长发育的规律,运用科学的方法,以增强儿童的体质,保证儿童健康为目的的一系列教育活动。

(二)学前儿童体育的意义

幼儿处于生长发育的重要时期与特殊阶段。科学合理的体育可以保障幼儿的健康成长,为幼儿身心全面发展提供良好的条件与基础。

1. 体育是幼儿生命与健康的重要保障

幼儿正处于生长发育的特殊时期,身体的生长发育速度快,身体各部分器官与系统尚未发育成熟,比较娇嫩柔弱,身体形态结构没有定型,可塑性大。同时,对外界环境的适应能力和对疾病的抵抗能力较差,容易感染疾病,身体易受损害。因此,在这一时期体育具有特殊的重要意义。通过科学合理地照顾、安排与组织幼儿的生活,可以保障幼儿的生命与安全,提高他们的健康水平,预防和减少不必要的身体伤害与精神损害。

2. 体育为幼儿全面发展提供基础

身体的发展是人的其他方面发展的重要的物质基础。曾有人把健康的身体比作"载知识之车"和"寓道德之舍"。人的其他方面的发展以身体发展为基础,儿童年龄越小,身体的发展对心理的发展影响越大。

体育能够促进幼儿身体的正常发育,促进幼儿身体运动能力的发展,增强体质,为幼儿其他方面的发展奠定良好的物质基础。

3. 体育可以促进智育、德育和美育任务的完成

体育为智育、德育、美育的实施创造良好的条件。人的大脑是心理活动产生的物质基础。幼儿大脑和神经系统的生长发育与机能的良好状态,是对幼儿进行智育,组织幼儿进行智力活动的必要前提。体育通过合理安排幼儿的生活,保证幼儿神经系统的活动处于良好的机能状态,使幼儿精力充沛,注意力集中地参与活动。同时,体育活动也可以提高幼儿神经系统反应的灵敏性,为智育提供良好的条件。体育还可以促进德育和美育的实施。在体育中要培养幼儿服困难、勇敢、合作等良好的品质,正是德育的内容。从美育的角度看,体育也是一种人体美的教育。在体育中帮助幼儿认识与体验动作美与姿势美,培养健美的体态与姿势,正是在帮助幼儿感受、领悟与创造人体美。

4. 体育关系到国家与民族的未来

体育可以为幼儿终身发展奠定良好的身体素质,它不仅关系每个幼儿的未来发展,也关系到国家与民族的未来发展。今天的幼儿是明天社会主义事业的建设者和接班人,要甩掉"东亚病夫"的帽子,就要从幼儿开始。幼儿体育直接关系这些未来的建设者与接班人的身体素质与工作能力,关系到中华民族体质的改善与提高,关系到整个国家与社会的兴旺发达。所以,必须重视幼儿的体育,为幼儿的一生健康打下良好的基础,也是促进民族素质的改善与提高。

二、学前儿童体育的任务

(一)保护儿童生命,促进儿童正常发育和健康成长

儿童的身体软弱、娇嫩,对环境的适应能力较差,容易感染各种疾病,各部分器官也处在迅速发育时期,需要吸收大量的营养。体育的首要任务是增强儿童对环境的适应能力和对疾病的抵抗能力,保护儿童的生命,促使儿童身体的正常发育,获得健康成长。

(二)培养儿童良好的生活、卫生习惯

良好的生活、卫生习惯是保证和增进儿童健康的必要条件,也是培养儿童文明行为

的一个重要方面。幼儿园体育的重要任务之一就是教会儿童饭前洗手、穿着整洁、及时理发、按时睡眠、多在户外活动等,培养他们在这些方面的良好习惯。这一任务不仅有利于保护儿童的健康,还培养了他们独立生活的能力,对他们一生的健康有重大的影响。

(三)锻炼儿童的身体,增强其体质

基本动作是人体进行各种活动所必不可少的,如走、跑、跳、投、钻、爬、平衡、攀登等。锻炼与发展儿童的基本动作,可以使儿童在进行各项活动时,动作协调,姿势正确,从而增强体质。

利用日光、空气、水等自然因素锻炼身体,能增强有机体对外界环境变化的适应能力和对疾病的抵抗力。幼儿园应尽量创设条件,让儿童多接触日光、新鲜空气和水。

(四)增强儿童的自我保护意识

针对儿童好奇、好动,对生活中的危险缺乏敏锐度,自我保护能力差的特点,应对儿童进行必要的安全教育,从生活中常见的、与儿童关系密切的安全知识教育入手来进行。

三、学前儿童体育的内容

幼儿体育,作为影响幼儿身心发展与健康的教养措施,主要包括生活卫生教育、自我保护与保健知识教育、身体的运动与锻炼和心理卫生教育几个方面。

1. 生活卫生教育

(1)生活习惯和能力。包括盥洗的有关知识、方法和技能,穿脱衣服的有关知识和技能,保护个人和周围环境清洁卫生的有关知识、技能及情感态度,生活作息的有关知识和习惯,学习习惯,饮食卫生的习惯,坐、行、站、立的正确姿势,等等。

(2)饮食与营养。包括饮食的有关知识和技能,常见食物的名称及其营养知识,营养与健康的关系,膳食平衡的简单知识,等等。

2. 自我保护与保健知识教育

(1)人体认识与保护。包括了解身体的主要器官及其主要功能,保护器官的基本知识和技能,预防接种的有关知识和态度,常见疾病的预防知识和治疗,常见外伤的简单处理知识和方法,预防龋齿及换牙的有关知识,心理健康的有关知识,等等。

(2)自身安全。包括生活安全常识,活动安全常识,药物安全常识,应付和处理意外事故的简单知识与技能,自我保护能力,等等。

3. 身体的运动与锻炼

(1)身体活动的知识和技能。包括走、跑、跳、投掷、平衡、钻爬、攀登等基本动作及有关知识,体育运动的有关知识与技能,等等。

(2)身体素质练习。包括平衡、协调、灵敏、柔韧、力量、速度等身体机能练习的有

关知识和技能,等等。

(3) 基本体操和队列队形练习。包括模仿操、口令、信号与动作,列队等。

4. 心理卫生教育

(1) 环境适应教育。随着幼儿的成长,他们的生活环境越来越广阔。由于当然外面的环境与家庭环境有着较大的差别,因此,必须对幼儿进行环境适应教育,让他们逐渐适应家庭以外的各种环境。

(2) 人际关系教育。随着幼儿生活环境的扩大,他们面临的人际关系也就越来越复杂。相应地要对幼儿进行人际关系教育,包括亲子关系教育、师幼关系教育、同伴关系教育等。

(3) 情绪情感教育。3—6岁的幼儿,情绪情感正处于迅速发展之中,这一时期情绪情感的发展对其以后的心理发展会有很大的影响。发展幼儿的情感,培养他们的社会行为,对于提高幼儿的社会化水平有着重要的意义。

四、学前儿童体育的实施

(一) 学前儿童体育的途径

1. 为儿童创设良好的生活环境,科学护理儿童的生活

良好的生活条件以及对儿童科学、精心的护理是儿童健康发展的必要条件。幼儿应充分利用现有的经济条件,因地制宜,为儿童的健康成长创设良好环境。

(1) 物质环境的创设。包括创设合乎要求(卫生、安全、绿化以及面积、数量等)的房屋、设备和场地;建立合理、科学的生活制度,完善、严格的卫生保健制度以及安排合理、丰富的营养和膳食等。

(2) 心理环境的创设。建立平等、和谐的人际关系,特别是良好的师生关系,营造宽松、自由、愉快的生活氛围等。

2. 精心组织各项体育活动,提高儿童健康水平

体育活动是学前儿童体育的重要组成部分。体育活动形式多样,主要有广播体操、体育课、体育游戏、户内外体育活动等。学前儿童教育机构要重视各种体育活动,特别是户外体育活动,每天应保证儿童至少有2小时的户外体育活动时间。

(二) 实施学前儿童体育应注意的问题

1. 注重儿童身体素质的提高

提高儿童身体素质,是学前儿童体育的重中之重。儿童身体素质的提高主要是体质的增强。影响儿童体质强弱的因素很多,如遗传、疾病、营养状况、生活环境条件、体育锻炼等,其中,科学的、适合于儿童的体育活动是增强儿童体质最积极、最有效的因素之一。幼儿园体育应以增强儿童体质为核心,全面综合地为儿童有一个强壮、健康的身体创造条件。

在幼儿园体育中,不能把目光盯在技能技巧的训练上,更不允许进行有伤儿童身体

的任何活动,要充分考虑儿童身体的特点,以游戏为基本活动形式,用丰富多彩、轻松活泼的各种身体活动来促进儿童体质的增强。

2. 重视培养儿童对体育活动的兴趣和态度

培养儿童参加体育活动的兴趣是提高体育活动质量的关键。而任何被动的、强制性的体育活动,都将扼杀儿童对体育活动的兴趣。

要使体育活动游戏化。教师应选择儿童喜闻乐见的、符合儿童年龄特点的内容,让儿童有兴趣也乐意并努力去完成。体育活动的设计要游戏化,并遵循儿童身心发展的规律和特点,把各种动作和活动融于愉快的游戏中,克服单纯的动作训练。

要充分发挥儿童的主体作用。教师在体育活动中要采用积极鼓励、启发诱导,调动和培养儿童锻炼的积极性,并积极参与儿童的体育活动,不训斥儿童,与儿童平等相处。

要注重体育活动环境的创设。整洁、丰富的活动环境,色彩鲜艳、造型活泼的教具、饰物、器械等都可提高儿童参加体育活动的兴趣和积极性。

3. 专门的体育活动与日常活动相结合

专门组织的体育活动是增强儿童体质的有效途径,但并不是唯一途径。因幼儿园体育活动的某些目标,如培养儿童良好生活卫生习惯的目标,仅仅靠体育锻炼是不能完成的,还必须通过日常生活中的培养和训练。因此要实现体育的目标,必须通过多种途径,重视日常生活中的体育。

4. 注意体育活动中教师的指导方式

幼儿园体育活动的形式是多样的。不同的体育活动需要不同的教师与儿童的相互作用方式,因此,教师在组织学前儿童体育活动时,应采用不同的指导方式。例如,在早操活动中,教师的示范很重要;组织体育课,教师作为活动的指导者,要调动儿童活动的积极性来实现活动目标;体育游戏中则要充分保证儿童的自主性,户外体育活动中要保证儿童自由、安全地活动等。

第五节 学前儿童美育

一、学前儿童美育的概念及意义

(一) 学前儿童美育的概念

美育亦称"审美教育",主要指向人的审美能力的发展,以培养和发展人的审美能力为主要目的的教育活动。

学前儿童美育是美育的一部分,它是根据儿童身心特点,通过美育活动,培养他们对美的兴趣和爱好,培养美感和初步的审美能力,并通过多种艺术活动,发展表现美与创造美的能力。由于儿童身心发展的特点,特别是思维的直觉行动性和具体形象性,认识过程中的情绪性等,决定了儿童美育的特点是:通过活动,用具体鲜明的形象去引导儿童直接感受美,而不要求对美的形象从逻辑上进行过多地理解和分析;以培养儿童审美的情感、兴趣为主,而不以培养审美观念、概念为主;以培养表现美的想象力、创造力为主,而不以训练技能技巧为主。

(二)学前儿童美育的意义

1. 学前儿童美育是实施全面发展各育的催化剂

美育具有德育、智育所不能取代的独立功能,对于培养人的敏锐感受力、丰富的个性、广泛的知识、高尚的审美情趣和道德情操,以及创造力都具有特殊的功能。

美育与德育、智育、体育有密切关系,能促进各育的发展,同时也渗透在各育之中,成为全面发展教育不可分割的一部分。审美活动能给人以美的享受,产生积极的情绪,以促进身体机能的协调,增进幼儿的健康。

2. 学前儿童美育是整个社会审美化的需要

幼儿的思维具体、形象,情感占优势,认识过程常常受情绪和兴趣的支配。"美"具有形象、具体、可感知的特点,例如,艺术作品和生活中的美好事物,具有鲜艳的色彩、动听的旋律、生动的形象。这对幼儿有着巨大的吸引力和感染力,极易引起幼儿的注意和兴趣,也极易为他们所理解和接受。因此,美育是教育幼儿的有效手段。

> **真题链接**
>
> 简述幼儿园美育的意义。
> **答案**:(1)审美教育具有道德的教化功能,与德育互相渗透,互相影响。
> (2)美育对智力的发展、知识的获得起着积极的促进作用。
> (3)美育可促进幼儿身心健康。

二、学前儿童美育的任务

美育不仅是人类认识世界和改造世界的重要手段,也是实现人类自身美化、完善人格塑造的重要途径。美育有着独特的功能和作用,这是其他教育所无法替代的。培养人、提高人的素质最根本的问题是要提高人的精神境界,美育的最终意义就在于使人的情感得到陶冶、思想得到净化、品格得到完善,从而使身心得到和谐发展,精神境界得到升华,自身得到美化。

学前儿童美育的任务主要体现在:① 教给儿童关于音乐、舞蹈、美术、文学等方面的粗浅知识和技能,培养儿童对艺术的兴趣;② 初步发展儿童对周围生活、大自然、文学艺术美的感受力、表现力和创造力。

三、学前儿童美育的内容

学前儿童美育的任务决定了学前儿童美育的内容主要体现在两个方面:

1. 培养幼儿对美的事物和艺术作品的兴趣和爱好,有初步的感知欣赏能力

培养儿童对美的感受力就是培养他们对自然美、社会美和艺术美的灵敏的感知能力和正确的理解,评价能力以及相应的情感体验。

儿童从初生起,就表现出对美的早期感受力,例如,无意识地凝视或偏爱鲜艳夺目的物品或玩具,并产生喜悦的情绪。但是,这种感受力是幼稚、肤浅的,具有片面性,并与个人的情绪紧密相连。儿童认为美的东西往往是形象夸张、色彩鲜艳的事物,或是个人所喜爱的东西。他们常以自己的行为和活动去反映对事物美丑的感受和爱憎,例如,观察和抚摸他认为美的东西,撕毁他厌恶的东西。因此,要培养儿童对美的感受力,教他们欣赏一些美术作品、歌曲、乐曲和文学作品,评价人们的道德行为等。培养儿童对美的感受力,主要是发展儿童感官的感知能力,因为感官是感知美的基础。还应培养儿童理解美,对美产生情感与反应的能力,培养儿童对美的评价能力。

2. 培养幼儿对美的想象力和对艺术活动的初步的表现能力

发展儿童对美的表现力和创造力,是指发展儿童在感受美、理解美的基础上创造性地表现美的能力。

儿童写字、绘画、唱歌、跳舞、朗诵时,能体现他们的艺术表现力,并带有个人的特点。儿童随着想象的发展,特别是大班儿童随着创造性想象的发展,对艺术的创造才能明显提高。教师要在此基础上,发展儿童的艺术表现力和创造美的能力。

发展儿童对美的表现力和创造力,主要包括发展儿童的创造性想象,培养儿童善于动脑筋构思,用手操作和实践的习惯。

四、学前儿童美育的实施

美育,作为一种教育,包含着十分丰富的内容,应该根据学前儿童的特点与教育的需要来进行美育。它具体包括以下各方面的内容:

(一)创造美的环境

幼儿园是儿童生活和受教育的场所。环境美是美育整体中的一个部分,具有潜移默化的教育作用。美的环境包括室内、室外环境的装饰并且布置要清洁、整齐和美观。教师要引导儿童欣赏和创造美的环境,如儿童与老师一起在庭园中种花植草;装饰自己的活动室,挂上儿童亲手制作的美术作品或小小手工艺品等,以唤起儿童美感,增进对美的欣赏能力。教师还要提高自身美的修养,使言行举止、服饰打扮和人际关系等都要符合美的要求,为儿童树立榜样。

(二)领略大自然的美

大自然是美育的丰富源泉。让儿童从小领略蓝天、大海、阳光、沙滩等大自然的美妙,可提升他们的审美感受力和审美表达力。如在野花飘香、百鸟争鸣的时节,把孩子们带进大自然中,让孩子们去"寻找春天",用生动形象的语言,描绘出一幅幅春天美的景象以及千姿百态的自然现象的美,使儿童受到大自然美的陶冶。

（三）感受各种形态的社会美

社会主义现实生活到处充满了美好的事物。要引导儿童认识与了解先进的社会现象所表现出的各种形态的社会美。如壮丽的长江三峡工程、雄伟的黄河大桥、城市中繁华的商业大街，以及社会各行各业的英雄模范人物等，都是发展儿童认识，培养审美观点的丰富内容。

（四）注重艺术教育

对学前儿童的艺术教育包括音乐、美术、文学等方面的教育，这些都是美育的有效手段，在完成美育任务中具有特定的作用。

音乐是以声音塑造形象的视听觉艺术，它是美育的一种重要形式。在教育实践中，要注重培养儿童的音乐感受力和表现力以及指导感受美的方法，如通过欣赏等，充分体会音乐之美，以音乐之美来感染儿童。让他们掌握一定的动作技能，如歌舞技能和动作、音乐节奏感等，可引导儿童主动地表现美，让每个儿童都有机会自编自演，提高他们的音乐表现力。

美术是以线条和色彩塑造形象的视觉艺术，具有直观性、可视性，对儿童有强烈的感染力。如图画、泥工、欣赏等美术活动，可提高儿童对美术作品的理解与欣赏水平，初步掌握从事各种美术活动的技能，培养儿童对美术的兴趣和爱好，发展观察力、想象力和创造力。

文学以形象、生动、精练的语言塑造的人物或情景，对儿童有着极大的感染力。文学教育对于学前儿童，可以培养初步的感受、理解、欣赏文学作品的心理能力，培养美好情趣，丰富内心世界，同时也是发展语言、思维、想象力等心理品质教育不可缺少的组成部分。儿童通过听、看、说、动作、表情等方式，感受、体验文学作品中的艺术形象，这对丰富想象力，学习艺术语言，发展审美能力都是十分有益的。

（五）在游戏中实施美育

游戏有利于儿童对美的表现与创造。教师要在儿童各类游戏活动中，引导他们反映现实生活中的美，并在游戏的内容、方式、玩具的选择和使用上，使之有利于美育任务的实现。

（六）节日、娱乐活动中的美育

节日和娱乐活动是学前儿童教育的手段之一。这些活动丰富多彩，又多是综合性艺术活动，儿童可以通过节日娱乐性的丰富多彩的活动多方面地感受美。教师应精心组织节日活动，让儿童主动参与节日活动，在感受美、表现美的过程中受到全面的教育。

综上所述，学前儿童教育是整个教育体系的第一环，是培养人才的基础，为了适应社会发展需要，学前教育应注重儿童在德、智、体、美等方面的全面发展。如前所述，在学前教育实施过程中，各育都有自己的地位和作用，但他们又不是各自孤立的，而是密切联系的统一整体，只有德、智、体、美等方面教育的相互联系，有机结合，才能真正促进学前儿童的全面发展。

情景实训

1. 语言领域大班的谈话活动"伞",其教学过程为:

运用多媒体出示各种颜色、大小的伞,教师提问:"你们看到了什么?"幼儿举手回答。

教师提问:"伞有什么作用?"幼儿讨论后举手回答。教师总结"伞可以为我们遮风挡雨,保护我们。"

教师提问:"在我们的生活中谁像伞一样为我们遮风挡雨,保护我们?"好朋友互相说说后举手回答。

教师提问:"我们怎样报答为我们遮风挡雨,保护我们的爸爸、妈妈、爷爷、奶奶呢?"幼儿讨论后举手回答。

唱歌《我的好妈妈》结束此活动。

运用学前儿童全面发展教育理论分析此活动组织得怎样?为什么?

2. 王老师开展中班美术绘画活动,绘画的内容是美丽的春天,老师首先示范,先用铅笔画大树、花、小草的轮廓,然后上颜色,老师示范完后发给每个小朋友一张纸、一盒水彩笔,要求小朋友模仿老师的画画,然后老师巡视、指导、帮助,最后老师讲评,表扬按老师要求画的孩子,批评不按老师要求画的孩子。活动后老师把按老师要求画的画展示在活动室里。

请运用幼儿美育理论分析此美育活动哪些方面做得不足?为什么?并提出改进的措施。

思考与练习

1. 学前儿童全面发展教育的意义是什么?
2. 学前儿童德育的内容有哪些?
3. 学前儿童智育的内容有哪些?
4. 简述学前儿童体育的途径。
5. 简述学前儿童如何实施美育。

第五章

学前儿童与教师

学习目标→

1. 了解儿童观发展演变的历程,掌握现代儿童观的具体内容。
2. 了解幼儿教师的劳动特点,熟悉幼儿教师的工作任务。
3. 掌握幼儿教师的职业角色与素质结构,了解幼儿教师的专业成长的基本途径。
4. 理解良好师幼关系的意义,掌握建立良好师幼关系的策略。

本章提要→

学前儿童与教师
- 儿童观
  - 儿童观的内涵与演变
  - 儿童权利的保护
- 幼儿教师观
  - 幼儿教师与幼儿教师观的内涵
  - 幼儿教师职业的基本特征
  - 幼儿教师的职业角色与素质结构
  - 幼儿教师的专业成长
- 师幼关系
  - 师幼关系的本质及其意义
  - 师幼关系的历史发展与现代特征
  - 建立良好师幼关系的策略

问题情境→

孩子们午休起床后,我的首要工作就是给女孩梳理头发,同时,再给她们戴上漂亮的头花或发卡,说一声:"真漂亮、真好看!"女孩个个兴高采烈,而男孩却只有旁观的份儿。男孩爱看老师给女孩梳头,除了露出欣赏的表情外,有几个男孩还用自己的小手摸摸短短的头发,甚至是光光的脑袋。

一次偶然的机会,我惊奇地发现,我们班的马源小朋友头发已经很长了。于是,我问他:"为什么头发这么长,还不去剪?"他只对我说了一句:"老师,我想把头发留长一点,这样老师就可以给我梳头发了。"我这才恍然大悟,原来男孩也需要关心和爱护。他们觉得留了长长的头发,就有和老师近距离接触的机会。

于是,我以后每次给女孩梳理头发时,也会给男孩梳理一下短短的头发,让他们也感受一下老师对他们的爱护和关心。

以上情景中教师根据幼儿的情况进行教育调整,显示了教师对幼儿的敏锐关注与及时回应,这与教师对师幼关系的理解有着重要的关系。相信大家在这章的学习之后,一定能够很好地理解情景中教师的做法。

第一节 儿童观

微课 5-1
古代、近代的儿童观

一、儿童观的内涵与演变

(一)儿童观的内涵

儿童观是成人如何看待和对待儿童的观点的总和,它涉及儿童的权利与地位、能力与特点、儿童期的意义、儿童生长发展的形式和成因、教育同儿童发展之间的关系等诸多问题。儿童观是教育观的基础,也是影响教师观的重要因素。儿童观是随着社会的进步、人类文明的进步而不断发展、变化的,了解儿童的权利、地位,正确看待儿童,树立科学的儿童观,是幼儿园教师做好幼儿教育工作的基础,也是成为一名合格的幼儿园教师的前提。

> **真题链接**
>
> 平时嗓门很大的小强,在回答老师提问时声音却很低,老师批评说:"声音这么小,难道你是蚊子吗?"声音刚落,全班哄堂大笑,该老师做法( )。
> A. 合理,有助于促进幼儿自主学习　　B. 合理,有助于激发儿童自主反思
> C. 不合理,没有体现对儿童的尊重　　D. 不合理,歧视儿童生理缺陷
> 答案:C
> 【解析】 正确的儿童观要求充分尊重儿童的地位与权利。

(二)儿童观的演变

1. 传统的儿童观

儿童观的形成受政治、经济、文化传统以及人类自身认识水平等多种因素的影响,在人类社会漫长的发展过程中,人们对儿童的认识不尽相同,主要有以下几种儿童观:

(1) 儿童是"小大人"

"小大人"说把儿童看作缩小的成人,是成人的预备。持有这种观点的人认为,儿童是"缩小"的大人,儿童是小大人,儿童和大人没有什么区别,即使有的话,那也只是身高和体重的不同而已。在"小大人"的观点下,往往会用成人的标准去要求儿童,儿童被期待像成人一样去行动,充当童工、充当童农、充当童商等,使之过快地生长发育,儿童的特点、儿童期的意义则被完全忽视。

(2) 儿童是"有罪的"

中世纪的原罪说缘于把人看成是生而有罪的,故儿童自然是有罪的。持有这种观点的人认为,儿童一生下来,就充满罪恶,是有罪的"羔羊",卑贱无知,成人应该对他们严加管束、约制,使儿童能不断地进行赎罪。这种儿童观中暗含的逻辑是把"儿童"和"上帝"相对,只有上帝是善的,除此之外皆是恶的。在这种观点下,儿童常常需要承受严酷的纪律,包括各种责骂、鞭打,认为只有严酷的纪律才会减轻,甚至消除儿童的错误行为。儿童承受了各种肉体的、精神的折磨,遭受成人的轻视,任何带有创新乃至尝试意识的行为都会受到指责,人格被严重摧残。

(3) 儿童是"白板"

"白板"是指空白的板或擦过的黑板。持有这种观点的人认为,儿童刚生下来的时候,其心灵就像一块白板,成人可以任意塑造成各种各样的东西;儿童就像是一张白纸,洁白无瑕,成人可以在上面画最新最美的图画;儿童就像是一个空容器,成人可以任意填塞,把各种知识经验灌输进去,而不考虑儿童的需要。在这种观点下,儿童的发展仅仅是周围环境的作用,是消极被动地接受外界刺激的结果,完全忽视了儿童的主观能动性。

(4) 儿童是"花草树木"

文艺复兴运动对人权的倡导,使人们从全新的角度来审视儿童,在儿童观上有了一个大的飞跃,开始把儿童看作一个有独立存在价值的实体,儿童有自己的权利、思想、情感、需要。在这种价值观下,认为不应用成人的标准去对待儿童,儿童应该像个"儿童",要倍加珍惜童年的生活。尊重儿童具有的纯洁美好、独立平等的自然本性。儿童的生长发展是按自然法则运行的,教育者的作用就像是"园丁",儿童就像是"花草树木",活动室就像是使儿童逐步成熟的"花园",每个儿童的成熟都有内部的时间表,在恰当的时间学习特别的任务,而不能强迫儿童去学习。儿童的成熟过程至少和儿童的经验一样重要。

(5) 儿童是"私有财产"

持有这种观点的人认为,儿童是父母婚姻的结晶,产生于母体,归父母所有,是父母的隶属品。父母可以左右儿童的命运,控制儿童的生活,决定儿童的一切事情,要求儿童学习许多并不感兴趣的课程,把儿童培养成为他们认为最理想的人,压服儿童,让儿童唯命是从。在这种观点下,儿童特别是男童被认为是家庭的希望、传宗接代的工具,开始重视儿童、关心儿童,但儿童仍然被视为家庭和家族的附属品、父母的私有财产,没有独立自主的人格和地位,与其抚养人之间的关系只是一种依附关系。例如,"老子打

儿子"被认为是天经地义的,是家庭的私事,别人无权干涉。

(6) 儿童是"未来的资源"

持有这种观点的人认为,儿童是国家最宝贵的财富,是国家潜力最大的资源、未来的兵源和劳动力。对儿童的进行教育,就是对未来进行最有价值的投资,这种投资,利国利民,只有多投资,才能有高收入。

(7) 儿童是"有能力的主体"

人类的童年期长于动物的童年期,这为儿童以后的发展奠定了良好的基础。儿童在体力、智力、情感、社会性、道德等许多方面,都不同于成人,他们是正在发展中的人,因此儿童是"有能力的主体",不能因为儿童弱小、需要保护,就轻视他们,使他们被动发展。儿童是有能力的、积极主动的权利主体,应有主动发展自己潜能的机会,在出生、成长、发育的过程中,成为自主的行动者,能表达自己的主张和意见,充分行使自己的权利。

上述儿童观既有时代的烙印,有些又并存于同一个时代,既有非理性、不科学的一面,也有较为合理科学的因素,实事求是地进行分析,批判性地加以继承和借鉴,将有利于正确地认识儿童。

2. 现代的儿童观

进入 20 世纪以来,随着人权运动的高涨和许多关心儿童人士的不懈努力,国际社会开始普遍重视保护儿童的权益,人们对儿童予以前所未有的关注。回顾儿童观的发展历程,我们可以看到,儿童及儿童权益越来越受到人们的重视和尊重,人们对儿童的特质和能力的认识日益趋于科学化。现代儿童观可以概括为以下几个方面:

(1) 儿童是人,具有与成年人一样的人的基本权益,具有独立的人格。每个幼儿拥有出生权、姓名权、国籍权、生存权、学习权、发展权、游戏权等,这些权利应该得到我们的承认、尊重和保护。

(2) 儿童是一个全方位不断发展的"整体"的人,应尊重和满足儿童各种发展的需要。我们应该承认幼儿所具有的各种发展需要,并尽可能为幼儿创造良好的成长环境与条件,不仅应保证幼儿身体正常的生长发育,同时还应给予儿童充分参与各项活动的机会,使其获得最充分的发展。

(3) 儿童发展具有个体差异性。每个儿童都是独特的个体,发展水平和速度不同,兴趣和爱好不同。教育者要看到儿童的个性差异,关注每个幼儿朝着目标发展和进步,尊重每一个幼儿的发展速度和进程。

(4) 儿童具有巨大的发展潜能,在适当的环境和教育的条件下,应最大限度地发展儿童的潜力。

(5) 儿童具有主观能动性。儿童在发展的过程中,有着自己的想法、自己的节奏,应充分发挥幼儿的主观能动性,凸显其发展中积极主动的作用。

(6) 儿童应受到平等对待。儿童之间有的只是差异,如性别差异、兴趣差异,不存在高低贵贱之分,因此都应该受到平等对待,包括特殊需要儿童。所有的儿童,不分性别、种族,都应享有均等的机会和相同的权益,受到平等的对待。

(7) 儿童期具有独立存在和为成人期做准备的双重价值。儿童期作为人生中的一个阶段,必然具有独立存在的价值,我们应重视儿童期独特的需要(如游戏的需要),满足这些需要的本身就很有价值。同时,儿童期还是人生的起始阶段,必然会成长与过渡为成人期、老人期,在此过程中,前面阶段必然是后面阶段的基础与准备,因此儿童期在具有独立存在价值的同时,还具有为成人期做准备的双重价值。

微课 5-2

蒙台梭利的儿童观
杜威的儿童观

真题链接

1. 老师组织集体游戏时,发现佳佳独自一人专注地看着落在地上的小水珠,老师走过去对佳佳说:"还是先跟大家一起玩吧,游戏后再观察,然后把看到的告诉老师和同学们,好吗?"该老师的做法( )。

A. 保护了幼儿自主探究的兴趣　　B. 保护了幼儿自主游戏的活动目标

C. 忽视了幼儿仔细观察的需求　　D. 培养了幼儿的动手能力

答案:A

【解析】 幼儿教师要具有因材施教的意识,在活动中尊重幼儿的不同表现。

2. 材料分析:

(1) 下面是某幼儿园小班张老师的教学片段:

(张老师的铃鼓响起来了,孩子们回到座位上)

师:我们都是机器人。

幼:一不许动,二不许笑,三不许露出大门牙。

师:小朋友们,我们先来看看电视上播放的是什么?

(老师按下播放键,电视里出现了新华书店的宣传片)

师:小朋友们去过这个地方吗?

幼:去过。

师:这是什么地方呀?

幼:新华书店。

师:你们真棒,你看新华书店有许多许多的书,是不是?这些书都是分门别类放在一起的,咱们一起来看看有哪些种类呢?

(老师指着"教育类"这块牌子问幼儿是哪个区,大多数孩子都不识字,都没有反应)

师:你们可能不认识这些字,那我们让咱们班的"识字大王"江江来帮帮我们,你们说好不好?

幼:好!

(江江站起来念出字后,老师放弃了与孩子一起探索书的种类,自己看着电视屏幕一类接着一类给孩子认真讲解,教孩子认字,孩子们在下面念着、听着)

问题:请结合材料,从儿童观的角度,评析张老师的教育行为。

答案要点:张老师的教育行为,违背了科学的儿童观,具体表述如下:

① 幼儿身上蕴藏着巨大的潜能。教师需要相信幼儿，给予幼儿期望，多表扬幼儿，鼓励幼儿。而题干中的张老师一开始上课的"三不许"以及在面对幼儿不识字、没有反应的情况下，直接放弃与幼儿一起探索书的种类的做法都是不对的，会导致幼儿不自信，不愿意参与活动。

② 幼儿个体之间是存在巨大差异的。教师要用发展的观点认识幼儿、悦纳错误，多包容。但是张老师面对很多幼儿不认识生字时，直接请"识字大王"江江来认读，随后结束了探索活动，都体现教师没有注意不同幼儿发展的差异性，没有做到因材施教，也没有包容幼儿的不足。

③ 儿童是人，具有与成年人一样的人的基本权益，具有独立的人格。教师的教育过程中要把幼儿当成幼儿，爱护尊重幼儿，善于倾听幼儿的意见。但题干中张老师一开始就让小班的幼儿"三不许"，这严重违背幼儿的天性，没有把幼儿当成幼儿看待。

④ 儿童具有主观能动性。儿童在发展的过程中，有自己的想法与节奏，应充分发挥幼儿的主观能动性，凸显其在发展中积极主动的作用。但题干中的张老师并没有发挥幼儿的主动性，没有积极鼓励幼儿，而采用了教师教授幼儿认字、幼儿跟读等小学化的形式进行教学，没有采取游戏化教学方式，违背了幼儿的身心发展规律，未能关注到幼儿的主观能动性。

（2）班上的一些小朋友不喜欢洗手，有些小朋友虽然洗手，也只是简单地冲冲水就算了。户外活动后，韩老师把小朋友分成两组：一组念着儿歌认真地洗手，另一组暂时不洗手。韩老师拿出两块柚子皮，一组一块，让小朋友分别摸柚子皮内层，红红突然叫起来："黑了，黑了！"

果然，没洗手那组小朋友摸过的柚子皮内层已经黑乎乎了，韩老师趁机提问："柚子皮为什么会变黑呀？"孩子们抢着说："他们没洗手，手很脏。""手上有土，把柚子皮弄脏了。"韩老师连忙引导："这是我们能看见的，还有我们看不见的呢？""细菌、病毒"，孩子们大声说。韩老师趁热打铁："如果我们不洗手就拿东西吃，手上的脏东西会沾到食物上，脏东西进入我们的肚子，身体会怎么样？我们应该怎样做呢？"孩子们叽喳地讨论开来，最后得出了"一定要认真洗手，做健康的小主人"的结论。活动结束后，没洗手的小朋友，立刻跑到洗手池边洗手，洗得格外认真，洗了手的小朋友中，有人感觉自己没洗干净，就认真地又洗了一遍。

自此，小朋友们大都能自觉地去洗手，如果某个小朋友忘记洗手，其他小朋友也会提醒他。

问题：请结合材料，从儿童观的角度评析韩老师的教育行为。

答案要点：韩老师的行为是正确的，遵从了"育人为本"的儿童观。

① 儿童是发展中的人。儿童是连续不断发展的个体，其身心发展具有巨大的潜能。材料中韩老师并没有因为幼儿不会洗手而放弃了此方面的培养，而是结合

"儿歌"、自主探究的形式,引导幼儿掌握洗手的重要性,遵从儿童是发展中的人的儿童观。

②儿童是独特的人。每个儿童身心发展的速度各不相同,每个幼儿都有自己的特长,韩老师应该将儿童看成独特的个体,因材施教。材料中韩老师将幼儿分成了两组,并且在活动中听从了孩子们的想法进而开展进一步的引导活动,遵从了这一点。

③儿童是学习的主体,是具有能动性的教育对象。每个幼儿都是教育活动的主体,都有自己的思维和判断。材料中韩老师并没有直接讲解洗手的重要性,而是让幼儿自己实际操作,感知洗手的重要性以及不洗手的危害,遵从了这一点要求。

综上所述,韩老师的行为值得我们学习,要树立正确的儿童观,促进幼儿更好地发展。

二、儿童权利的保护

从尊重人权到尊重儿童的权利,是人类社会的一大飞跃。从人们意识到儿童应有自己的权利,到通过法律的形式,进一步明确和扩大儿童享有的权利和范围,是人类社会的又一个进步。

(一)国际认识

1924年国际联盟通过了《日内瓦儿童权利宣言》,这是第一个主张儿童权利的国际性文件。

1959年11月20日联合国通过了《联合国儿童权利宣言》,儿童的权利进一步得到扩大和加强,儿童主体的作用被提高到了重要地位。

1979年联合国又发起了"国际儿童年",继承并发展了联合国大会于1959年提出的儿童权利的基本思想。

1989年11月20日第44届联合国大会上一致通过了《儿童权利公约》,在1990年9月2日正式生效。《儿童权利公约》共54条,实质性条款41条,其中被提到的儿童权利多达几十种,如姓名权、国籍权、受教育权、健康权、医疗保健权、受父母照料权、娱乐权、闲暇权、隐私权、表达权等。其最基本的权利可以概括为四种,即:①生存权:每个儿童都有其固有的生命权和健康权,包括有权接受可达到的最高标准的医疗保健服务;②受保护权:不受危害自身发展影响的、被保护的权利,包括保护儿童免受歧视、剥削、酷刑、虐待或疏忽照料,以及对失去家庭的儿童和难民儿童的基本保证;③发展权:充分发展其全部体能和智能的权利,儿童有权接受正规和非正规的教育,以及儿童有权享有促进其身体、心理、精神、道德和社会发展的生活条件;④参与权:参与家庭、文化和社会生活的权利,儿童有参与社会生活的权利,有权对影响他们的一切事项发表自己的意见(表达权)。《儿童权利公约》是第一个强调儿童权利的国际公约,首次把国际社会

保护儿童权利的思想转变成了各国政府的诺言,因而具有划时代的意义。

1990年9月30日世界儿童问题首脑会议通过了《儿童生存、保护和发展世界宣言》和《执行九十年代儿童生存、保护和发展世界宣言行动计划》,提出"一切为了孩子"的新的儿童观。

(二)国内认识

随着国际社会对儿童权利认识的深化,中国政府也制定了一系列儿童权益保护政策和法规,在保障儿童基本权益的实践中,取得了令世人瞩目的成就。

1990年8月,我国政府正式签署了联合国《儿童权利公约》。

1991年1月18日,国务院第76次常务会议通过了《禁止使用童工规定》。

1991年3月,中国政府签署了《儿童生存、保护和发展世界宣言》和《执行九十年代儿童生存、保护和发展世界宣言行动计划》。

1991年9月4日,第七届全国人大常委会第21次会议通过了《中华人民共和国未成年人保护法》,体现了儿童权利的新观念。

1992年3月8日,国务院颁布了《九十年代中国儿童发展规划纲要》,在全社会倡导"爱护儿童、教育儿童,为儿童做表率,为儿童办实事"的公民意识。

1996年6月1日原国家教育委员会发布了《幼儿园工作规程》,提出要从保障学前儿童学习权利、促进每个儿童在原有水平上得到发展的角度,来考虑环境的创设、教育内容的选择、教育方法的运用、教育评价的实施。同年还颁布了《全国教育事业"九五"计划和2010年发展规划》,确定了我国学前教育的发展目标,原国家教育委员会于1997年制定了《全国幼儿教育事业"九五"发展目标实施意见》,就"九五"期间我国学前教育事业发展的指导思想、具体目标、措施保障等提出了基本要求。

我国这些法律法规的制定,都在法律上保证了我国儿童的身心发展权、受教育权等应有的权益。

第二节 幼儿教师观

一、幼儿教师与幼儿教师观的内涵

(一)幼儿教师的内涵

幼儿教师是指在特定的学前教育机构中,利用专门的设施,按照特定的章程,对学前儿童实施教育行为的专业人员。幼儿教师从广义上来看,是人们对幼儿教师这种职业及其从业人员各个方面的认识和看法的总和。从狭义上看,是幼儿教师对自己职业的特点、责任、教师的角色以及科学履行职责所必须具备的基本素质方面的认识。学前教育机构中,对学前儿童进行教育的主要工作人员是幼儿教师,他们需经过严格的培养和培训,应具有良好的职业道德,掌握系统的专业知识和专业技能。

(二) 幼儿教师观的内涵

幼儿教师观是指关于教师职业的基本观念,是人们对幼儿教师职业的认识、看法和期望的反映。幼儿教师观既包括对幼儿教师职业性质、职责和价值的认识,也包括对幼儿教师的基本素养及其专业发展的理解。

二、幼儿教师职业的基本特征

(一) 幼儿教师职业的性质

1. 幼儿教师职业是一种专门职业,幼儿教师是专业人员

1966年10月,联合国教科文组织和国际劳工组织在巴黎会议上通过的《关于与文师地位之建议书》中提出:应当把教师工作看作一门专业,它需要教师的专门知识和特别才能,并需要经过长期持续的努力与研究才能得以维持。这次会议肯定了教师职业的专业性质。随着社会和教育科学的不断发展,人们越来越认识到学前教育对人终身的发展、对国民素质的提高以及对社会发展的重要作用,幼儿园教师工作越来越受到国家的重视和社会的尊重。

对于专业的定位,通行的标准要求从业人员具备以下几点:一是需要专门技术和特殊智力,在职前必须受过专门的教育;二是提供专门的社会服务,具有较高的职业道德和社会责任感;三是拥有专业自主权,表现为专业工作者应获得本专业资格证书,专业内部有不同的职称来标志专业水平差异等。根据上述标准衡量,当今幼儿教师已向专业化的方向发展,已成为需要经过学前教育专业培养和训练才能取得任教资格的专业人员。我国自1994年1月1日正式实行"幼儿园教师资格制度",2000年颁发《〈教师资格条例〉实施办法》,2011年教育部颁布《教师教育课程标准(试行)》,其中专门列出了幼儿教师职前教育课程目标与课程设置。2012年,我国颁布的《幼儿园教师专业标准(试行)》,对幼儿教师的专业性做了更全面的界定,并启动"国标、省考、县聘、校用"的教师准入和管理制度,2015年在全国开始全面实施。我国这些法规的颁布,充分体现了对幼儿教师在专业性的认可,幼儿教师职业真正成了一种专门职业,幼儿教师成为专业人员。

2. 幼儿教师是教育者,幼儿教师职业是促进个体社会化的职业

幼儿教师和其他所有教师一样,是教育者,从事着培养人、造就合格社会成员、促进个体社会化的职业。随着社会的发展和社会生产力的提高,教育的作用越来越凸显,教师所承担的社会职责和社会角色也越来越明确。我国1994年1月1日正式实施的《中华人民共和国教育法》中明确指出:教师的社会职责是教书育人。因此幼儿教师在社会发展中也承担着育人的社会职责,担当着幼儿成长的"组织者""帮助者""促进者"的社会角色。幼儿教师依据幼儿教育的目标,遵循幼儿身心发展规律和特点,采用科学合理的教育方式与手段,有目的、有计划地、有组织地对幼儿实施教育,以促进幼儿德、智、体、美等方面全面和谐的发展。

(二)幼儿教师劳动的特点

幼儿教师的劳动与其他劳动相比,具有自身的特点,幼儿教师只有遵循自身劳动的特点,才能科学有效地实现学前教育目标,促进幼儿身心全面和谐发展。

1. 劳动对象的主动性和不成熟性

幼儿教师的劳动对象是幼儿,幼儿是一个有意识的人,一个主动发展的人。在教育过程中,幼儿既是教的客体,又是学习的主体。幼儿不是消极被动地接受教育,在教育过程有其突出的主观能动性,即通过自身的内部作用来主动选择和接受外界的影响,从而形成自己的认知结构,发展自己的思想感情。幼儿教师劳动对象的主动性特点,决定了幼儿教师劳动具有复杂性,在教育过程中,幼儿教师需要充分调动幼儿的积极性和主动性。也正是因为幼儿具有主动性,幼儿的活动是不断发展变化的,活动的范围有时超出幼儿教师所预想的范围,幼儿教师需要时时顾及这些不可控制的因素(偶发事件),并做出灵活、科学的应对,抓住教育的契机。

幼儿教师的劳动对象不仅具有主动性,还具有不成熟性。幼儿期处于人类发展的起始阶段,思维的发展还处在具体形象的阶段,知识经验还很贫乏,对周围事物的认识充满了天真和幼稚。幼儿教师劳动对象的不成熟性的特点,要求幼儿教师需充分了解幼儿身心发展阶段特点,以科学适宜的教育方式正确引导幼儿的发展。幼儿的不成熟性决定了在教育过程中,幼儿教师的引导作用尤为重要。

2. 劳动过程的创造性

教师的劳动任务不是靠单纯模仿或机械重复所能完成的,幼儿教师的劳动更是如此,这是由幼儿教育对象的特殊性和教育情景的复杂性所决定的。幼儿教师的教育对象是具有不同特点的活生生的幼儿,他们有着不同的兴趣、爱好,不同的能力和性格,不同的行为和习惯,同时幼儿又是处在迅速发展变化的阶段,幼儿的这些特点必然会使幼儿教师的劳动过程和教育情景异常复杂和多变,这也决定了幼儿教师劳动过程具有更大的灵活性和创造性。

幼儿教师劳动过程中的创造性主要表现在以下几个方面:首先,创造性表现在对幼儿教育的因材施教上。幼儿教师不仅要针对幼儿整体的发展特点,还要针对幼儿个体的特点进行有差别的教育。其次,创造性表现在对幼儿教育教学原则、方法的运用和教学内容的选择和处理上。教育有法可循,但又无定法,幼儿教师必须根据不同的情况创造性地选择和运用教育方法,从而发挥教育的最佳效果。最后,创造性还表现在幼儿教师的教育机智上。教育机智是指对突发性教育情景做出迅速、恰当处理的随机应变的能力。教育并不是千篇一律的,教育的条件不可能毫无差异地重复出现。因此,幼儿教师的劳动过程绝没有固定的程序和模式,幼儿教师与幼儿的交互作用中,教育情境往往是难以控制的,事先预料不到的偶发事件随时可能发生。这就需要幼儿教师善于观察和捕捉教育情境的细微变化,灵活机动地采取科学适宜的教育措施,从而使教育收到最佳的效果。

3. 劳动任务的全面性和细致性

幼儿教师劳动的任务是根据教育目的和幼儿教育具体目标要求，对幼儿德、智、体、美进行全方位的教育，因此幼儿教师的劳动任务具有全面性。幼儿教师的劳动具有保教结合的特点，在教育工作中不仅要照顾幼儿的生活，养成幼儿良好生活卫生习惯，还应根据幼儿认知发展的特点，增进幼儿可接受的知识与技能，发展其智力发。同时，由于幼儿独立生活和进行活动的能力较差，幼儿教师的劳动任务不但是全面的，而且是非常细致的。幼儿在发展过程中，需要成人特别是幼儿教师给予其细心的照料和教育，关注其细微的发展，从而使幼儿得以健康全面的成长。

4. 劳动手段的主体性

教师主要是用自己的思想、学识和言行，通过示范的方式，直接影响劳动对象，这就决定了教师的劳动手段带有很强的主体性。而幼儿教师劳动手段的主体性更为明显和重要，这是由幼儿爱模仿，通过模仿进行学习的特点决定的。在天真的幼儿眼里，教师具有某种权威性，幼儿甚至以为"老师说的都是对的"，相信老师远在父母之上。幼儿教师的一言一行、一举一动，都是幼儿模仿的对象。因此幼儿教师必须注重自身的素养提升，也应积极发挥自身言行的作用，用自己的身教引导幼儿养成良好的行为习惯，促进幼儿健康成长。

（三）幼儿教师的工作任务

幼儿教师对所在班级工作全面负责。我国《幼儿园工作规程》中规定幼儿教师的主要职责是：

（1）观察了解幼儿，依据国家有关规定，结合本班幼儿的发展水平和兴趣需要，制订和执行教育工作计划，合理安排幼儿一日生活；

（2）创设良好的教育环境，合理组织教育内容，提供丰富的玩具和游戏材料，开展适宜的教育活动；

（3）严格执行幼儿园安全、卫生保健制度，指导并配合保育员管理本班幼儿生活，做好卫生保健工作；

（4）与家长保持经常联系，了解幼儿家庭的教育环境，商讨符合幼儿特点的教育措施，相互配合共同完成教育任务；

（5）参加业务学习和保育教育研究活动；

（6）定期总结评估保教工作实效，接受园长的指导和检查。

三、幼儿教师的职业角色与素质结构

（一）幼儿教师的职业角色

《幼儿园教育指导纲要（试行）》中对幼儿教师的角色进行了明确的定位："教师应成为幼儿学习活动的支持者、合作者、引导者"，这是对幼儿教师的要求和对幼儿教师成长的期望。

1. 幼儿教师是幼儿学习活动的支持者

幼儿教师应成为幼儿学习的支持者,这要求幼儿教师必须对幼儿学习活动提供物质和心理双重支持。物质上的支持主要包括创设丰富的物质环境,提供多样的活动材料,保证幼儿学习资源的丰富性。心理上的支持包括创设良好的心理氛围,以关怀、接纳、尊重的态度与幼儿交往。耐心倾听,努力理解幼儿的想法与感受,支持、鼓励他们大胆探索与表达。同时,心理上的支持还要求幼儿教师对幼儿出现的问题、困难和需求的敏锐把握,及时以适当的方式应答,形成合作探究式的师幼互动。幼儿教师对幼儿学习活动的支持,是幼儿学习活动有效开展的基础条件。

2. 幼儿教师是幼儿学习活动的参与者和合作伙伴

幼儿教师应以幼儿伙伴的角色参与到幼儿的活动中,成为幼儿忠实的、"更有能力"的伙伴,这就要求幼儿教师真正融入幼儿的学习活动中,以平等的合作伙伴的角色参与幼儿的活动,与幼儿一起,惊奇着幼儿的惊奇,关注着幼儿的关注,体验着幼儿的体验。同时,在幼儿学习活动的过程中,幼儿教师还应积极发挥"更有能力"的同伴的角色,敏锐地发现幼儿成长的需要,用潜移默化的方式引领幼儿的成长。幼儿教师成为幼儿学习活动的参与者和合作伙伴,能够为幼儿创造一个具有极大的心理安全感和自由感的环境,幼儿能全身心地投入学习活动中,尽情体验与创造,在学习活动中不断获取知识和各种营养,从而获得身心的健康发展。

3. 幼儿教师是幼儿学习活动的引导者

幼儿教师应成为幼儿学习活动的引导者,这要求幼儿教师必须全面准确地把握幼儿身心发展水平与特点,了解幼儿当前的发展需要或者面临的问题与矛盾,从而给予科学适宜的引导。幼儿教师作为幼儿学习活动"引导者"的角色是不可替代的,同时这一角色也是幼儿教师专业能力与专业素养的体现。当幼儿遇到困难或问题来求助时,幼儿教师需要考虑是否要"介入"、"介入"的契机、"介入"的程度等,这些价值判断无不在考验幼儿教师的专业能力水平。幼儿教师成为幼儿学习活动的引导者,能保证幼儿向着积极目标方向发展。

(二)幼儿教师的素质结构

2012年教育部颁布了《幼儿园教师专业标准(试行)》,明确规定了一名合格的幼儿园教师应具备的专业素养。

1. 专业理念与师德

(1)职业理解与认识。贯彻党和国家教育方针政策,遵守教育法律法规。理解幼儿保教工作的意义,热爱学前教育事业,具有职业理想和敬业精神。认同幼儿园教师的专业性和独特性,注重自身专业发展。具有良好职业道德修养,为人师表。具有团队合作精神,积极开展协作与交流。

(2)对幼儿的态度与行为。关爱幼儿,重视幼儿身心健康,将保护幼儿生命安全放在首位。尊重幼儿人格,维护幼儿合法权益,平等对待每一位幼儿。不讽刺、挖苦、歧视幼儿,不体罚或变相体罚幼儿。信任幼儿,尊重个体差异,主动了解和满足有益于幼儿身心发展的不同需求。重视生活对幼儿健康成长的重要价值,积极创造条件,让幼儿拥有快乐的幼儿园生活。

(3) 幼儿保育和教育的态度与行为。注重保教结合,培育幼儿良好的意志品质,帮助幼儿养成良好的行为习惯。注重保护幼儿的好奇心,培养幼儿的想象力,发掘幼儿的兴趣爱好。重视环境和游戏对幼儿发展的独特作用,创设富有教育意义的环境氛围,将游戏作为幼儿的主要活动。重视丰富幼儿多方面的直接经验,将探索、交往等实践活动作为幼儿最重要的学习方式。重视自身日常态度言行对幼儿发展的重要影响与作用。重视幼儿园、家庭和社区的合作,综合利用各种资源。

(4) 个人修养与行为。富有爱心、责任心、耐心和细心。乐观向上、热情开朗,有亲和力。善于自我调节情绪,保持平和心态。勤于学习,不断进取。衣着整洁得体,语言规范健康,举止文明礼貌。

2. 专业知识

(1) 幼儿发展知识。了解关于幼儿生存、发展和保护的有关法律法规及政策规定。掌握不同年龄幼儿身心发展特点、规律和促进幼儿全面发展的策略与方法。了解幼儿在发展水平、速度与优势领域等方面的个体差异,掌握对应的策略与方法。了解幼儿发展中容易出现的问题与适宜的对策。了解有特殊需要幼儿的身心发展特点及教育策略与方法。

(2) 幼儿保育和教育知识。熟悉幼儿园教育的目标、任务、内容、要求和基本原则。掌握幼儿园各领域教育的学科特点与基本知识。掌握幼儿园环境创设、一日生活安排、游戏与教育活动、保育和班级管理的知识与方法。熟知幼儿园的安全应急预案,掌握意外事故和危险情况下幼儿安全防护与救助的基本方法。掌握观察、谈话、记录等了解幼儿的基本方法和教育心理学的基本原理和方法。了解 0—3 岁婴幼儿保教和幼小衔接的有关知识与基本方法。

(3) 通识性知识。具有一定的自然科学和人文社会科学知识。了解中国教育基本情况。具有相应的艺术欣赏与表现知识。具有一定的现代信息技术知识。

3. 专业能力

(1) 环境的创设与利用。建立良好的师幼关系,帮助幼儿建立良好的同伴关系,让幼儿感到温暖和愉悦。建立班级秩序与规则,营造良好的班级氛围,让幼儿感受到安全、舒适。创设有助于促进幼儿成长、学习、游戏的教育环境。合理利用资源,为幼儿提供和制作适合的玩教具和学习材料,引发和支持幼儿的主动活动。

(2) 一日生活的组织与保育。合理安排和组织一日生活的各个环节,将教育灵活地渗透到一日生活中。科学照料幼儿日常生活,指导和协助保育员做好班级常规保育和卫生工作。充分利用各种教育契机,对幼儿进行随机教育。有效保护幼儿,及时处理幼儿的常见事故,危险情况优先救护幼儿。

(3) 游戏活动的支持与引导。提供符合幼儿兴趣需要、年龄特点和发展目标的游戏条件。充分利用与合理设计游戏活动空间,提供丰富、适宜的游戏材料,支持、引发和促进幼儿的游戏。鼓励幼儿自主选择游戏内容、伙伴和材料,支持幼儿主动地、创造性地开展游戏,充分体验游戏的快乐和满足。引导幼儿在游戏活动中获得身体、认知、语言和社会性等多方面的发展。

(4)教育活动的计划与实施。制定阶段性的教育活动计划和具体活动方案。在教育活动中观察幼儿,根据幼儿的表现和需要,调整活动,给予适宜的指导。在教育活动的设计和实施中体现趣味性、综合性和生活化,灵活运用各种组织形式和适宜的教育方式。提供更多的操作探索、交流合作、表达表现的机会,支持和促进幼儿主动学习。

(5)激励与评价。关注幼儿日常表现,及时发现和赏识每个幼儿的点滴进步,注重激发和保护幼儿的积极性、自信心。有效运用观察、谈话、家园联系、作品分析等多种方法,客观地、全面地了解和评价幼儿。有效运用评价结果,指导下一步教育活动的开展。

(6)沟通与合作。使用符合幼儿年龄特点的语言进行保教工作。善于倾听,和蔼可亲,与幼儿进行有效沟通。与同事合作交流,分享经验和资源,共同发展。与家长进行有效沟通合作,共同促进幼儿发展。协助幼儿园与社区建立合作互助的良好关系。

(7)反思与发展。主动收集分析相关信息,不断进行反思,改进保教工作。针对保教工作中的现实需要与问题,进行探索和研究。制定专业发展规划,积极参加专业培训,不断提高自身专业素质。

真题链接

李老师认真学习《幼儿园教师专业标准(试行)》,并制订了自己的专业发展规划。李老师的做法体现了( )。

A. 终身学习的理念　　　　　　B. 先进的管理策略
C. 良好的沟通能力　　　　　　D. 高超的教育技能

答案:A

【解析】终身学习理念要求教师具有终身学习与持续发展的意识和能力,材料中的李老师制定自己的专业发展规划正是体现出持续发展的能力,因此体现了终身学习的理念。

四、幼儿教师的专业成长

幼儿教师只有不断提升自身素质,不断提高自身的专业化水平,才能不断地为幼儿提供有意义的学习经验,才能更好地促进幼儿的学习与发展。幼儿教师专业成长的途径从社会、幼儿园、教师自身三个方面分为三种主要的途径:基于制度化的终身专业学习、基于同伴互助的学习共同体和基于个人反思的行动研究。

(一)基于制度化的终身专业学习

终身教育和终身学习是教育发展和社会进步的共同要求,在学习化的社会中,幼儿教师的生存也是"一个永无止境的完善过程和学习过程"。终身专业学习要求:首先幼儿教师自身应调动个人学习的主动性、积极性和创造性,激发个人的学习动机;第二,在幼儿教师养成过程中,应增设提高学习能力的课程,提高幼儿教师自我学习的能力;第三,幼儿园与相关教育机构应为幼儿教师提供适当的进修机会,如理论前沿培训、教育实践探讨等周期性更新教育;第四,以立法的方式保障幼儿教师终身学习的实施。总之,幼儿教师的专业成长必须建立在制度上的保障。

(二)基于同伴互助的学习共同体

"学习共同体"是指一个由学习者及其助学者(包括教师、专家、辅导者等)共同构成的团体,他们彼此之间经常在学习过程中进行沟通、交流,分享各种学习资源,共同完成一定的学习任务,成员之间形成了相互影响、相互促进的人际联系。团队学习能够激发集体的洞察能力,能够培养团队成员之间的合作能力,加快学习的进程,以发挥更大的学习效果。幼儿园应当积极营造"学习型组织"的氛围,组建幼儿教师学习共同体,包括幼儿、教师、家长等其他有关人员,共同体成员之间相互交流、相互激荡、彼此影响,从而促进幼儿教师的专业成长。

> **真题链接**
>
> 某幼儿园经常组织老师们相互观摩保教活动,针对活动过程展开研讨,提成完善活动的建议,这种做法体现的教师专业发展途径是( )。
>
> A. 进修培训　　　　　　　B. 同伴互助
> C. 师徒结对　　　　　　　D. 自我研修
>
> 答案:B
>
> 【解析】 同伴互助是幼儿教师专业发展的重要途径。材料中正是运用了幼儿教师同伴之间的互助研讨的方式,促进幼儿教师的专业成长。

(三)基于个人反思的行动研究

教师专业成长的公式是"经验+反思",幼儿教师的自我反思能够帮助幼儿教师及时梳理个人实践经验,把握教育实践中的核心要素,而行动研究是幼儿教师自我反思的重要路径。行动研究,即有关行动的研究,主要有三个特征:一是行动者自己担任行动人员;二是行动本身就是研究主题;三是研究的目的是要改善行动。行动研究本身就是教育研究活动,是教师对教育实践采取的一种自我反思的形式。幼儿教师的专业成长离不开行动研究,幼儿教师应积极运用行动研究提升个人成长,通过提出问题、解决问题的行动、观察、修改、再行动的循环通路,不断激发自身的专业反思,从而深化个人的专业品质。

第三节　师幼关系

一、师幼关系的本质及其意义

(一)师幼关系的本质

师幼关系是指幼儿教师和幼儿在教育教学过程中结成的相互关系,包括彼此所处的地位、作用和相互对待的态度等。师幼关系的本质是一种人际关系,是一种"我与你"的主体之间的关系,而不是控制与被控制的关系。同时,师幼关系是一种平等的交往关系,是幼儿教师和幼儿在人格平等的基础上各自发挥自己的作用的关系。

(二)建构良好师幼关系的意义

良好的师幼关系对幼儿的健康成长起着至关重要的作用,建立良好的师幼关系的意义主要表现在以下几个方面:

(1)良好的师幼关系有助于幼儿获得来自教师的关爱与安全感。良好师幼关系的基础是幼儿教师对幼儿的关心与爱护。爱是建立和谐师幼关系的桥梁,爱是教育的灵魂,只有师幼关系处在关爱、平等的和谐氛围之中,幼儿才能亲近老师,幼儿才能感受到充分的安全感,从而投入到学习、游戏之中。幼儿所获得的这种关爱与安全感,是幼儿身心健康成长的基础。

(2)良好的师幼关系有助于教师对幼儿给予更多的理解与关注。了解幼儿是教育的基础,没有对幼儿的心理和行为的观察与了解,我们的教育就难免是盲目的。良好的师幼关系要求教师必须在充分理解幼儿的基础上进行师幼互动,幼儿教师需充分关注幼儿的表现,积极参与幼儿的活动,理解幼儿的所有表现,做到宽容和欣赏幼儿。而正是教师的理解与关注,幼儿在各项活动中才能充分发挥个人的主观能动性,调动参与活动的积极性、主动性和创造性,有利于个性的社会化发展。

(3)良好的师幼关系有助于教师帮助幼儿建立幼儿之间的同伴关系。良好的师幼关系能让幼儿在集体生活中感到温暖,心情愉快,形成安全感、信赖感,在安全、温馨的心理环境中,幼儿更愿意和同伴进行交往,与同伴建立友好、互助的同伴关系。同时,在良好的师幼关系中,教师的言行举止成为幼儿很好的学习榜样,幼儿在与教师的互动中慢慢学会如何与他人交往,从而进一步提升同伴交往技能,增进幼儿与同伴的关系。

二、师幼关系的历史发展与现代特征

(一)师幼关系的历史演进

1. 主—客关系

在这一师幼关系类型中,幼儿教师是教育活动的主体,幼儿是教师认识的客体。主体可以用自己的方式任意操纵、控制、利用客体。幼儿将来发展成什么样子,早已被"设

计"好,教师只要按照"图纸"的设计要求进行生产、制造就可以,教育机构变成了制造"产品"的工厂,教室成了车间,教师变成了操作者,幼儿的现状被各个学科的教师分成了像零件一样的各个部分,教学活动成了这些零件的组装过程,"产品"的合格与否,要通过各个学科的考试进行检验。在这一关系中,教师掌握着一切,幼儿处于被支配、被控制甚至被利用的地位。

2. 主导—主体关系

这一师幼关系类型认为在教育过程中,幼儿教师发挥主导作用,幼儿处于主体地位。一方面幼儿教师要发挥主导作用,另一方面要尊重幼儿的主体地位。幼儿教师的主导作用是指教师的主要作用是引导、指导,而不是主宰;幼儿的主体地位是幼儿作为教育中人所应具有的地位。这一认识明确了教育过程中教与学双方的作用和地位,在师幼关系的认识历史上是一大进步。

3. 互主体关系

这一师幼关系的类型是对师幼关系本质的认识,认为幼儿教师与儿童的关系是一种"人与人"之间的关系;幼儿教师与儿童之间是教育活动中的主体与主体的关系;幼儿教师与儿童之间具有互主体性,主体之间的关系,在活动中相互作用。在"互主体关系"中,幼儿教师和幼儿在教育活动中相互交流、共同影响、彼此接纳,在平等互信的基础上,通过教育活动使彼此的精神相遇、相映、相互激发。在这种关系中,幼儿教师才能真正通过理解幼儿而理解自身,通过发展幼儿而成就和完善自我。

(二)现代师幼关系的特征

1. 民主性

在实际的幼儿教育过程中,幼儿教师的作用不是自上而下地发号施令,而是平等与幼儿一起交流探索。幼儿教师应充分发挥幼儿的主体性,与幼儿一起讨论活动的开展、活动规则的制定等,而不是事事都由教师说了算。

2. 互动性

互动性体现在相互性和双向性。在日常生活中各种形式的师幼互动是师幼关系形成的过程,师幼互动的性质、程度、过程等影响着师幼关系的性质和质量。幼儿教师与幼儿之间的真正互动应该是一种双向交流活动。

3. 互主体性

互主体性体现为从对方那里得到认可,彼此映照,从对方那里"看到"自己。师幼关系应具有互主体性,幼儿教师通过理解幼儿而理解自身,通过发展幼儿而成就和完善自我。

4. 激励性

幼儿教师与幼儿之间通过在活动中的交往、交流、共同探索而相互激发。在共同的活动中,幼儿教师与幼儿之间产生不同的观点、意见,不同的见解的相遇、相映和碰撞从而激发彼此的灵感与创造。

三、建立良好师幼关系的策略

(一)影响师幼关系的因素

1. 师幼互动

师幼互动或师幼交往的过程和内容是影响师幼关系的重要原因因素,师幼互动或师幼交往的性质、程度、过程等影响着师幼关系的性质和质量。只有完全平等、相互敞开的高质量的师幼互动,才能真正建构良好的师幼关系。

2. 幼儿教师的教育观念与行为

影响师幼关系的关键因素在于幼儿教师,在于幼儿教师的教育观念和行为。首先,幼儿教师的专业知识的深度和广度影响着师幼关系的质量;其次,幼儿教师的专业能力影响着师幼关系的发展;最后,幼儿教师的人格特征也影响着师幼关系的发展。幼儿教师只有保证自身的专业素养,才能保证师幼关系的质量。

3. 幼儿园不同的教育活动

不同的教育活动也对师幼关系的形成有一定的影响。开放的、民主的教育活动形式,不仅能够给予幼儿充分的操作与感知体验的机会,更能够为幼儿提供宽松愉悦的活动氛围,激发师幼之间良性互动,提升师幼关系的质量。

(二)建立良好师幼关系的策略

《幼儿园教育指导纲要(试行)》中明确指出:"建立良好的师生、伙伴关系,让幼儿在集体生活中感受温暖、心情愉悦,形成安全感、信赖感。"良好的师幼关系是幼儿健康成长的保障,而幼儿教师正确的儿童观、教育观、教师观是建立良好师幼关系的基础。

1. 尊重与关爱幼儿

尊重与关爱幼儿是对幼儿教师的基本要求,幼儿教师对幼儿的尊重与关爱可以消除幼儿对教师的顾虑,感受到安全感,敢于亲近教师。尊重与关爱,就是使幼儿感受到来自教师的关注、关怀和爱的情感。教师关爱幼儿可以有多种方式,如和蔼可亲的微笑、赞赏的表情与言语、蹲下来和幼儿交流的姿势、鼓励的眼神、拥抱的动作等,都是教师表达关爱的方式。

真题链接

每次在与幼儿交流过程中,吴老师都会全神贯注地看着幼儿,有时候她点头、微笑、询问和鼓励,这反映了吴老师与幼儿相处所遵循的原则是( )。

A. 个体性原则　　　　　　B. 适时性原则
C. 公平原则　　　　　　　D. 尊重原则

答案:D

【解析】吴老师用点头、微笑等动作表情对幼儿表达尊重,表现出在与幼儿交流中的尊重原则。

2. 与幼儿经常性的平等交谈

交谈或谈话是人际互动或交往过程中常用的沟通交流手段。教师应在日常生活中对幼儿感兴趣的事物、话题与幼儿一起平等、真诚地交谈,这种形式的互动有利于良好师幼关系的形成。日常生活中的交谈是形成良好师幼关系的重要时机,幼儿教师应有计划地安排一些师幼谈话活动,就发生在生活中的事情,自由、平等地发表自己的看法与建议。同时,幼儿教师还应注重偶发事件的随机谈话,根据幼儿的具体表现而及时、适宜地与幼儿进行交谈,把握幼儿园一日生活中的教育契机。

3. 参与幼儿的活动

师幼关系是以幼儿教师和幼儿之间一定的互动或交往活动为基础的。教师应积极地参与到幼儿自主的活动中去,特别是参与到幼儿自主、自发的活动中,如游戏活动、区域活动等。教师在参与幼儿活动中时,教师不能只是一个指导者、顾问,同时更应该是一个学习者、参与者,是幼儿活动的合作伙伴。教师必须在活动中与幼儿建立起平等、互助的关系,让幼儿真正感受到教师的积极关注与高质量的互动,从而建构平等有质量的师幼关系。

4. 积极回应幼儿的社会性行为

在幼儿园一日生活中,幼儿教师应该对幼儿的行为做出适当反应,特别是对一些具有合作、谦让、互助、负责、正直、友好、勇敢等特征的行为,教师应给予及时、积极的关注,对幼儿积极的社会性行为给予肯定和赞赏,从而激发幼儿亲社会性行为的发生。幼儿教师对幼儿行为的积极回应,不仅是对幼儿行为本身的评价,也更能加强师幼互动,强化师幼关系的质量。

5. 对幼儿坦白诚实

教师不是完人,即便面对幼儿,也难免出现过错。当幼儿教师出现错误时,应坦白诚实地告诉幼儿,并真诚地向幼儿道歉。在这一过程,幼儿不仅更能理解教师,同时也潜移默化地体会到向别人坦白自己的错误是一种能使心情放松的事。教师也是性情中人,生活中总免不了生活琐碎与烦恼。教师遇到烦恼时,在幼儿面前也不必强装笑颜,可以坦白地告诉幼儿:今天老师心情有点不好,或者今天老师很难过,这恰是培养幼儿理解和关心他人的大好契机。坦白诚实地向幼儿表露心迹,能够让幼儿感受到教师的亲近感,从而进一步强化师幼之间的情感,有效地增进师幼关系。

> **真题链接**
>
> 材料分析:
>
> 建构游戏开始了,樊老师对孩子们说:"你们喜不喜欢西安啊?"小朋友们齐声说:"喜欢!"樊老师又说:"那你们都来说一说西安都有哪些著名的建筑?"林晓英抢着说:"老师,我知道,西安有城墙。"贺子涵接着说:"老师,还有大雁塔。"……孩子们你一言我一语地说着。于是,樊老师提议:"那我们大家一起把这些建筑搭建出

来好吗?"孩子们兴奋地去积木区选择自己需要的材料。

一开始,贺子涵将大雁塔搭得上下一样宽,有小朋友反对说:"这个不像大雁塔!我见过大雁塔,下面大一些,上面尖尖的。"贺子涵立刻说:"我还没搭好呢!"接下来,他通过几次调整,将"大雁塔"的底部变大了,"大雁塔"稳固了不少。林晓英在尝试搭建城墙的过程中,最先采用了垂直堆高的方法,不一会工夫就摆放到位,骄傲地站在城墙边,邀请小朋友观看。樊老师发现孩子们都没有注意到城墙砖块交错的方式,于是拿来一张城墙的图片,说:"孩子们快来看,城墙的砖块是怎样摆放的呢?"孩子们通过观察图片,一下子发现了砖块交错摆放的秘密,很快做出修正。

问题: 请结合材料,从教育观的角度,评析樊老师的教育行为。

答案要点: 材料中樊老师的教育行为践行了素质教育观的具体要求,具体表现如下:

(1) 素质教育要求教育要面向全体幼儿,促进幼儿的全面发展。该材料中的教师针对全班的孩子设置了此活动,以孩子们感兴趣的游戏活动为主线,调动了孩子们的积极性的同时,也满足了大家的共性需求。

(2) 素质教育以培养幼儿的创新精神和实践能力为重点。素质教育是以培养幼儿的创新精神和实践能力为重点的教育。题干中的教师在提问幼儿关于西安的建筑后,给予幼儿充分的时间和机会去创新"大雁塔"的搭建方法,在这个过程中充分尊重幼儿的创新精神和操作的能力。

(3) 素质教育强调要尊重幼儿的主体性和主动精神。该教师从传统的"教育者为中心"转向"以学习者为中心",给幼儿提供了自我感知和自主操作的机会,充分尊重幼儿的主体地位,调动了幼儿的主动性;并改善学生的学习方式。题干中的教师变"要我学"为"我要学"的方式,鼓励幼儿自己动手操作,从理论的学习转变为"从做中学"。

(4) 素质教育促进了幼儿个性的发展。材料中不同的幼儿说出了各自不同的想法,教师并没有制止,而是为他们创设了一个宽松的环境支持幼儿的探究行为,材料中教师在幼儿表达各自观点后,并没有给出具体的意见或建议,而是将幼儿的表现"尽收眼底",并提出的了启发性的探究问题"城墙的砖块是怎么摆放的呢",使得每一个孩子既说出了自己的想法,又借助材料进行了表现。

(5) 素质教育注重幼儿的探究过程而非结果。从教会幼儿知识转向教会幼儿如何学习,在这个过程中更多地重视游戏的搭建过程,给予幼儿时间和空间进行探索和交流,从重视结果转向更加重视过程,从关注建构游戏的学习到关注游戏中的人即幼儿的发展。

总之,材料中教师的做法是值得学习和提倡的,在活动中践行了素质教育的内涵和正确的实施方式。

情景实训

数学活动中的玲玲

幼儿园小班正在进行数学活动,内容是手口一致地点数"2"。李老师讲完后,带小朋友们一起练习。老师问小朋友玲玲:"你数一数,你长了几只眼睛?"玲玲回答:"长了3只。"年轻的李老师一时生气,就说"长了4只呢。"于是玲玲也跟着说:"长了4只呢。"李老师又说:"长了5只。"玲玲继续又说:"长了5只。"李老师气得直跺脚,大声说:"长了8只。"小玲玲也跟着猛一跺脚说:"长了8只。"李老师忍不住笑了起来,玲玲还以为对了,也咧开嘴天真地笑了。

你觉得李老师的做法对吗?如果你是李老师,面对玲玲的状况,你会如何处理?

思考与练习

1. 何谓儿童观?历史上有哪些影响较大的儿童观?
2. 现代儿童观至少应该包括哪些内容?
3. 请结合实际论述幼儿教师劳动的特点。
4. 简述幼儿教师专业成长的途径。
5. 作为未来的幼儿教师,你觉得应该从哪些方面提升自己的专业素养?
6. 在幼儿园教育中,应如何处理好教师与幼儿的关系?

第六章 幼儿园课程

学习目标

1. 理解幼儿园课程的含义和特点。
2. 了解幼儿园课程编制的基本模式及四大要素。
3. 掌握国内外经典幼儿园课程方案。

本章提要

- 幼儿园课程
  - 幼儿园课程概述
    - 课程
      - 课程的定义
      - 课程的类型
    - 幼儿园课程
      - 幼儿园课程的含义
      - 幼儿园课程的特点
  - 幼儿园课程编制
    - 幼儿园课程编制模式
      - 目标模式
      - 过程模式
    - 幼儿园课程四大要素
      - 幼儿园课程目标
      - 幼儿园课程内容
      - 幼儿园课程实施
      - 幼儿园课程评价
  - 经典幼儿园课程方案
    - 国外经典幼儿园课程方案
      - 蒙台梭利课程方案
      - 方案教学
      - 瑞吉欧教育体系
    - 国内经典幼儿园课程方案
      - 陈鹤琴的"五指课程"
      - 张雪门的"行为课程"

问题情境 →

幼儿园大班小女孩王＊＊,聪明文静,马上要幼儿园毕业上小学了。妈妈带着她参加了某外国语小学的笔试,1 000 余名孩子中,她以第 80 名的笔试成绩脱颖而出。一周后,孩子又去学校面试,面试内容是朗读一篇中文儿歌,做 100 以内的加减法以及一个全英文的游戏活动。最后的面试成绩排名是 400 名以外。面试老师反馈:"数学方面完成得不错,英语游戏活动时,声音太轻了,完全不自信,念儿歌时也是,念到第三句就再也不愿意念下去了。"王＊＊后来解释:"儿歌有的字不认识,不想念了。"

案例中反映了幼儿园课程什么样的价值取向? 在实际教育中,是否存在这种现象,其产生的原因又是什么?

第一节 幼儿园课程概述

一、课程的定义

课程是一个使用广泛而又含义多重的术语,对于不同的人,在不同的情境里,课程可能有不同的意义。如果我们对周围的人做一番简单调查就会发现,几乎所有的人都以为自己知道何谓课程,而对它的界定却莫衷一是。

在探讨课程的本质内涵时,学者们所持的哲学观、社会学观、教育信念等各不相同,他们自然都从各自不同的立场对"课程"的本质内涵做了不同的限定。有人曾对课程本质内涵的多种限定做过统计,认定至少有 119 种有代表性的不同定义被不同的学者用以界定"课程"这一术语。

奥利瓦(Oliva, P. F.)曾对课程本质内涵的诸多限定做过分析与归纳,提出了 13 种具有代表性的课程观,具体内容如下:

(1) 课程是教材;

(2) 课程是一系列的学科;

(3) 课程是系列学习材料;

(4) 课程是学校中传授的东西;

(5) 课程是在教师指导下,在学校内所传授的东西;

(6) 课程是学校全体教职员工所设计的事情;

(7) 课程是学习计划;

(8) 课程是科目顺序;

(9) 课程是系列行为目标;

(10) 课程是学习的进程;

(11) 课程是学习者在学校所经历的经验;

（12）课程是学习者在学校所获得的一系列经验；

（13）课程是在学校中所进行的各种活动。

我们可以把上述13种课程观再进行归纳，进一步概括为以下四类：

（一）课程是教学科目

"课程"的这种定义，在历史上由来已久。我国古代的"六艺"礼、乐、射、御、书、数，其内容就被直接拿来当作课程的含义。这种定义其实也是一种比较传统的、影响力比较深远的观点。

这种理解把课程看成是学科内容的总和，认为课程即教学内容，注重教材体系，依据科学和学问的逻辑，根据学习者的发展特征和认识水平编制一定体系的教材，让学习者进行"系统的"学习。

教学科目观认为，课程的表现形式是各科目的教学大纲、教科书和教材等。该观点强调的是学校向学生传授学科知识体系，容易忽视学生情感、经验与个性发展；把课程视为学习者外在的静态的东西，课程往往凌驾于学习者之上；割裂了知识的整体性以及知识与社会生活的联系。

（二）课程是教学计划

这一观点倾向于从计划的维度来定义课程。教学计划观认为，课程是教育的蓝图与方案，其表现形式有：课程（教学）计划、教学大纲（课程标准）、教科书。它仅仅强调课程的计划性、预成性与社会目标，忽视了学生的实际需要与经验，忽视了课程的灵活性、生成性，使课程成为静态的、既定的、外在的东西，难以适应教育的动态变化。

（三）课程是学习者经验

以经验的维度界定课程，起源于杜威的进步主义教育思想。杜威认为，"教育是在经验中，由于经验、为着经验的一种发展过程。"他主张"把各门学科的教材或知识各个部分恢复到原来的经验"，认为唯有儿童实际经历、理解和接受了的经验，才能称为儿童学习到的课程。

认为课程即经验，就会以儿童的主体性活动的经验为中心组织课程，就会"以开发与培养主体内在的、内发的价值为目标，突出地将生活现实和社会课题，或者是以社区、经验、活动、劳动等作为内容编成，旨在培养丰富的具有个性的主体。经验课程的基本着眼点是儿童的兴趣和动机，以动机为教学组织的中心"。现在幼儿园课程领域中经常讲的生活课程、活动课程、儿童中心课程就是属于这种经验课程。

经验本质观把课程的重点从教材转向个人，强调学生在活动中获得的真实体验，凸显了学习活动对学生的意义，但它容易忽视系统知识和种族经验，不利于学生形成完整的文化知识结构。此外，"经验"一词过于宽泛，使得课程设计无从下手。

（四）课程是活动

课程活动论的本质和经验说是一样的。因为学生与教育情境互动的活动是学生获得优异经验的必经之路，同时也避免了经验说的内在性、无标准性。学校活动的进行，既有计划又可生成，从预设的活动内容、方法、环境设置中既可判断是否有利于学生经验的获得,又可判断活动的生成走向。我国的幼儿教育工作者也认同课程的活动说。

将课程界定为活动,较好地把握了教育中的主体和客体、过程与结果等关系,把教育的张力淋漓尽致地发挥出来。但同时也出现了为活动而活动的"活动主义"倾向,即追求表面繁华而无思维实质的现象。我们期望的是可以提升学生经验或提升学生的思维与学习品质的活动。

事实上,每一种有代表性的课程定义的出现,都是指向当时特定社会历史背景下课程所出现的问题,而且都隐含着倡导者各自不同的立场和价值取向。对于教育工作者来说,重要的不是确认这种或那种课程定义,而是要意识到各种课程定义所要解决的问题以及同时出现的新问题,以便根据课程实践的要求,做出明智的决策。

二、课程的类型

从不同的角度出发,课程可以区分为不同类型。

(一) 以课程内容设计方式为标准,将课程划分为学科课程与活动课程

1. 学科课程

学科课程是一种以人类各门科学的知识体系为基础,按照学科内在逻辑加以组织而形成的课程。学科课程是一种古老的课程类型。时至今日,学科课程在各国学校仍占据主导地位。这是因为学科课程具有逻辑性、系统性和简约性特点,有利于知识的学习和巩固,同时也便于教学设计和管理。但学科课程有其明显的不足:① 由于学科课程的"分科"是人为的,因而缺乏内在的整合性,忽视知识的联系性,从而割裂了儿童的理解力;② 学科课程忽视儿童的动机和已有经验,容易脱离儿童的兴趣和生活实际。

2. 活动课程

活动课程又称经验课程,是从学生的兴趣和需要出发,以学习者为中心,按照各种实践活动类型和特定活动方式而设计的课程类型。其主要倡导者是美国教育家杜威和克伯屈。他们认为,学科教材是将成人的东西强加给学生,窒息了学生的活力,主张打破学科界限,根据学生的需要、经验和问题组织学习内容,让学生"从做中学"。活动课程能较好地照顾学生的兴趣和爱好,密切联系生活实际,调动学生学习的积极性,丰富学生的经验,培养学生的实践能力。但活动课程过分夸大了学生的经验,忽视知识本身的逻辑顺序,忽视教育中的社会目标,不利于人类文化遗产的传授,学生也难以获得系统的科学文化知识。

我国 1992 年的《九年义务教育初级中学、小学课程计划》将课程分为学科和活动两部分,活动课包括晨会、班团队活动、体育锻炼、科技文体活动、社会实践活动和学校传统活动等。2001 年《基础教育改革纲要(试行)》将以往的"活动课"改为"综合实践活动课程",更加强调活动的综合性与实践性,注重提升活动课的水平。

(二) 根据学科课程知识分化的程度,将课程划分为分科课程和综合课程

1. 分科课程

分科课程实际上就是学科课程,因为学科课程是分门别类进行设置的。分科课程

注重将科学知识加以系统组织,使教材按一定的逻辑顺序加以编排,注重儿童在学习过程中对知识和技能的掌握,有利于学生获得系统的知识。但分科课程也存在一些问题,如忽视学科之间的内在联系,不同学科之间彼此隔绝,缺乏沟通,影响学生综合素质与创造能力的发展;过细的分科割裂了知识的内在联系,往往造成知识学习的片面、孤立、呆板。此外,科目过多容易加重学生的学业负担。因此,设置综合课程或课程综合化成为一种必要。

2. 综合课程

综合课程采用合并相邻学科的方法,把几门学科的教学内容组织在一门科目之中,如将物理、化学、生物合并为科学,将音乐、美术合并为艺术等。一方面,设置综合课程是科学发展的结果。因为科学本来就是一个统一体,学科的划分是人为的,分科过于精细,会妨碍科学研究的视野,不利于科学的发展。事实上,科学研究的许多突破往往是不同学科协作的结果。另一方面,综合课程的设置也有助于克服分科课程的局限。综合课程强化了学科间的联系,有助于学生从整体上认识世界,形成合理的知识结构,发展学生综合运用知识解决问题的能力。

(三)以课程影响学生的方式为标准,将课程划分为显性课程和隐性课程

1. 显性课程

显性课程是指一整套以教学计划、课程标准和教材的形式存在的知识技能、价值观念和行为规范,是一种以直接的、明显的方式呈现课程。学校课程表呈现的一门一门课程就是显性课程,它包括教师有目的、有计划地组织实施的活动。

2. 隐性课程

隐性课程也称为隐蔽课程、潜在课程。它是"这样一些教育实践及成果,它们在学校政策、课程计划上并没有明确规定,然而又是学校经验中常规的、有效的一部分"。

一般来说,隐性课程会在三方面发挥作用:① 物质空间方面:校园的建筑、活动场地、绿化、设施设置等物质条件会以潜移默化的方式影响学生心理;② 组织制度方面:学校的管理制度、生活制度、评价制度、奖惩制度无形中与学生的发展紧紧相连;③ 文化心理方面:包括学校文化价值观,师生关系,教师的教育观、儿童观与行为表现。学校文化、教师行为态度对学生发挥的影响。从某种意义上说,大大超过学校、教师向学生开设的正规课程。

西方学者曾经从三个方面区分显性课程和隐性课程:

(1)学习的计划性

显性课程是有计划、有组织的学习活动,学生有意参与活动的成分很大;隐形课程是无计划的、无组织的学习活动,学生在学习活动中主要获得的是隐含于课程中的经验。

(2)学习的环境

显性课程主要是通过课堂教学而获得知识和技能;隐形课程则主要通过学校环境(包括物质环境、社会环境和文化影响等)而得到知识、态度和价值观。

（3）学生的学习结果

学生在显性课程中获得的主要是预期性的学术知识；而在隐形课程中，学生获取的主要是非预期性的东西。

显性课程和隐性课程虽然有所不同，但是两者之间也存在着内在联系。一方面，在显性课程实施的过程中常常伴随着隐性课程，特别是当显性课程的实施过程能充分发挥师生双方的自主性和创造性时，那么课程实施中就一定会产生更多的非计划的、非预期的教育影响。另一方面，隐性课程也在课程实施的过程中不断地转化为显性课程。也就是说，当在显性课程实施中发生了隐性课程的影响时，如果是发生了不好的影响，那么就会引起对隐性课程所产生的影响的控制；如果是发生了好的影响，那么隐性课程就有可能转化为显性课程，而这些新的显性课程在实施过程中又会产生新的隐性课程。

三、幼儿园课程的概念

关于幼儿园课程的定义，我国著名的幼儿教育家们明确给出了他们的观点。

张雪门在1929年出版的《幼稚园的研究》一书中提出："课程是什么？课程是经验，是人类的经验。用最经济的手段，按有组织的调制，用各种的方法，以引起孩子的反应和活动。"同时明确指出："幼稚园的课程是什么？这是给三足岁到六足岁的孩子所能够做而且欢喜做的经验的预备。"1966年他出版的《增订幼稚园行为课程》一书，明确提出行为课程的概念。他认为："生活就是教育，五六岁的孩子们在幼稚园生活的实践，就是行为课程。"

陈鹤琴将"大自然、大社会都是活材料"概括为"活教育"的课程论，强调幼儿园应该给儿童一种充分的经验，这些经验不外乎两个方面：大自然和大社会。大自然构成的自然环境和大社会构成的社会环境一起组成了学前教育课程的中心内容，学前儿童应该在这样的环境中获得发展。

张宗麟对课程本质的理解更为宽泛，他指出，"幼稚园课程者，由广义的说之，乃幼稚生在幼稚园一切之活动也。"它包括"一切教材，科目，幼稚生之活动"。关于幼稚园课程的划分，他认为有两种情况。一种是按照儿童的活动划分，课程包括五个方面：① 开始的活动，即幼稚生初入园时必须养成的习惯，也就是人生最基本的习惯，如放手巾、认识教师和同学，以及初步的礼节等；② 身体活动，既强健身体的习惯与技能，如各种卫生习惯、跑步、跳、爬等；③ 家庭的活动，如反映家人之间的关系、礼仪，以及家庭事务的活动；④ 社会活动，即养成公民素质的教育活动，包括各种节日、同伴关系的活动等；⑤ 技能活动，即培养儿童适当表现自己的活动。另一种是按学科划分课程。具体划分为音乐、游戏、故事、谈话、图画、手工、自然、常识、读法、识数等十个科目。其中每一个科目又包括一些小项目。如音乐包括听琴、唱歌、节奏动作、弹奏乐器；游戏包括个人游戏和团体游戏；故事包括听、讲和表演；图画包括自由画、写生画和临摹画；手工包括纸工、泥工、缝纫及竹木；读法包括认字、短句故事等。"总之，无论以儿童活动分类或以科目为课程之单位，教师决不可拘泥于某时当教何种课程，致使贻削足适合履之讥也。"

以上几位幼教前辈对幼儿园课程的定义和解释表明，我国幼教理论界从一开始就把幼儿的经验、幼儿的活动、幼儿的生活视为课程关注的重点。但由于社会现实的各种原因，他们提出的在今天看来仍十分先进的幼儿园课程观，并没有被很好地贯彻到幼儿园教育实践中。长期以来，幼儿园课程被视为以传授知识技能为主要任务的各种"课"的"集合"。因此，正确界定幼儿园课程在今天依然十分必要。

目前我国幼儿园课程主导的定义是活动论。教育部"九五"教育科学规划重点课题"中国幼儿园课程政策研究"课题组所认定的幼儿园课程的概念是"幼儿园课程是实现幼儿园教育目的的手段，是帮助幼儿获得有益的学习经验，促进身心全面和谐发展的各种活动的总和"。这里所谓的各种活动，也就是《幼儿园工作规程》里所说的"有目的、有计划地引导幼儿生动活泼、主动活动的多种形式的教育过程"。

"活动"一词更能反映幼儿学习的本质和特点，因而也更适合解释幼儿园课程。对于处在"人之初"阶段的幼儿来说，由于其认识活动的具体形象性特征，使得他们的学习明显具有直接经验性，难以离开对客观事物的直接感知，难以离开与客观事物相互作用的活动。因此，用活动来定义幼儿园课程，突出了幼儿学习的本质特征，更能体现课程为学习服务的基本职能。

在肯定"活动"的同时，我们又在"活动"的前面加上"帮助幼儿获得有益的学习经验""促进身心全面和谐发展"几个至关重要的词作为限定。这样就更加突出了课程的目的性，克服以活动来定义幼儿园课程可能导致的过于注重活动外在形式和过程而忽视、忘却活动目的的危险。它可以起到进一步明确活动的指向性、目的性的作用，使过程与结果、形式和实质更加密切地融合为一体。

"活动的总和"突出了幼儿园课程表现形式的多样性。凡是作为实现幼儿园教育目的的手段而运用的，能够帮助幼儿获得有益的学习经验的活动，无论是"上课"，还是游戏、生活活动，都是幼儿园课程的有机组成部分。

四、幼儿园课程的特点

幼儿园课程与小学、高中等其他各级各类教育的课程同属于课程范畴，因此，幼儿园课程与其他各级各类教育的课程有着一定的相似之处。例如，它们都反映了一定的社会价值和文化知识，各种课程都注重将这些社会价值和文化知识整合到学习者的经验之中。

微课 6-2

幼儿园课程的特点

同时，幼儿园课程在许多方面又有别于其他各级各类教育的课程，"其最明显的差别表现在对教育对象的考虑方面，以幼儿为教育对象的幼儿园课程的决策，要求教育者更多地关注个体儿童的发展水平。"维果斯基指出，幼儿园的课程与教学中存在着若干个由儿童发展的年龄特征所制约的"极限点"，由于这种"极限点"的制约，3岁前儿童只能按"自己的大纲"学习，学龄儿童可以按"老师的大纲"学习，3—6岁儿童的学习则由"把老师的大纲变成自己的大纲"的程度而定。因此，幼儿园课程不是以系统的传授知识技能为中心，而是以充分发展幼儿在德、智、体、美诸方面的潜能为目的，使其身心得到全面和谐的发展，为培养社会主义未来的建设者和接班人奠定基础。

虞永平教授在2001年出版的《学前教育学》中全面论述了幼儿园课程的特点。

(一) 幼儿园课程目标的全面性、启蒙性

学前教育是全面发展的教育，幼儿园课程是实现学前儿童全面发展目标的中介。幼儿园课程目标必须具有全面性特点，必须以实现幼儿在身体、认知、情感、个性、社会性等方面的全面、和谐发展为目标。

学前阶段是人生发展的开端阶段，是启蒙开智的阶段，幼儿园的课程应该在尊重幼儿身心发展的阶段性规律的基础上，对幼儿的体力、智力、情感、社会性以及美感等方面进行初步的、有针对性的、科学有效的教育，切不可揠苗助长，追求过高的目标。幼儿园课程目标应具有启蒙性特点，学前教育的目标就是要使幼儿在原有发展水平的基础上得到与其发展水平相适应的发展和提高。

(二) 幼儿园课程内容的生活性、浅显性

幼儿感性直观的思维决定了他们最有效的学习是感兴趣的学习，最有效的学习内容是可感知的、具体形象的内容。幼儿园课程的内容主要来源于儿童的实际生活，"大自然、大社会都是活教材"(陈鹤琴)。幼儿周围的生活是丰富的、广泛的，生活中有大量的人、事、物和活动，生活中有大量的有利于儿童发展的时机，幼儿园课程内容与现实生活的距离越近，就越能激发幼儿的学习兴趣，幼儿学习就越有效。幼儿园课程的内容要来源于幼儿生活，同时应对现实生活进行过滤，以生活的逻辑组织多样化、感性化、趣味化的活动。

幼儿园课程内容的生活性决定了幼儿园课程内容不是系统的、严格的学科知识的再现，而是随着幼儿生活情境的变化而变化的。幼儿园课程要尊重幼儿的直接经验，幼儿的直接经验是有限的，所以，幼儿园课程的内容应具有浅显性特点。

> **真题链接**
>
> 1. 教师在重阳节组织幼儿到敬老院探访老人，这反映幼儿园教育内容选择的什么原则？(　　)
>
> A. 兴趣性　　　B. 时代性　　　C. 生活性　　　D. 发展性
>
> **答案**：C
>
> 【解析】本题考查幼儿园教育的原则——教育的生活化。
>
> 2. 列出幼儿园课程生活化的实施要求并分别举例说明。
>
> **答案**：《幼儿园教育指导纲要(试行)》指出："幼儿园应为幼儿提供健康、丰富的生活和活动环境，满足他们多方面发展的需要，使他们在快乐的童年生活中获得有益于身心发展的经验。"
>
> (1) 幼儿园课程内容选择的生活化
>
> 文件中指出：教育活动内容的组织应充分考虑幼儿的学习特点和认识规律，各领域的内容要有机联系，相互渗透，注重综合性、趣味性、活动性，寓教育于生活、游戏之中。例如，课程内容的安排可依据节日顺序展开，或者依据时令、季节变化规

律来组织等。

(2) 幼儿园课程资源利用的生活化

陶行知先生主张"社会即学校",认为学前教育机构的教育不能局限于狭小的教室,应让幼儿回归大自然、大社会的怀抱。例如,主题活动"春天",教师可利用春天的树木、景色变化等自然资源组织活动;幼儿园中组织"安全防火活动",可利用幼儿家长的职业进行课程组织。

(3) 幼儿园课程教学实施的生活化

根据幼儿的年龄特点,将富有教育意义的生活内容纳入课程领域,课程实施中教师应提倡为幼儿创设多种多样的生活化学习情境,加强教育同生活的联系,学前儿童在各种情境中的经验加以整合。例如,提供丰富的材料与玩具、人际关系、操作探索中获得各种经验。又如,为了了解秋天的变化,教师组织主题活动"金色的秋天",带领幼儿到户外摘果实、捡树叶,满足幼儿的探索心理,真正了解秋天的特点。

(三) 幼儿园课程结构的整体性、综合性

幼儿的生活是整体的,幼儿认识世界的方式也是"整一的",幼儿身心发展水平和学习特点决定了幼儿园课程应该是高度整合的。幼儿园课程不应追求将现实生活割裂的或与现实生活不一致的知识体系,而应尽可能使多个发展领域之间建立联系,以促进幼儿的学习迁移。

(四) 幼儿园课程实施的活动性、经验性

对于幼儿来讲,只有在活动中的学习才是有意义的学习,只有以直接经验为基础的学习才是理解性的学习。他们必须借助于具体的情境、具体的事物,在参与、探索和交往中学习,离开了儿童与环境相互作用的各种具体活动及情境,幼儿园课程就没有了鲜活的生命力。所以幼儿园课程实施的关键在于为幼儿创设丰富的活动情境、创设有利于幼儿自发主动活动的氛围,为幼儿提供各种互动的机会使儿童在一日生活活动中获得直接经验。

(五) 幼儿园课程的特殊性、不可替代性

幼儿园是为处于人生发展初级阶段的幼儿特设的教育机构,幼儿园面对的是身心处于特定发展阶段的特定对象,需要特殊的课程、特殊的方法和特殊的老师,是其他课程、方法、老师所不可替代的。幼儿教育的特殊性、不可替代性决定了幼儿园课程也具有特殊性、不可替代性。幼儿园课程要求的是一种多样性的、参与性的学习,而不是书面的、学科的学习。幼儿的学习和心理特点决定了幼儿的学习不同于其他年龄段的学习,他们不可能从事系统的学科知识学习,而是通过多种类型的信息和途径来学习。

(六) 幼儿园课程的潜在性

虽然幼儿园教育的本质也是有目的、有计划的教育过程,其课程也有明确的目标和

基本明确的学习领域,但由于儿童知识经验贫乏,自我辨别与自我控制的能力较低,模仿力强,使得幼儿园的课程不是体现在课表、教材、课堂教学或"作业"中的,而是蕴藏在环境中、生活中、游戏和各种活动中。幼儿园的一砖一瓦、一草一木,教师的一言一行、一举一动无时无刻不影响着儿童的发展。而且,虽然环境怎样创设、活动怎么诱导启发,都是教师根据幼儿园课程的目的、内容、要求而精心设计的,但这些目的、内容、要求等仅仅存在于教师的意识和行动中,幼儿并不一定能清楚地认识到。也就是说,从儿童的角度来看,幼儿园更像是一个大家共同生活、游戏、交往的地方,而不是学校。幼儿园课程是蕴含在环境、材料、活动之中,潜移默化地作用于幼儿,影响幼儿的发展。因此,和学校课程相比,突出的潜在性也是幼儿园课程的重要特征。

第二节 幼儿园课程的编制

幼儿园课程编制是包括幼儿园课程目标的确定、课程内容的选择、教育活动的组织以及课程评价的实施在内的整个过程。在课程编制的过程中,不同的课程模式,会导致课程的编制以不同的方式展开。在各种课程编制模式中,目标模式和过程模式对幼儿园课程的编制所产生的影响较大。

一、幼儿园课程编制的模式

(一)目标模式

目标模式是以对社会有实用价值的目标作为课程开发的基础和核心,并在此基础上选择、组织和评价学习经验的课程编制模式。

1. 目标模式的代表人物与发展

目标模式作为20世纪前期课程开发科学化运动的产物,通常被看作是课程开发的经典模式、传统模式,就其价值定位而言,是基于杜威的实用主义哲学思想,特别是他的工具主义知识观。在方法论上,目标模式依据的是行为主义心理学,从行为目标的确定,到课程内容的选择与组织,再到课程的评价,构成了目标模式的经典性程序,特别是行为目标的确立成为目标模式的逻辑起点。

目标模式的创始人博比特等人在20世纪初开始了课程研究,后来经由泰勒、塔巴(Taba, H.)、惠勒(Wheeler)等人的继承和发展以及布鲁姆等人的应用,不断被修改、完善,得以系统化,对课程理论和实践运用产生了极其深远而广泛的影响。在此过程中,美国课程论专家泰勒创立的"泰勒模式"被公认为目标模式经典形态形成的标志。

泰勒在《课程与教学的基本原理》一书中提出,课程编制过程中,编制者必须回答四个问题,它们是:① 学校应该达到哪些教育目标?② 提供哪些教育经验才能实现这些目标?③ 怎样才能有效地组织这些教育经验?④ 我们怎样才能确定这些目标正在得到实现?这四个基本问题,被后人称为"泰勒原理",回答这四个问题,解决的正是课程目标的确定、学习经验的选择、学习经验的组织和学习结果的评价这四个问题。其中确定课程目标是最为关键的一步,其他步骤都被置于课程目标的下位,围绕或紧随目标这个中心而展开课程编制的整个过程(见图6-1)。显然,这是一种目标导向的课程设计模式。这种模式的本质是:课程或教育方案的设计以儿童将要表现的具体行为为依据。为此,泰勒被人们称为"行为目标之父"。

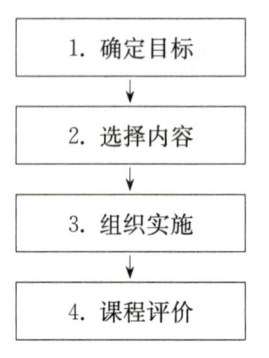

```
1. 确定目标
    ↓
2. 选择内容
    ↓
3. 组织实施
    ↓
4. 课程评价
```

图6-1 泰勒的直线型的目标模式

2. 目标模式的特点及对幼儿园课程编制的影响

目标模式经由近一个世纪的发展,已经成为现代课程论中最具影响力的理论形态之一,几十年来对教育实践产生了重要的影响。主要特点可以归纳为以下几个方面:

(1)目标模式强调应根据预期的行为确定课程目标,然后依据这些目标,设计课程学习过程,运用教育的力量,将这些行为"塑造"出来。

(2)目标模式的设计者批评过去的目标叙述太模糊、不明确,因此,开发能明确叙述的目标,以引领课程设计与教学,测量预定的行为是否达到,由此评价课程与教学的成效,以提高教学的效率。

(3)目标模式把课程目标按其不同的心理领域、不同水平,做进一步的分解和细化,以形成一个意义明确、层次分明的目标体系,以便课程实施。

目标模式倾向于把一些定义好的、狭隘的东西教给学生,强调教的过程而不重视内容,把内容视为工具性的,仅是达到外在目的的一种手段,选择内容的依据不是其自身的价值,而是其能否达成某些外在的目的,倾向于将内容灌输给学生。事实上,先决定目的,后决定手段是不切实际的,因为影响学生学习的因素是十分复杂的。

课程编制的目标模式对幼儿园课程的编制产生过重要的影响。在幼儿园课程编制过程中,强调课程目标的制定,强调课程目标的层层分解并落实于具体的教育活动,强调根据课程目标是否落实和达成来评价教育的结果,可以说,这样一些指导思想和做法都来自课程编制的目标模式。

> **案例**
>
> ### 目标模式在幼儿园课程编制中的具体应用
>
> 1. 主题：家庭用品
> 2. 课程内容：让幼儿说出下列用品的名称和用途
>
> 家具：床、桌、椅、镜、柜。
>
> 饮食用具：杯、碗、碟、汤勺、筷子、水壶。
>
> 厨具：炉、锅、铲。
>
> 3. 具体体现：
>
> 家具：
>
> 床、桌、椅的用途各有不同；
>
> 家中的椅子有硬有软；
>
> 镜能照出镜前景物的影像。
>
> 饮食用具：
>
> 杯、碗、碟、汤勺、筷子、水壶能盛放流质物体，因为底部密封；
>
> 吃饭可以用汤勺，也可以用筷子。
>
> 厨具：
>
> 使用气体燃料的炉和使用煤的炉；
>
> 锅的形状是圆形的。

3. 对目标模式的评价

目标模式将教育简化为科学的活动，把学校比作加工厂，教师就像工人操作某些材料一样，可根据预先设计好的蓝图塑造学生的心理，也可以运用物理或生物学的原理分析、解释学生的行为，忽视了学生的主体性、自主性。

尽管目标模式自产生后一直处于不断的修改、完善中，已经成为现代课程论中最具影响力的理论形态之一，几十年来对包括学前教育在内的教育实践，特别是对课程和教育方案的设计及教材的编写，产生了巨大影响。但由于受实用主义哲学和行为主义心理学的影响，其基本的目标—手段、效率—控制、预期—检验思想和技术机制却始终如一，因此，目标模式也存在着一些难于克服的问题。

> **拓展阅读**
>
> ### 幼儿课程目标的实现
>
> 幼儿园课程总目标，对整个幼儿园课程的编制和实施都具有指导意义。在幼

园课程总目标确定之后,我们面临的任务是如何把它贯彻到实际工作中去。

学前各个年龄幼儿的发展,都有自己的特点,因此,幼儿园课程总目标的贯彻落实,还必须结合学前各年龄幼儿的发展特点,把它进一步具体化,形成学前各年龄幼儿的课程任务或目标,即具体体现为各年龄班的课程目标。

学前各年龄班的课程目标是通过每个学期的课程来完成的。因此,学前各年龄班的课程目标又被具体化为学期目标,体现在各年龄班的学期课程计划中。

学期课程目标和计划又是通过每月、每周、每天的教育工作来实现的,因此学期课程目标还需进一步分解为每月、每周的课程目标,学期课程计划还需进一步具体化为月课程计划与周课程计划,最后,制定出每天的课程计划,确定一日生活中各个活动所要达到的课程目标。

通过这种把课程目标由抽象到具体的、按照幼儿的年龄特点,和教育工作开展的时间、顺序逐级分解的过程,我们可以把课程目标贯彻落实到实际工作中去,使我们在每天组织幼儿进行每一个课程活动时,心中都有明确的目标。

以上所示的目标落实的模式,曾在非常广的范围内影响着幼儿园课程的设计。

目标模式采用行为目标的方式设置课程目标,并以此为出发点编制课程,使整个课程的运作成为一个具体化的和结构化的操作程序,这样做能提高幼儿园教育、教学过程的计划性、可控性和可操作性,对课程和教育方案的设计和教材的编写起到了功不可没的作用,有利于教师明确活动方向,但是,也正是目标模式的这种特征,会使依据目标模式编制的幼儿园课程由此而产生很多弊病。

(1) 由课程编制者确定的课程目标,往往难以与发展中的儿童相适合

目标模式的课程目标是由课程编制者确定的,这种模式将教育简化为类似科学生产的活动,把学校比作为加工厂,教师就像工人操作某些原材料一样,根据预先设计好的蓝图去"加工"和"塑造"学生的心理,将课程开发、教学设计、儿童的学习过程变为一个可以预先决定和操纵的机械过程,忽略了课程开发和教学设计过程中教师的创造性,也忽略了幼儿学习的主体性、自主性。迄今为止,人们对儿童的发展水平、学习规律以及他们的兴趣和需要还认识甚少,特别是儿童的富有创造性的行为在更大程度上具有不可预知性。因此,由课程编制者事先确定好的课程目标,很难完全契合幼儿的兴趣和需要,特别是难以照顾到每个幼儿的特点。此外,幼儿在学习过程中,还会产生很多与事先确定的课程目标不符的、预料之外的现象,而这些在目标模式中不被重视,甚至认为是应该尽量避免的。所以,幼儿园课程目标应更多根据幼儿发展水平和需要加以确定,否则,会使课程目标成为强加于教师和儿童的东西。

(2) 根据幼儿行为确定课程目标,容易不同程度地忽略那些难以转化为行为的方面

课程目标以儿童行为来确定,课程就会很自然地强调那些可以用儿童行为明确识别的方面,而忽略那些难以转化为行为的方面。

事实上,真正有教育价值的东西,并非都是能由行为表明的,更不都是能由即时行为的变化所能表明的。例如,儿童的许多高级心理素质(如价值观、理解、情感、态度、审美情趣,等等)是很难用外显的、可观察的行为来预先具体化的,因为这些高级心理素质不只是行为,更主要的是意识问题。试图把这些心理素质完全用可观察的行为来具体化,所掩盖的东西恐怕要比揭示出来的东西多得多。即使某些价值观和态度能够被结合进显性课程来培养,但更多的价值观和态度是通过隐性课程来培养的,这些通过隐性课程来培养的价值观和态度是不可能被预先具体化的。目标模式以"输入—产出"这种机械式的、技术化的方式运作课程,使该模式非人性方面的问题表现得更为突出,而这些难以被转化为行为的方面对于学龄前儿童而言本身更为重要。

(3) 按行为目标的方式确定课程目标,与学龄前儿童整体地学习知识和获得经验之间存在矛盾

从根本上看,目标模式强调的是分解,将课程目标分解成各个独立的部分,这种将儿童的学习经验分割成"碎片"的做法,强调的是通过训练而达成预期的目标,与学龄前儿童从其自身已有的经验出发,整体地学习知识和获得经验的学习方式之间存在距离。虽然,泰勒并不主张将目标过分具体化,但是,在按此模式进行操作时,行为目标往往被层层分解,具体化到每一个细节,儿童的学习过程变为一个可预先决定和操纵的机械过程,这样,该模式的弊病在幼儿园教育、教学的过程中就更趋明显了。

(二) 过程模式

过程模式是把课程设计看成一个不断发展的过程,主张应关注具有内在价值的课程内容及儿童实际的活动过程的课程设计模式。

1. 过程模式的代表人物与基本原理

20世纪50~60年代后,英国课程理论家斯坦豪斯(Stenhouse, L.)立足于教育的内在价值及实践,针对目标模式在课程编制中所存在的缺陷,建构起过程模式的理论框架,被公认为是继目标模式之后出现的一个重要的课程编制模式。

斯坦豪斯认为,目标模式所依据的假设存在两个致命的弱点:其一是误解了知识的性质,其二是误解了改进实践的过程的性质。斯坦豪斯认为,知识不是现成的、确定的、外在的、需要儿童接受的东西,而是要儿童进行思考的对象,因此,它不应成为必须达成的目标而去限制儿童,相反,应通过教育过程去促使儿童思考知识,从而解放儿童。目标模式把知识视为一种统治与控制的工具,因此,它歪曲了知识的本质。斯坦豪斯还认为,改进实践的过程应依靠教师发现自己教育实践中的问题,并提出解决问题的办法而得以实现,而不是通过教师去执行远离实践的专家所设计的方案而实现的。

2. 过程模式的特点及对幼儿园课程编制的影响

过程模式的最大特征是把课程设计看成是一个不断发展的过程。它认为,课程内容本身有着固有的内在价值和优劣标准,教育应关注具有内在价值的课程内容和活动,不必用目标预先指定所希望达到的结果。课程设计的逻辑起点是内容的选择而非目标的预设。课程内容的选择应以教育本体功能和知识本身固有的价值为标准。而不是以

预期的儿童行为为依据。

教育是一种过程。在这个过程中,学习不是直线式的、被动的反应过程,而是一个主动参与和探究的过程,在探究的过程中实现儿童多方面的发展。因此,要重视开放的、非形式化的学习环境,教育环境的设计,要鼓励儿童自由选择、自由探究。教室不是讲堂,而是儿童探究、讨论、交流的场所,提倡儿童主动的学习和建构。

教师需要明确教育过程中内在的价值标准与总体要求,而不只是对课程实施的最后结果的控制。因此教师的角色必须改变,教师不仅是课程方案的执行者,而应是课程方案的设计者、研究者。教师也不仅是知识的传授者,而是儿童学习的引导者、解释者、咨询者、环境的创设者和材料的提供者。

课程是一个开放的而不是封闭的系统,儿童的学习不是被动的反应过程,而是主动参与和探究的过程,因此,在课程评价中,教师应是诊断者,而非评分者。评价应以教育本体功能和知识内在价值为标准,而不是以预设目标达成度为依据。

海伊斯科普(High-Scope)课程方案的宗旨在于促进儿童对学习的积极参与,从而促进儿童的学习过程。此教育方案的目标有:

1. 培养儿童做决定和做选择的能力。
2. 培养儿童解决问题的能力。
3. 培养儿童在集体中合作、分享和参与活动的能力。
4. 培养儿童用语言、文字和绘画等形式表达自己的经历、感情和思想的能力。
5. 培养儿童好问的精神。
6. 培养儿童多方面的兴趣和自我价值感。

从上列的目标中,我们可以看到过程模式的目标所具有的基本特征。

与目标模式不同,过程模式只有较短的发展历史,对教育实践的影响作用也没有目标模式那么广泛,但是,由于它所倡导的一些思想和原则与当今学前教育领域中人们对教育价值判断所发生的变化比较接近,因此,许多观点得到了人们的认同。比如,强调教育和知识的本体价值;强调在教育过程中对具体情境的诊断;强调"教师即研究者"所应发挥的作用,所有这些主张对于儿童主体精神和创造性思维的培养,对于在教育中更多体现民主精神和人文精神都是十分有益的。

课程编制的过程模式对幼儿园课程的编制产生过相当的影响,并将进一步产生重要的影响。在幼儿园课程编制过程中,淡化课程目标的预设,强调儿童活动的过程;淡化教师在教育活动组织中的计划性和控制性,强调根据儿童的兴趣和需要组织活动,尊重儿童的选择和创造;淡化根据客观标准对幼儿园教育进行评价,强调过程性评价,强调教师自我在教育评价中的作用,这样一些指导思想和做法都与过程模式的基本思路一致。近几年在幼儿园课程领域中大家了解的意大利瑞吉欧教学方案就体现了过程模式的基本特征。

3. 对过程模式的评价

相比较目标模式而言,过程模式对培育受教育者的自主性、创造性及健全的人格更有优势,然而,应该看到斯坦豪斯对过程模式本身的构建远比他对目标模式的批判逊

色,他在克服目标模式一些局限性的同时,也不可避免地表现出了其他一些局限性:

(1)过程模式编制的课程往往缺乏科学性、计划性和系统性,对教育的评价往往因缺乏客观标准而带有过多的主观色彩。

(2)过程模式赋予教师过分理想化的角色和过高的要求,因此往往会因为教师难以达到这样的境地而使该课程模式不易推广,或者即使被推广和运用,却在本质上受到扭曲甚至异化。

斯坦豪斯提出的"教师即研究者"的口号是十分诱人的,它十分有益于扩大教师的专业自主性,使教师从课程的被动执行者转化为主动的反思者和实践者。因此,过程模式在很大程度上依赖于教师的素质,对教师提出了更高的要求与挑战,然而,从总体来看,我国目前的幼儿园师资水平与过程模式对教师素质的要求,存在一定差距。这种差距的存在,从某种程度上能够帮助教师促进其专业成长,但从另一方面来看,也可能由于教师难以达到这样的境地而使过程模式不易推广,或者即使被推广和运用,却在本质上受到扭曲甚至异化。

与目标模式不同,过程模式的逻辑起点是内容的选择而非目标的预设。这就是说,课程内容的选择应以教育的本体功能和知识本身固有的价值为标准,而不是以预期的儿童行为为依据。然而要指出的是,斯坦豪斯并没有绝对反对目标,只是他所提出的过程模式的目标与目标模式的目标有着本质的区别:

第一,过程模式的目标只是总体教育过程的一般性的、宽泛的目标;

第二,这些目标不构成评价的主要依据;

第三,这些目标是非行为性的,可以以此为依据确定课程编制的指导性原则和方法,使教师明确教育过程中内在的价值标准及总体要求,而不是课程实施后的某些预期结果。

总而言之,"过程模式"不是游离的、无目标的状态,而是根据幼儿经验、兴趣生成的,是不断调整目标的过程。

(三)幼儿园课程编制的实际过程

在理论上,目标模式和过程模式是两种十分对立的模式,但是,在幼儿园课程编制的实践中,课程编制者完全可以根据具体的情况,吸取这两种课程模式各自的长处,补偿对方模式的短处,在它们之间建立互补关系,以求课程在总体设计思路上的科学性与艺术性、课程目标的预设性与生成性、课程评价的终结性与形成性等之间达到平衡。

下面将以幼儿园具体教育活动设计为例,具体来看看怎样根据具体情况,灵活地采用不同的设计模式来设计课程。

幼儿园教育活动的设计过程可以简化为一个基本公式,如下所示:

$$目标 + 兴趣、需要和经验 + 内容 \longrightarrow 活动$$

上述公式中的四个要素,均可以作为教育活动设计的出发点,且无论以哪个要素为出发点进行活动设计,其他要素的作用也是必不可少的,只要充分考虑各个活动要素,最终都可以设计出有价值的教育活动来,以下分别进行说明。

1. 从目标出发

以目标为出发点进行课程设计的过程大家较为熟悉,例如,《3—6岁儿童学习与发展指南》中指出,应该创造条件和机会,促进幼儿手的动作灵活协调。基于此,确定目标为发展幼儿的小肌肉动作,并以此为出发点,进行课程设计,具体如图6-2所示:

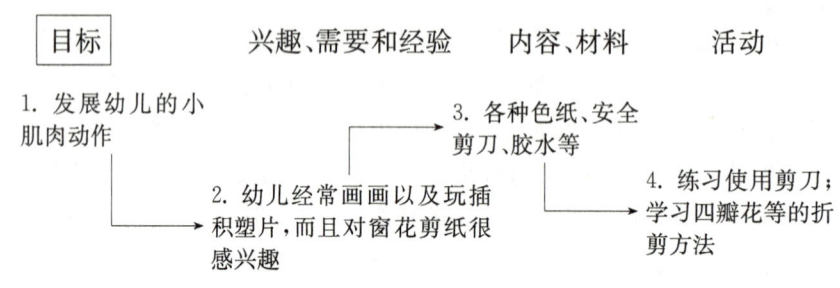

目标　　　兴趣、需要和经验　　　内容、材料　　　活动

1. 发展幼儿的小肌肉动作
2. 幼儿经常画画以及玩插积塑片,而且对窗花剪纸很感兴趣
3. 各种色纸、安全剪刀、胶水等
4. 练习使用剪刀;学习四瓣花等的折剪方法

图6-2　从目标出发

2. 从兴趣、需要和经验出发

幼儿感兴趣的事物中可能包含有丰富的教育价值,教师可以从中挖掘,抓住幼儿感兴趣的事物中所具有的"内在价值",在幼儿园课程目标的指导下,设计教育活动。比如,影子是幼儿几乎每天都能见到的,影子时大时小、时隐时现等各种各样的变化,都引起幼儿强烈的好奇心和探究欲望,教师敏感地捕捉到其中的意义,如图6-3所示:

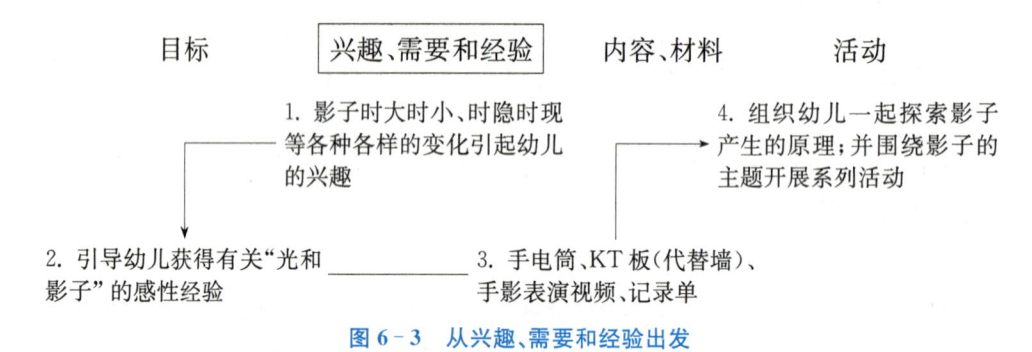

目标　　　兴趣、需要和经验　　　内容、材料　　　活动

1. 影子时大时小、时隐时现等各种各样的变化引起幼儿的兴趣
2. 引导幼儿获得有关"光和影子"的感性经验
3. 手电筒、KT板(代替墙)、手影表演视频、记录单
4. 组织幼儿一起探索影子产生的原理;并围绕影子的主题开展系列活动

图6-3　从兴趣、需要和经验出发

3. 从现有的材料、内容出发

一年四季的变化、与儿童密切相关的节日、传统的优秀教材、必要的学习内容、生活中的偶发事件都可以作为教育活动设计的起点,发掘其中的教育价值,具体的设计过程如图6-4所示:

目标　　　兴趣、需要和经验　　　内容、材料　　　活动

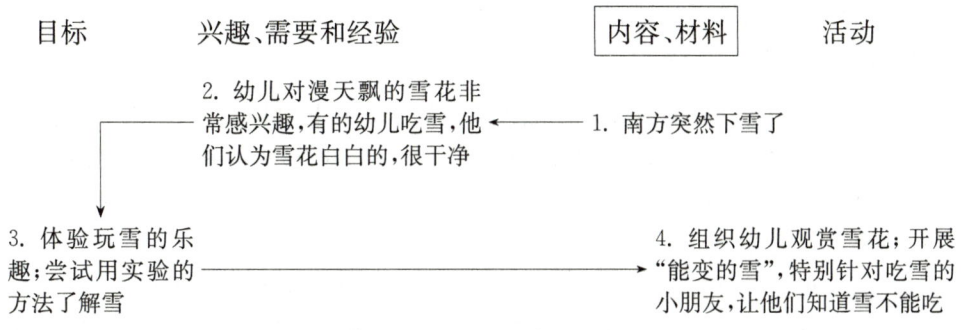

2. 幼儿对漫天飘的雪花非常感兴趣，有的幼儿吃雪，他们认为雪花白白的，很干净 ← 1. 南方突然下雪了

3. 体验玩雪的乐趣；尝试用实验的方法了解雪 → 4. 组织幼儿观赏雪花；开展"能变的雪"，特别针对吃雪的小朋友，让他们知道雪不能吃

图6-4　从材料、内容出发

4. 从已经设计好的教育活动方案出发

目前，有各种版本的"教学活动设计"书籍，教师自己在多年的教育过程中也积累了一些成功的教学活动案例。因此，在开展教学活动时，既可以采用现成设计好的教育活动案例，也可以采用自己认为比较成功的教案，然而，无论是哪一种情况，我们不能不加选择地照搬，这样既不利于幼儿的成长，也不利于教师专业发展。因此，不管是已经设计好的活动方案，还是自己以前积累的活动方案，教师都需要思考以下一些问题，并尝试回答：

（1）这个活动幼儿会喜欢吗？符合幼儿的兴趣和需要吗？

（2）这个活动蕴含哪些教育价值，可能有助于达成哪些教育目标？

（3）这个活动的可行性如何？它所需要的材料容易获得吗？

（4）这个活动与之前开展过的活动之间有关联吗？有无有关的经验进行衔接与连贯？

这些问题考虑清楚后，接下来需要考虑的就是是否需要修改，以及如何修改。如图6-5所示：

目标　　　兴趣、需要和经验　　　内容、材料　　　活动

2. 符合幼儿的兴趣和需要吗？满足他们的已有经验吗？ ← 1. 已经设计好的教学活动方案

3. 有助于达成哪些教育目标？ ——— 4. 所需要的材料容易获得吗？

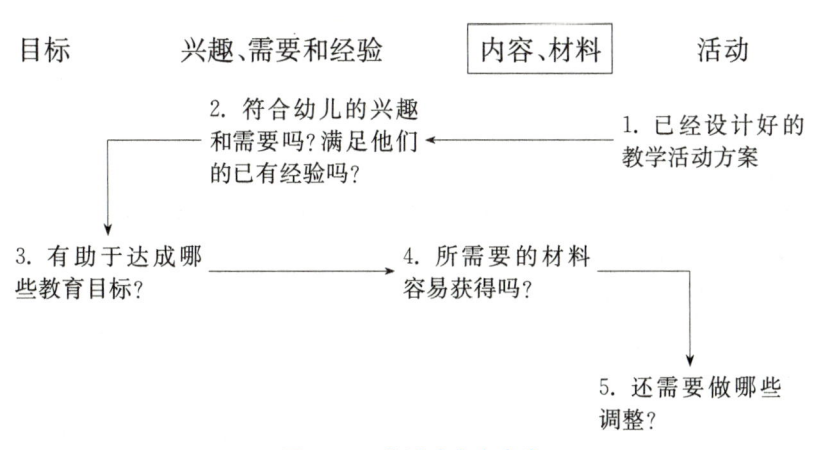

5. 还需要做哪些调整？

图6-5　从活动方案出发

二、幼儿园课程编制的要素

每一种幼儿园课程理念都是一个庞大的体系，在这个体系下必然包含着教育理念、

课程目标、课程内容、课程实施和课程评价等要素。

(一)幼儿园课程的最核心要素——教育理念

幼儿园课程最为核心的方面是该课程所依据的教育哲学以及所反映的教育目的,这是幼儿园课程的价值取向,也即教育理念之所在,幼儿园课程的其他成分都是在此基础上产生和发展的。因此,各种幼儿园课程之间的差异首先也主要反映在所依据的教育哲学和所确定的教育目标上。

幼儿园课程的教育哲学和教育目标的差异主要表现:相对强调两种目标导向中的一种或者另一种,即或者强调培养儿童的一般的社会性,或者强调进行某种学习,特别是在学业领域中的知识技能学习。此外,它们的差异还与强调教育为未来生活做好准备的解释有联系:一种解释主张,要帮助儿童在未来的成人期获得成功,最为重要的保证是向他们提供以儿童为中心的生活经验,因此课程计划应起始于对儿童发展特征的分析,并与儿童的需要和兴趣相一致,这就意味着中、小学的课程应与幼儿园课程相适应;另一种解释则主张学前教育应为儿童在成人以后的成功打下基础,幼儿园课程应与当今教育制度保持连续性,特别强调要为儿童提出有序的教育要求,为儿童进入小学做好准备,这意味着幼儿园课程应与中、小学课程相衔接和贯通。

如果运用简化的方法反映幼儿园课程所持有的基本教育理念,那么,任何幼儿园课程都可以在一个"连续体"上找到一个合适的位置,如图6-6所示。

```
儿童的自然发展                          教师预定的教育任务
儿童一般能力的获得                      学业知识和技能的获得
    ○←――――――――――――――――――――――――→○

对儿童自然发展和一般能力的强调         对教学的学业知识、技能的强调
```

图6-6 各种幼儿园课程的教育理念构成的"连续体"

(二)幼儿园课程的基本要素——幼儿园课程目标、幼儿园课程内容、幼儿园课程实施、幼儿园课程评价

1. 幼儿园课程目标

幼儿园课程目标是幼儿园教育目标在幼儿园课程领域的具体化,体现了幼儿园课程开发与教育活动的价值取向。

幼儿园课程目标由概括到具体可以分为幼儿园课程总目标、年龄段目标、单元目标和具体活动目标四个层次。

(1)幼儿园课程总目标

在我国,幼儿园课程目标是教育目标在相关领域的落实,故它与领域目标的内涵接近。

例如,我国在2001年6月颁布的《幼儿园教育指导纲要(试行)》中,把幼儿园的课程分为健康、语言、社会、科学、艺术五大领域,各领域都有明确的目标。如语言领域的目标为:

乐意与人交流,讲话礼貌;

注意倾听对方讲话,能理解日常用语;

能清楚地说出自己想说的事;

喜欢听故事,看图书;

能听懂和会说普通话。①

(2) 年龄阶段目标

年龄阶段目标是将幼儿园课程目标落实到幼儿园三个不同的年龄阶段,因此,幼儿园的年龄阶段目标是由相互连接、逐渐递进的三个不同的年龄目标组成的。以内容为结构框架的年龄阶段目标,不仅要考虑课程的几个内容维度,还要考虑幼儿年龄发展的维度,从这两个维度确定年龄阶段目标。如表6-1中体现了《3—6岁儿童学习与发展指南》中语言领域的年龄阶段目标。

表 6-1 语言领域年龄阶段目标

3—4岁	4—5岁	5—6岁
1. 愿意在熟悉的人面前说话,能大方地与人打招呼。 2. 基本会说本民族或本地区的语言。 3. 愿意表达自己的需要和想法,必要时能配以手势动作。 4. 能口齿清楚地说儿歌、童谣或复述简短的故事。	1. 愿意与他人交流,喜欢谈论自己感兴趣的话题。 2. 会说本民族或本地区的语言,基本会说普通话。少数民族聚居地区幼儿会用普通话进行日常会话。 3. 能基本完整地讲述自己的所见所闻和经历的事情。 4. 讲述比较连贯。	1. 愿意与他人讨论问题,敢在众人面前说话。 2. 会说本民族或本地区的语言和普通话,发音正确清晰。少数民族聚居地区幼儿基本会说普通话。 3. 能有序、连贯、清楚地讲述一件事情。 4. 讲述时能使用常见的形容词、同义词等,语言比较生动。

(3) 单元目标

单元目标是年龄阶段目标的再分解,有两种划分单元目标的方式:

一是以内容单元的形式划分,根据教育目标及相关的教育内容的特点,把某一组目标及其相关的内容有机组织起来,构成主题或单元;它涉及的范围要小些,如下面这个大班上学期主题活动"动物世界"的主题目标:

① 能有兴趣地、集中注意力地探索动物世界的奥秘,知道并说出动物的外形特征、习性、分类以及和环境的关系。

② 爱劳动,能认真为集体、同伴服务。

③ 会用近义词和反义词表达自己对周围事物的认识,能根据儿歌、谜语等不同文学作品体裁进行仿编。

④ 进一步用对唱的形式来表现歌曲。

⑤ 会用各种方法进行动物的造型,表现他们的主要特征、生活习性。会集体作画,在制作过程中发挥独立性和想象力。

---

① 教育部基础教育司. 幼儿园教育指导纲要(试行)解读[M]. 南京:江苏教育出版社,2002:31-32.

⑥ 会用球进行投、抛、运等活动,会助跑跨越跳过 40 厘米以上的距离,积极主动地参加身体素质训练。

⑦ 能尝试发现两个图形集合交集中元素的特征,学习数 4 的组成。

二是以时间单元的形式划分,根据教育目标及教育内容的特点,把年龄目标划分为学期目标、月目标、周目标、日目标等。如表 6-2 所示的某小班月目标。

表 6-2　小班第二个月月计划

内容	目标
健康	1. 能高高兴兴地上幼儿园,了解、熟悉幼儿园的生活。 2. 不害怕健康检查和各种健康接种。 3. 学会一个跟着一个走,能听信号走成圆圈。 4. 对体育活动有兴趣,能参加做操、游戏等体育活动。
语言	1. 注意倾听别人说话,理解谈话的基本内容,初步养成良好的倾听习惯。 2. 能听懂成人和同伴的话,乐意开口说话,并初步用短句表达自己的意思。 3. 能用普通话进行语言交流。
科学	1. 喜欢观察常见的事物和现象,并对它们感兴趣。 2. 能够运用多种感官进行感知和探索活动。
社会	1. 喜欢上幼儿园,能适应幼儿园的集体生活。 2. 认识幼儿园里的人和自己的同伴,认识幼儿园的环境。 3. 了解自己,能感受周围成人的关心和爱护,爱父母、爱老师、喜爱自己的家和幼儿园。 4. 享受与同伴分享的乐趣。
艺术	1. 在唱歌时学习听前奏,并逐步对歌曲的开始和结束做出正确的反应。 2. 能够参加美术活动,引导幼儿初步感受造型简单、色彩鲜明的美术作品。

(4) 具体教育活动目标

这是微观层次的课程目标,是指某一具体的教育活动所期望达到的结果,或所引起的幼儿行为的变化,它是单元目标的具体化,是一种具有操作性的目标,一般要求制定得具体、清晰。如大班教育活动"动物的尾巴"活动目标为:

① 知道动物尾巴的形状和用处是各种各样的;

② 能用多种材料制作动物尾巴;

③ 对动物知识感兴趣,有探究欲望。[①]

一般来说,第一、二层课程目标由课程研究人员负责制定,而三、四层目标由幼儿园教师参与制定,要指出的是,教师有时候也要参与第二层目标的制定。

2. 幼儿园课程内容

幼儿园课程内容是实现幼儿园课程目标的手段,课程内容必须为实现课程目标服务,课程目标指导着课程内容的选择与组织。对于教师和儿童而言,主要解决的分别是

[①] 王载,朱静晶.综合主题活动设计[M].桂林:广西师范大学出版社,2001:36.

"教什么"和"学什么"的问题,这个问题可以说是课程设计中的关键,课程内容的选择始终被认为是课程设计中的一个难点,幼儿园课程内容与幼儿园课程目标相符合的程度是与幼儿园课程设计者所持有的价值取向能否被得以实现有着直接联系的。

(1) 幼儿园课程内容的范围

所谓幼儿园课程内容的范围指的是幼儿园课程内容的基本要素或基本组成部分。我们应选择有助于幼儿发展的基本知识、基本态度、基本行为所组成的区域。

有助于幼儿发展的基本知识可以帮助幼儿更好地认识自己生活的环境,进而保证自己的健康成长。无论在任何情况下,我们都不能忽略基本知识在课程内容中的作用。

有助于幼儿发展的基本态度不是"教"出来的,是伴随着活动过程而产生的体验,它的形成是潜移默化的结果,更多属于隐性课程。但不等于说课程无法对幼儿的态度倾向施加影响,教育者可以依据研究揭示的教育规律,选择有趣适当的内容,将基本态度的相关内容贯穿于幼儿园的课程内容之中。

有助于幼儿发展的基本行为指的是关于基本活动方式方法的知识和经验,即所谓"做"的知识或程序性知识。

(2) 幼儿园课程内容选择的原则

目的性原则:指的是选择的课程内容必须符合并有助于实现课程目标。因为课程内容是实现课程目标的手段,内容必须围绕目标来选择,否则将会偏离方向,造成课程的无效。也就是说,课程目标一旦确定,就要求选择与之相符的内容来保证它的实现。

适宜性原则:指的是课程内容既要符合幼儿已有的发展水平,又能促进其进一步的发展,即难度水平处在幼儿的"最近发展区"之内。因此,了解幼儿是选择课程内容时遵循适宜性原则的关键,了解幼儿需要注意两点:第一,掌握不同年龄阶段幼儿的一般特点。目前大量的学前心理学研究已经揭示了幼儿在认知、语言、社会性等方面的年龄特征和一般发展趋势,这为课程内容的选择提供了重要的心理学依据。对于我们深刻把握当前幼儿的年龄特点是至关重要的。第二,精心观察现实中的每一个幼儿,确保个体适宜性。由于每一个幼儿自身特点不一样,所处的环境不一样,幼儿与幼儿之间表现出很大的差异,精心观察每一个幼儿,针对不同幼儿的特点选择课程内容,才能确保课程内容的适宜性。因此,了解本地区、本园、本班幼儿的一般发展和特殊需要,是选择适宜的课程内容所必需的前提。

生活化原则:生活是幼儿获得直接经验的最理想的场所、最便捷的方式,选择的课程内容,与幼儿熟悉的现实生活越接近,越能引起幼儿的学习兴趣,学习效果就好;如果脱离幼儿的生活经验,幼儿的学习就会事倍功半。《幼儿园教育指导纲要(试行)》第三部分"组织与实施"中也明确规定:"教育活动内容的选择要贴近幼儿生活来选择幼儿感兴趣的事物和问题。"因此,幼儿园课程内容选择应充分体现生活性原则。让大自然、大社会成为幼儿的活教材,从贴近幼儿的生活中选择内容,具有直观性、情境性和活动性,使幼儿能够通过直接感知、实际操作和亲身体验,进而在直接感知的基础上获得基本态度和基本行为方面的发展。

兴趣性原则:遵循兴趣性原则是基于幼儿学习成效的一种考虑。在选择课程内容

的时候，首先要从幼儿感兴趣的事物中寻找富含教育价值的内容，要关注幼儿的兴趣，从幼儿感兴趣的事物中选择具有教育价值的课程内容，同时也要关注必要的课程内容，使之转化为幼儿的兴趣。

基础性原则：幼儿园的课程内容应该立足于幼儿基础素质的全面发展，并为其一生的可持续发展奠定坚实的基础。因此，幼儿园课程内容应该涉及人生发展最基本的问题，判断所选内容是否具有"基础性"的参照标准可以看它是否与儿童现在的生活、学习有直接关系；是否必须现在学，以后再学就失去最佳时机；是否是文化或人类知识中的最基本成分，而且是今后学习所必需的基础；是否具有最大的应用性和迁移性等。

3. 幼儿园课程实施

课程实施是指把一项课程计划付诸实践的过程，它是达到预期的教育目的和课程目标的基本途径。

（1）课程实施的取向

课程实施的取向是指对课程实施过程本质的认识，以及支配这些认识的相应的课程价值观。课程实施的取向集中表现在对课程计划与课程实施过程关系的不同认识上。美国课程专家辛德尔、波林和扎姆沃夫将课程实施归纳为三种取向：忠实取向、相互适应取向和创生取向。

忠实取向：指的是把课程实施过程看成是忠实地执行课程计划的过程。这种课程取向的基本假设是：课程实施要忠实地反映课程设计者的意图，从而达成预定的课程目标。忠实取向认为，课程变革是教师实施课程专家制定的课程变革计划的过程，课程变革是否成功，主要取决于教师是否不折不扣地实施课程专家设计的课程变革计划。显然，在课程实施的忠实取向者看来，课程内容是课程专家为教师实施课程而选择、组织和提供的，是教育行政部门认可的，教师的角色是课程专家所制定的课程计划的忠实执行者。教师是课程被动的"消费者"，教师对课程知识的创造和选择没有发言权，他们应按照课程专家为课程编制的"使用说明"，循规蹈矩地实施教学，为了能使教师忠实地传递课程，在课程实施前需要对教师进行适当的培训，并在课程实施中，对教师的教学进行支持和监督。

相互适应取向：是把课程实施的过程看作是课程计划者与实施者之间通过协商而相互作用的过程。这种取向的基本假设是：课程实施不可能预先规定精确的实施程序，课程实施的过程应由实施者自己把握和决定，由实施者根据自己的实际情况做出最为适当的选择。相互适应取向者认为，课程实施不是教师按照课程专家的课程计划不折不扣地去做，而要考虑课程实施者的兴趣和需要，还要考虑教育现场中的各种条件和状况，并对专家的课程计划做出调整。教师是课程专家所制定的课程计划的主动、积极的"消费者"。教师对课程专家编制的课程计划的积极改造，是课程实施成功的基本保证。

课程创生取向：是把课程看成是教师与幼儿联合创造教育经验的过程。这些经验是教师和儿童在实际中体验到的，是情景化的和人格化的。这种取向的基本假设是：课程实施是在具体教育情境中创生新的教育经验的过程，而已有的课程计划只是为这个经验创生过程提供平台而已。也就是说，尽管教师可以运用由课程专家设计的课程和

建议,但是真正创生课程并赋予课程意义的还是教师和幼儿,因此,教师和幼儿不是知识的接受者,而是课程知识的创造者。

(2) 幼儿园课程实施的途径

在本章前面关于"幼儿园课程含义"的介绍中提及目前我国幼儿园课程主导的定义是活动论。"幼儿园课程是实现幼儿园教育目的的手段,是帮助幼儿获得有益的学习经验,促进身心全面和谐发展的各种活动的总和。"幼儿园课程的实施主要借助于课程中各种教育活动,包括游戏活动、教学活动和日常生活活动等。

4. 幼儿园课程评价

幼儿园课程评价是针对幼儿园课程的特点和组成成分,分析和判断幼儿园课程的价值的过程,即评估由于幼儿园课程的影响所引起的变化的数量和程度。

(1) 幼儿园课程评价的主体

课程评价的主体即评价者。教育行政管理人员、幼儿园园长、教师、幼儿、家长等均是幼儿园课程的评价者。在这里,需要特别指出的是,教师和幼儿既是课程评价的"对象",又是评价的"主体"。幼儿作为评价的主体不是通过语言,而是通过自己的行为反应和发展变化来发表对课程的看法,他们的行为表现和发展变化具有重要的参考价值。

(2) 幼儿园课程评价的客体

评价客体即评价的对象,包括课程方案、实施过程和课程效果三方面的内容。

课程方案的评价:是课程实施的开端,主要是为了考查和评定幼儿园课程所持有的基本理念以及所强调的主要价值取向是否与幼儿园所在的社会文化背景相契合,是否与幼儿园教育实际状况相契合;考查和评定幼儿园课程的目标、内容、方法和评价等课程的各种成分是否在课程理念的统合之下形成一个协调的整体,并发挥其总体的功能。

课程实施过程的评价:是为了考查和评定课程实施过程中的诸多动态因素,如师生互动的质量、幼儿和教师在课程运行过程中的态度和行为、幼儿园环境的创设和利用,以及动态变化中的各种因素之间的关系等。

课程效果的评价:是课程评价的一个重要功用。课程效果,有的是显性的,有的是隐性的;有的是长效的,有的是短效的;有的是预期的,有的是非预期的。对课程效果的考查和评定,会涉及什么是效果以及如何去衡量效果的问题。

(3) 幼儿园课程评价的作用

其一是可以满足幼儿园教师、课程专业人员、幼儿园行政管理人员以及其他负责课程编制人员的需要,通过课程评价,检验或完善原有的幼儿园课程,或者开发和发展新的幼儿园课程。

其二是可以满足幼儿教育政策制定者、幼儿园行政管理人员以及社会其他成员获得教育方面信息的需要,以便管理课程,制订出影响课程的各种决策。

第三节 经典幼儿园课程方案

一、国外著名的幼儿园课程方案

在幼儿园课程理论和实践的发展过程中,国外曾出现过许多种课程模式和特点鲜明的教育方案,为表述理论到实践的演绎,或实践到理论的归纳提供了样板。尽管不可能存在一种适宜的课程模式或教育方案能适合所有社会文化背景中的所有儿童,但是,这些课程模式和教育方案都明确地表述了课程和方案的编制者如何从特定的历史条件和社会背景出发,处理课程理论和实践的关系的基本思路,以及如何完成从课程理论到教育实践的转化过程的。

(一)蒙台梭利课程模式

蒙台梭利是意大利的幼儿教育家,被誉为在世界幼儿教育史上自福禄贝尔以来影响最大的教育家。一方面,蒙台梭利十分重视遗传素质和内在的生命力,她认为正是这种内在的冲动力,促使儿童不断发展;另一方面,她主张环境对儿童的发展能起到举足轻重的作用。

自发冲动、活动和个体自由是蒙台梭利教育体系的基本因素。在蒙氏的教育体系中,感官教育占有特别重要的地位。自由、作业和秩序是蒙台梭利为儿童发展营造的三根主要支柱。

1. 教育目标、内容和方法

蒙氏课程模式以培养儿童成为身心均衡发展的人为目标。教育内容由四方面组成:日常生活练习、感官训练、肌肉训练和初步知识的学习。教师通过环境创设、提供蒙台梭利教具、对儿童进行观察和引导等方法,对儿童实施教育。蒙台梭利教学法,旨在通过对视、听、触、味、嗅等感官的训练,增进儿童的经验,让儿童在考察、辨别、比较和判断的过程中提高自己的能力。

> **真题链接**
>
> 下列说法中属于蒙台梭利教育观点是( )。
> A. 注意感官教育　　　　B. 注重集体教学作用
> C. 重视恩物使用　　　　D. 通过游戏使自由与纪律相协调
> 答案:A
> 【解析】蒙台梭利教育注重幼儿的感官教育,注重个别教育和指导。恩物以及游戏是福禄贝尔教育观的内容。

2. 教师的作用

蒙氏教育中教师的角色主要是观察者、指导者(把教师称作指导员)、儿童的榜样。

3. 对蒙氏课程模式的评价

蒙氏教育关注对儿童的爱、信任和尊重,细致而耐心地观察、及时地给予指导。但是应看到,蒙台梭利主要还是个偏重实践的教育家,还谈不上完整的教育思想。其教学法还带有相当程度的机械和形式化的色彩,教师的作用比较被动和消极,不利于发挥教师的主导作用;偏重智力训练而忽视情感陶冶和社会化过程。

(二)方案教学

方案教学不是一种教育儿童的新方法,它是进步主义教育运动的一个重要组成部分。

1. 方案教学的历史渊源和教育理念

在杜威进步主义教育思想的影响下,1918年,克伯屈发表了《方案教学法》一文,倡导这种教学模式。美国著名早期儿童教育家凯兹也倡导方案教育,在他与查德合著的《探索儿童的心灵世界》这本书中,他们认为:"方案教学不只是教学法、学习法,也包括了教什么、学什么。从教的角度而言,方案教学特别点出教师要以合乎人性的方式,鼓励孩子去与环境中的人、事、物发生有意义的互动;从学的观点来看,方案教学强调孩子要主动参与他们的研究方案。"

2. 方案教学的组织和实施过程

方案教学的组织和实施过程没有固定的程式,一切应根据时间、地点和条件而灵活地确定活动的操作步骤。一般而言,方案教学可以包括以下三个步骤:

(1)方案的起始阶段。包括方案主题的选择和方案教学主题网络的编制。方案活动主题选择的原则:选择的主题应与儿童的生活相贴近,并能被用于他的日常生活;应能引起儿童的兴趣,并能运用已学的技能;应能为儿童未来的生活做准备;应有益于平衡幼儿园的课程;应能充分运用幼儿园和社区资源。

(2)方案活动的展开阶段。方案活动开始时的讨论应能引起孩子的兴趣,教师应了解儿童的发展水平及其已有的经验;在方案活动进行的过程中,教师和儿童双方始终处于积极互动的状态中,多种类型的活动保证了这种互动;家长的参与和社区资源的充分利用,在方案教学中占有重要的地位。

(3)方案活动的总结阶段。回顾儿童在方案活动进行过程中运用过的技巧、策略以及儿童的探索过程。

3. 方案教学中教师的作用

教师的作用主要体现在创设环境和条件,激发儿童的兴趣,提升儿童行为的动机,使儿童能积极投入到活动中去;体现在关注儿童已有的经验,尊重儿童自己的选择,以此作为组织和实施教育活动的出发点,在与儿童互动的过程中不失时机地介入儿童的活动,并对儿童提出挑战;体现在与儿童一起学会共同生活,相互交流,认同和欣赏他人的工作。

4. 对方案教学的评价

凯兹等人建议儿童年龄越小,课程应越不正式,越具有统整性,方案教学正是这样

的课程。但是在运行过程中具有较大弹性,没有统一的操作模式,因此对教师的要求较高。

(三)瑞吉欧教育体系

瑞吉欧·艾米里亚是意大利北部的一个小镇,在过去的30多年里,建立了一个公共的儿童保教体系,形成了一套特殊的教育哲学和教育理念、学校的管理方法以及环境设计的方案,成了一个有机的整体,称之为瑞吉欧·艾米里亚教育体系,它被视为欧洲教育改革的典范,并对当今世界各国的学前教育产生了重要影响。

1. 瑞吉欧教育体系课程的目标

瑞吉欧教育体系追求的目的是儿童愉快、幸福、健康地成长,其中,主动性、创造性被视为愉快、幸福、健康的前提与核心。瑞吉欧教育颇具人文主义特色的课程目标,也许用他们所描述的今天儿童的内在特征来表述更为合适,即让儿童"更健康、更聪明、更具潜力、更愿学习、更好奇、更敏感、更具随机应变的适应能力、对象征语言更感兴趣、更能反省自己、更渴望友谊"。

2. 瑞吉欧教育体系课程的内容

瑞吉欧没有明确规定的课程内容,更没有固定的"教材"或预先设计好了的"教育活动方案"。课程的内容来自周围的环境,来自儿童生活中他们感兴趣的事物、现象和问题,来自他们的各种活动。日常生活是取之不尽的课程内容的资源。瑞吉欧的课程实践表明,并非经验的新颖或奇异决定儿童的兴趣和学习的意义;恰恰相反,日常生活的意义对幼儿更具深刻的价值和趣味。广场上的狮子雕像、城市中的雨和雨中的城市、人群、影子……都是儿童探索的好题目。除了围绕自己感兴趣的事物和问题开展研究"方案活动"外,儿童,尤其是年龄小一些的孩子还从事许多其他活动:积木游戏、角色游戏、听故事、游戏表演、烹调、家务活动以及穿衣打扮等自发性的活动,还有许多如颜料画、拼贴画和黏土手工等。

3. 瑞吉欧教育体系课程的组织与实施

瑞吉欧教育体系的课程与教学主要是以"方案活动(progettazione)"或"项目工作"的方式展开的。方案活动是瑞吉欧教育方案的灵魂与核心。所谓方案活动,指的是这样一种课程组织形式:儿童在教师的支持、帮助和引导下,像研究人员一样,围绕某个大家感兴趣的生活中的"课题""主题"或"题目"或认识中的"问题"进行研究、探讨,在共同的研究探讨中发现知识、理解意义、建构认识。方案活动主要采取小组活动的方式,有时也有个人或全班集体的活动。

方案活动的实施包括:① 创设一个学习的班级环境;② 制定一个适宜的研究方案主题;③ 课程的实施。有系统地着重于符号的呈现,以培养幼儿的智能发展,教师鼓励幼儿经由他们随手可得的"表达性、沟通性、认知性语言"来探索环境和表达自我。

4. 瑞吉欧教育体系中教师的作用

在瑞吉欧教育体系中,教师是儿童的伙伴、养育者和指导者。在这种体系内,无论是从教师与儿童和家长之间的互动关系,还是从时间的发生方面,教师所采取的行动都是螺旋式进行的。例如,瑞吉欧的教师们一般采用一种范围较大的时间单位(星期、月份,甚或整个年份)中的每日时间循环评价儿童的活动。教师所采取的行动并不期望依照顺序发生,也不期望只发生一次,而是持续不断地重复进行,并重新检验和评价。这种螺旋式的想法和做法已成为瑞吉欧教师的一种特征,不论他们是将理论与实践融合一体时,还是他们在描述儿童学习和发展的过程时,还是在教师思考和设计教学时,他们都是这样做的。当然,瑞吉欧的教师们并不认为他们的角色是容易扮演的,或者能有明确的条例说明教师应该做些什么和应该怎么做。然而,他们是有信心和有安全感的,他们认为,他们是属于整个教育体系的一分子,而瑞吉欧教育体系是建立在儿童的共同行动之上的,因此,他们深信这是一种良好的学习方式。

5. 对瑞吉欧教育体系的评价

从20世纪70年代末起,一些国家的教育工作者开始关注瑞吉欧,特别是一个题名为"如果眼睛能跃过围墙"(后改名为"儿童的一百种语言")的有关瑞吉欧儿童教育成就的展览在世界许多国家和地区获得成功,使瑞吉欧教育体系声名大噪,参观者络绎不断。著名的美国教育心理学家布鲁纳(Bruner, J.)在评价瑞吉欧教育体系时将它看成是发生在"一个小城市里的奇迹",在访问了瑞吉欧以后,他曾说:"眼中所见实在出乎意料,并非它们是我所见过中最为优秀的缘故,最打动我的地方是它们如何培养孩子的想象力,同时在这个过程中,如何强化孩子们对'可能性'的认识与知觉。我认为瑞吉欧·艾米里亚市现在有责任向全世界更广泛地推广过去和现在的经验,必须开拓一种世界性的合作方式,支持这种对儿童、对童年和对教育的反传统思想。"瑞吉欧教育系统反映了早期教育工作者思想的变化,并向人们展示了他们对儿童、儿童期、早期教育机构、成人与儿童的关系、教师的职业身份等问题的崭新的理解。

在以上的国外幼儿园课程方案中,有不少课程方案对我国幼儿园课程产生了影响,有些幼儿园甚至就实施了其中的一些课程方案。需要指出的是,尽管国外的幼儿园课程能为我国幼儿园教育实践提供启示,但是,这些幼儿园课程方案的产生和实施都有其特定的社会文化和历史背景,因此如果在我国实施这些课程方案,应该立足于我们的社会文化,进行修正和调整。

二、国内著名的幼儿园课程方案

在我国早期儿童教育课程改革与发展过程中,也曾出现过一些有影响的幼儿园课程和有特点的教育方案,从理论的表述到实践的运用,都反映了我国学前儿童教育工作者在我国特定的历史和文化背景下对幼儿园课程的思考和实践。

(一)陈鹤琴的"五指活动课程"

"五指活动课程"是陈鹤琴创编的。陈鹤琴以5个连为一体的手指比喻课程内容的五个方面,虽有区分,却是整体的、连通的,以此说明他所谓的"五指活动课程"的特征。

微课 6-5
陈鹤琴五指活动课程

20世纪20年代初,我国幼稚园课程主要照搬外国的模式,而本土的幼稚园课程又像"幼稚监狱"。陈鹤琴针对当时幼儿教育的状况,指出了幼稚园课程的4种主要弊病:与环境的接触太少,在游戏室内的时间太长;功课太简单;团体动作太多;没有具体的目标。此外还有"儿童在室内时间太多,教师少训练,设备太简陋"等。在分析时弊的基础上,陈鹤琴提出了我国幼稚园发展的15条主张,系统地阐述了他关于幼稚园教育,特别是幼稚园课程的观点。他的15条主张是:

- 幼稚园是要适合国情的;
- 儿童教育是幼稚园与家庭共同的责任;
- 凡儿童能够学的而又应当学的,我们都应当教他;
- 幼稚园的课程可以以自然、社会为中心;
- 幼稚园的课程须预先拟定,但临时可以变更;
- 幼稚园第一要注意的是儿童的健康;
- 幼稚园是要使儿童养成良好习惯的;
- 幼稚园应当特别注重音乐;
- 幼稚园应当有充分而适当的设备;
- 幼稚园应当采用游戏式的教学去教导儿童;
- 幼稚园的户外活动要多;
- 幼稚园多采用小团体的教学法;
- 幼稚园的教师应当是儿童的朋友;
- 幼稚园的教师应当有充分的训练;
- 幼稚园应当有种种标准,可以随时考查儿童的成绩。

陈鹤琴对幼稚园教育的15条主张,概括了他对幼稚园课程的基本思想,体现了他重视生活和重视儿童的课程价值取向。特别是20世纪40年代末形成的"活教育"理论体系,成为陈鹤琴所谓的"五指活动课程"的理论基础。

1. 以"做人,做我国人,做现代我国人"为目标

陈鹤琴在其"活教育"的思想体系中,首先提出的是"做人,做我国人,做现代我国人"的目标。

陈鹤琴将幼稚园教育的目标归结为4个方面。在引导儿童做人方面,陈鹤琴强调要培养儿童具有合作服务的精神和同情心,以及诚实、礼貌等其他品质。在身体方面,陈鹤琴认为主要是训练儿童养成各种达成强健体格的习惯,培养儿童一定程度的运动技能。在智力方面,陈鹤琴主张应以丰富儿童的直接经验为主,让儿童充分接触自然和社会,引导儿童对日常事物产生好奇并做探究。在情绪方面,陈鹤琴指出,除了要让儿童养成乐于欣赏、快乐等积极情绪外,还要帮助儿童克服发脾气、作娇、惧怕等不良性格。

2. 以大自然、大社会为中心选择和组织课程内容

陈鹤琴在其"活教育"的思想体系中提出了"大自然、大社会,是我们的活教材"的思想。

陈鹤琴认为,书本上的知识是间接的、形式化的,只有大自然、大社会,才是知识的真正来源,是儿童学习的活教材。他认为,"活教育"要把儿童培养成"现代我国人",因此必须以儿童现有的生活经验为依据,扩大和丰富儿童对自然和社会的认识和理解,而大自然、大社会提供给儿童的知识是最为生动的、直观的和鲜明的,没有人为的扭曲,切合儿童的生活实际,能激发儿童的兴趣,容易被儿童所接受和理解。当然,他并没有因此而否定书本在教育中的作用,他反对的只是将书本作为学习的唯一材料,主张书本应是现实生活的写照,即能够反映儿童的实际生活。

陈鹤琴打破了按学科编制幼稚园课程的方式,以大自然、大社会为中心选择和组织课程内容,形成他所谓的"五指活动":

健康活动:饮食、睡眠、早操、游戏、户外活动、散步等;

社会活动:朝夕会、周会、纪念日、集会、每天的谈话、政治常识等。

科学活动:栽培植物、饲养动物、研究自然、认识环境等;

艺术活动:音乐(唱歌、节奏、欣赏)、图画、手工等;

语文活动:故事、儿歌、谜语、读法等。

五指活动课程对5种活动的强调有所侧重。例如,陈鹤琴认为健康活动是第一重要的,因为强国需先强种,强种先要强身,强身先要重视幼小儿童的身体健康。又如,陈鹤琴还认为幼稚园课程应特别重视音乐,因为音乐可以陶冶儿童的性情,鼓励儿童进取,发展儿童欣赏美和创造美的能力。此外,语言是人际沟通的工具,也是儿童学习的工具,所以也应给予重视。

> **真题链接**
>
> 陈鹤琴提出的五指活动指的是( )。
> A. 儿童健康活动、儿童社会活动、儿童科学活动、儿童艺术活动、儿童语文活动
> B. 儿童语言活动、儿童社会活动、儿童科学活动、儿童美术活动、儿童音乐活动
> C. 儿童常识活动、儿童社会活动、儿童科学活动、儿童艺术活动、儿童语文活动
> D. 儿童体育活动、儿童语言活动、儿童科学活动、儿童艺术活动、儿童语文活动
> 答案:A
> 【解析】 陈鹤琴提出的五指活动指的是儿童健康活动、儿童社会活动、儿童科学活动、儿童艺术活动、儿童语文活动。

陈鹤琴认为,虽然这五种活动是分离的,但是它们就像人的5个手指一样,构成了具有整体功能的手掌,幼稚园课程的全部内容都被包括在这5种活动之中。因为儿童的生活是整体的,因此,课程内容是互相连接为整体,而不是分裂的。正如陈鹤琴所言,"五指是活的,可以伸缩,互相联系。课程是整体的,连贯的。依据儿童身心的发展,五指活动在儿童生活中结成一个教育的网,有组织有系统,合理地编织在儿童的生活上。"陈鹤琴将其课程内容的组织方式称为"整个教学法"。

3. 以"做中教、做中学"为课程实施的方法

陈鹤琴在其"活教育"的思想体系中提出了"做中教、做中学、做中求进步",以此作为其方法论的基本原则。

陈鹤琴强调"做",为的是确立儿童在教学活动中的主体地位。陈鹤琴说,"凡是儿童自己能够做的,就应该让儿童自己做";"凡是儿童自己能够想的,应该让儿童自己想";"你要儿童怎样做,就应当教儿童怎样学"。

陈鹤琴强调"做",为的是强调儿童的直接经验。陈鹤琴认为,活教育的教学研究对象,以书籍作辅佐参考,换言之,就是注重直接经验。

陈鹤琴具体指出了五指活动课程在实施过程中的问题。如陈鹤琴提出,教师应拟定要做的活动,计划活动内容分几个步骤进行,但是不要强求预先的计划,要顺应儿童的兴趣,根据实施过程中的具体情况灵活地对计划加以调整和变化。又如,陈鹤琴主张运用游戏的方式实施课程,因为游戏是儿童天生喜欢的活动,在游戏中学习,儿童学得快,参与程度高,效果持久。

4. 对陈鹤琴五指活动课程的评价

陈鹤琴是我国现代著名教育家,是中国化、科学化幼儿教育的奠基人。在美国留学期间,霍普金斯大学重视科学实验的态度,铸造了他学会研究的方法和研究的精神;在哥伦比亚大学师范学院攻读心理学和教育学的经历,使他对儿童的心理发展规律有了深刻的认识;当时美国正兴起的以杜威为代表的进步教育运动,对他也产生了深刻的影响。回国之后,陈鹤琴立足于本国的国情和优秀传统文化,在早期教育理论和实践领域进行了探究,以独立思考的实践精神,批判和融合了东西方文化的精华,为寻找适合国情的中国化的幼稚教育做出了杰出贡献。陈鹤琴的五指活动课程并非只是在当时西方进步主义教育影响下的课程的翻版,而是他自己对科学的理解,对儿童与教育的理解,对进步主义教育的批判和继承,特别是对我国社会文化的认识,为我国幼稚园教育创编的幼稚园课程。陈鹤琴的五指活动课程,不仅在20世纪50年代前曾对幼稚园教育产生过重大的影响,而且对于20世纪80年代以后的幼儿园课程改革也有重要的影响。

(二)张雪门的"行为课程"

张雪门是这样解释他的"行为课程"的:"生活即是教育,5、6岁的孩子们在幼稚园生活的实践,就是行为课程。"行为课程"完全根据生活,它从生活而来,从生活而开展,也从生活而结果,不像一般完全限于教材的活动。幼稚园实施的行为课程应注意幼儿实际行为,举凡扫地、抹桌、养鸡、养蚕、种植花草蔬果等,只要幼儿能自己做的,都应该给幼儿机会去做。唯有从行动中所得的认识,才是真实的知识;从行动中所发生的困难,才是真实的问题;从行动中获得的胜利,才是真正制驭环境的能力。"

张雪门的教育思想曾有两次转变,一次是从美化的人生转化到了现实的社会,另一次是从单纯的儿童教育转化配合社会国家的建设。

1. 幼稚园课程的编制原则

张雪门认为,幼稚园课程应密切联系幼儿生活经验,适合儿童的发展。据此,张雪门确定了一些幼稚园课程编制的原则。

(1) 整体性原则。张雪门认为,幼稚园课程不能像小学以至大学一样,分成国文、数学、地理、生活等学科,各有各的时间,各有各有各的统属,而应打破学科的界限,让各种科目都变成幼儿整体生活的一面,构成一种具体的整个活动。

(2) 偏重直接经验原则。张雪门认为,直接经验具有生动、切实的特点,与间接经验相比,显得零碎和低层次。中小学课程多偏重于间接经验的传递,而幼稚园课程应以直接经验为主。"儿童自己直接的生活,发现学习的动机,是非凡的自然。其学习也,不论尝试,不论直接参与,不论模仿,都有切实的内容。"[①]

(3) 偏重个体发展原则。张雪门认为,教育既要适合儿童身心发展的需要,也要培养儿童成为符合社会需要的人,而在幼稚园阶段,教育则应偏重个体发展。

2. 课程内容来源于儿童直接的活动

张雪门认为,幼稚园课程应来源于儿童直接的活动,即从儿童的生活环境中搜集、选择和组织材料。他认为,可以构成幼稚园课程内容的儿童直接活动有:① 儿童的自发活动;② 儿童与自然界接触而产生的活动;③ 儿童与人事界接触而产生的活动;④ 人类智慧活动而产生的合乎儿童需要的经验。但是,幼稚园课程虽来源于儿童直接的活动,却需经过精选,需有客观标准。

行为课程系单元教学。行为课程以"行为为中心,以设计为过程。只有行为没有计划、实行和检讨的设计步骤,算不得有价值的行为;只有设计,没有实践的行为是空中楼阁"。单元活动的时限一般为一周。实施前,教师编拟教学计划,根据幼儿的动机,决定学习的目的,根据目的再估量行为的内容。行为课程的内容包括幼儿的工作与美术、游戏、自然活动、社会活动、音乐、故事和儿歌以及常识等教材。

行为课程内容的选择和组织,是按节气的变化,根据儿童生活环境中会出现的事物,如动物、植物、自然现象、节令、纪念日、家庭、学校、风俗,等等而进行的。"按照每个的中心再来收集和这些中心有关系的文学上、游戏上、音乐上、工作上的材料,编成预定的教材,而且这些教材也要经过儿童和社会两个方面所需要的标准去考核。"

3. 课程实施强调儿童通过行为进行学习

张雪门的行为课程中,"行为"一词与"活动""做"是同义的。这也就是说,张雪门强调的是让儿童"在做中学"。

行为课程是儿童围绕单元主题进行的活动。这种活动并不是放任的活动,教师要对儿童进行指导和帮助,将儿童的活动纳入计划的轨道。教师的指导包括计划的指导,即根据儿童活动的具体情况适当调整预定的计划,以及儿童活动的机会;知识的指导,即针对儿童活动中知识的薄弱环节给予帮助;技能指导,即采用暗示、鼓励或示范等方法对儿童进行技能辅导;兴趣指导,即帮助儿童排除学习中的困难,晓以成功后的喜悦,以激励儿童的兴趣;习惯的指导,即采取正面引导的方式规范儿童的行为习惯;态度的

---

① 戴自庵.张雪门幼儿教育文集(上卷)[M].北京:北京少儿出版社,1994:343.

指导,即帮助儿童养成正确对待自己不足和别人长处的态度;等等。

4. 对张雪门行为课程的评价

作为我国现代著名的幼儿教育专家,张雪门早期对幼儿教育的影响遍及北方各省,与陈鹤琴一起被并称为"南陈北张"。张雪门依据杜威"教育即生活"的理论和陶行知的"知行合一"思想,创编了行为课程,对我国幼儿园课程的改革和发展做出了重大的贡献。张雪门说过,幼稚园教育"从生活发生,也从生活而展开,它不是文化的点缀品,也不是文化的橱窗。在有组织、有计划的实行和检讨中,求快乐圆满的境界,才是幼教的最高理想"。张雪门的此番话语,反映了他对开发和发展行为课程的境界。

情景实训

一次美工活动结束时,把玩具设计得比较复杂的孩子还没有完工。"到点了,没做好的先放到美工区去,下午有空再接着做。"孩子们依依不舍地放下还未完成的作品。回头一看,还有人趴在桌前忙着,于是又赶快跑回去抢着贴点"零件"或"装饰品"。来来往往,你等我等,一个队排了20分钟。

针对上述情况,请结合幼儿园课程编制的相关原理予以说明,并针对此活动的不足提出改进措施,进行模拟实践。

思考与练习

1. 简述幼儿园课程的特点。
2. 简述目标模式的特点及对幼儿园课程编制的影响。

第六章课后自测

第七章 幼儿园教学活动

学习目标

1. 理解幼儿园教学活动的概念、特点和构成要素。
2. 掌握幼儿园教学活动的原则、教学方法和教学手段。
3. 学会运用幼儿园教学活动设计的理论、教学原则和指导策略,设计并组织幼儿园教学活动。

本章提要

幼儿园教学活动
- 幼儿园教学活动概述
  - 幼儿园教学活动的概念
  - 幼儿园教学活动的特点
  - 幼儿园教学活动的构成要素
- 幼儿园教学原则、方法和手段
  - 幼儿园教学原则
  - 幼儿园教学手段和教学方法
- 幼儿园教学活动的设计
  - 幼儿园教学活动设计的含义
  - 幼儿园教学活动设计的策略
  - 幼儿园教学活动计划的设计
- 幼儿园教学活动的组织与实施
  - 幼儿园教学活动组织的类型
  - 幼儿园教学活动组织与实施的环节
- 幼儿园教学活动的组织与实施
  - 幼儿园教学活动评价的内涵与功能
  - 幼儿园教学活动评价的类型
  - 幼儿园教学活动评价的方法

问题情境 →

怎样让大蒜立起来?

在一次题为"怎样让大蒜立起来"的科学教育活动中,教师请儿童借助橡皮泥、纤维绳、牙签等材料让不能竖立起来的大蒜头立起来。儿童都很积极,有的儿童把大蒜头插在橡皮泥上,有的用牙签插上大蒜头……最后,老师示范用小刀将大蒜头横切成两截,放在桌子上,大蒜立起来了。

活动虽然进行得很热闹,但也可引发一连串的问题:"大蒜能否立起来"与"怎样立起来"是学前儿童关心的事情吗?这样的教育活动有意义吗?是不是教师设计的活动,就一定适合学前儿童学习?教学活动的目的和意义又是什么?教师该如何设计与组织幼儿园教学活动?本章从探讨幼儿园教学活动的概念入手,探讨幼儿园教学活动的特点、要素、常用的教学手段与教学方法,以及幼儿园教学活动设计、组织与评价的原则和方法等。

第一节 幼儿园教学活动概述

一、幼儿园教学活动的概念

早在商朝,甲骨文中已经出现了"教"和"学"字,最初都是独立的单字。最早将"教学"两个字连起来始于《书·商书·说命》。教学最初是由于生产劳动的需要,年长者通过口耳相传、亲身施教等手段来保存经验、知识等手段的行为。随着社会的不断进步和发展,需要大规模的传递和保存生产知识和经验,于是顺应时代的集体的教学活动便应运而生了。

幼儿园教学活动是幼儿园教育活动的一种重要形式,是教师计划、设计和组织的专门活动。专门的教学活动的存在是幼儿园教育区别于家庭教育和社区教育的重要特征。幼儿园的教学是教师对幼儿学习活动有目的的、有计划地组织与指导,而不是单纯的知识灌输和技能训练。幼儿园教学是教师与幼儿共同建构的认识的过程,应以游戏为基本方式。

幼儿园教学活动可采用参观、实验、讨论、观察、表演、制作等多种途径和方法,也可采用全班、小组及个别等多种形式,教学活动的空间也不局限于活动室。

微课 7-1
幼儿园教育、教学活动概述

二、幼儿园教学活动的特点

幼儿园教学活动与中小学教学活动呈现出许多方面的不同,这是由幼儿的年龄特点和学习方式决定的。在教学活动中,教师应将注意力更多地放在幼儿获得知识、解决问题的过程与方法上。如果教师忽视了幼

微课 7-2
幼儿园教学活动的特点

儿园教学的特殊性，势必对教学的效果带来不良的影响。概括起来，幼儿园教学活动的特点主要表现为以下几点：

（一）启蒙性与生活性

3—6岁幼儿对周围世界充满了好奇心和求知欲，幼儿园教学活动中重视在幼儿认识简单事物和现象时，引导幼儿掌握周围生活的粗浅经验和有关知识，开启幼儿的智慧和心灵，培养其良好的个性品质，帮助幼儿适应生活。如教师可以引导幼儿观察不同物质在水中搅拌后的变化，却不必告知幼儿"溶解"等概念和高深的原理。幼儿园的教学活动强调必须针对幼儿的实际需要及生活中出现的问题，强调活动过程要调动幼儿已有的生活经验并使他们的经验得以丰富和拓展。

（二）活动性与情境性

儿童心理学表明，儿童主要通过各种感官来认识周围世界，他们只有在获得丰富感性经验的基础上，才能形成对世界的理解和认识。幼儿这种具有行动性和形象性的认知特点使得幼儿园教育必须以幼儿主动参与的活动为基本的形式。幼儿园教学活动强调各种材料、情境的提供和幼儿自己的操作活动，活动形式多种多样。教学中游戏形式是幼儿学习的有效学习方式。总之，幼儿园教学活动强调为幼儿创设活动情境和引导幼儿进行活动。

（三）灵活性与过程性

幼儿园的教学活动没有向幼儿传授系统的学科知识的任务，不必遵循一定的教材，教师只需根据幼儿教育目标的要求，引导幼儿学习。教学的内容、方式可以由教师或幼儿选择，也可以由教师和幼儿共同选择。在传授生活中必备的知识和经验过程中，教师关注的是幼儿获得知识的过程与方法，看重的是幼儿是如何思考、如何接受这些知识的，而不太关注幼儿获得知识量的多少，幼儿无须参加学习考试。总之，幼儿园的教学活动强调幼儿主动获取知识的过程与体验，强调幼儿在教学活动中获得情感、态度、能力、知识、技能的全面发展。

三、幼儿园教学活动的构成要素

幼儿园的教学是教师和幼儿教和学的共同活动。在这个过程中，教师以一定的教学内容和教学手段为中介，和幼儿相互作用，促进幼儿的发展。因此，教师、幼儿、教学内容和手段是教学过程不可缺少的基本因素。

（一）教师

教师是教学过程中的主导因素，是"教"的主体。具体体现为：教师是"教"的活动的组织者和指导者，根据教学任务、要求和幼儿的实际需要，确定相应的活动目标，选择合适的内容，运用适当的方法，设计科学的环节来对幼儿实施有目的、有计划的教学。

（二）幼儿

在教学过程中，幼儿是学习的主体。在教学过程中，幼儿是否处于学习的最佳状

态,发挥出主动性、积极性,是教学过程成败的重要因素。它关系到教学内容能否转化为幼儿自己的知识和能力,能否影响到幼儿的情感、品德和行为习惯,使幼儿自身得到全面发展的问题。

(三)幼儿园教学内容

教学内容是教师对幼儿传递的主要信息,是幼儿认知的主要原料,也是促进幼儿发展的中介,是教学过程中不可缺少的基本因素。教学内容应能够引起幼儿的学习兴趣和好奇心,激发幼儿的积极性;教学内容必须既有较高的发展价值,能够有助于幼儿在原有基础上得到全面发展。

《幼儿园教育指导纲要(试行)》明确指出:"幼儿园的教育内容是全面的、启蒙的,可以相对划分为健康、语言、社会、科学、艺术五个领域,也可做其他不同的划分。各领域的内容相互渗透,从不同的角度促进幼儿情感、态度、能力、知识、技能等方面的发展。"

健康、社会、科学、语言、艺术五大领域是幼儿园教学活动的主要内容,各领域内容相互渗透,从不同角度促进幼儿情感、态度、能力、知识、技能等方面的发展。

(四)幼儿园教学方法和手段

教学方法与手段包括教师运用的教具、幼儿操作活动的具体材料等,是教师有效传递信息,激发幼儿的学习兴趣,帮助幼儿理解学习内容,保证教学活动顺利进行的重要因素。

以上四个因素相互联系、有机结合,构成教学过程。教学活动中教师应努力将这些因素组合达到最优化状态,促进幼儿身心全面和谐发展。

第二节 幼儿园教学原则、方法和手段

一、幼儿园教学的原则

幼儿园教学原则是根据教学过程的客观规律制定的,也是幼儿园长期教学实践经验的总结,是教学活动必须遵循的基本要求。

教学原则对确定教学方案、教学目标,选择和使用教材,确定教学方法和运用各种教学组织形式都具有指导的作用。正确地贯彻各项原则,是提高教学质量,促进儿童发展的保证。

(一)科学性、思想性原则

科学性、思想性原则是指教学内容要具有科学性和思想性,促使幼儿正确地感知客观事物和现象,帮助幼儿形成正确的观念,形成对事物的正确态度,并结合各科教学内容有机地进行道德品质教育。

贯彻科学性、思想性原则有赖于教师正确的教育思想和专业知识水平。因此,必须不断提高教师的思想觉悟和专业知识水平。

（二）活动性原则

根据皮亚杰的发展理论，幼儿是在活动中建构他们的认知结构，发展智力和社会行为的。活动性原则就是要让儿童在主动和真实的活动中，通过感知、操作、体验、交流来进行学习。儿童是在活动中学习，获取经验并获得发展的。活动是儿童认知发展的关键，这是由学前儿童认知发展水平决定的。

贯彻这一原则，幼儿园教师要作为儿童学习与发展的指导者和帮助者，尽力创造适宜的环境和条件，让儿童在具体的活动中来感知、探索、操作、练习，与人交往，从事身体运动，思考解决问题，进行表达和表现，从中不断获得新的经验而实现发展。

（三）发展性原则

发展性原则是指通过教学使幼儿的智力、体力、道德、意志、情感等在幼儿原有的发展水平上得到发展。

贯彻发展性教学原则，教师所选择学习内容应有一定的难度，而且是逐步加深的，需要幼儿做出一定的努力才能学会，从而促进幼儿不断地发展。要通过教学促使幼儿积极地、主动地开展智力的、情感的、独立的活动，以达到幼儿的全面发展。

（四）直观性教学原则

直观性教学原则是指教师运用实物、标本、模型、图片、幻灯片、投影片、录音带、录像带、教学电视以及形象化语言、表情、动作等各种直观手段，丰富幼儿的直接感知和感性认识。

为了有效地贯彻直观性教学原则，教师要根据不同年龄幼儿的发展水平，运用各种类型的直观手段，如从具体的、有情节的事物向无情节的事物过渡，从实物类型的直观向图片、模型等过渡。

（五）个别对待原则

由于遗传、环境、生活和教育条件的不同，幼儿的生活经验、知识技能、兴趣、爱好、智力的发展水平等都有差异，在学习活动中的表现也各不相同。为了使每个幼儿都能在原有基础上得到最大限度的发展，在教学中要从幼儿的实际出发，个别对待。

教学中，教师要观察了解每个幼儿的发展水平、已有的知识经验、学习态度、独立工作能力和兴趣爱好，使每个幼儿在不同水平上皆有所提高。对发展较差的幼儿要分析原因，给予鼓励、引导和帮助，加强个别教育。

以上教学原则都是彼此联系、相辅相成的。教师必须在理解各教学原则的基础上，结合教学特点和儿童实际情况，全面、正确地加以运用，以提高教学质量。

> **真题链接**
>
> 在活动中，幼儿通过感知、操作、体验、交流来进行学习的方式体现了教学活动的（　　）。
>
> A. 活动性原则　　B. 巩固性原则　　C. 发展性原则　　D. 科学性原则
>
> **答案：A**

二、幼儿园教学手段和教学方法

教学手段是指教师为有效地传递信息，促使主体和客体相互作用，发挥主体活动积极性和主动性所采用的工具、媒体或设备。目前幼儿园常用的教学手段有实物、挂图、照片、幻灯片等，自制多媒体教学课件，是实现教学最优化的有效手段。

教学方法是指教师和幼儿为有效完成教学任务所采用的教和学的手段和方式的总称，它解决教师怎么教，幼儿怎么学的问题。教法和学法是辩证统一的。教学方法是构成教学活动、完成教学任务的必要条件。幼儿园常用的教学方法有以下几种。

（一）活动法

这是一种以幼儿的实践活动为主要形式的教学方法。教师通过创设情境或提供材料，引导幼儿自己去操作、探索，发现和掌握所要学习的内容的方法。具体包括游戏法、实验法和操作练习法。

1. 游戏法

游戏法是指教师采用游戏或以游戏的口吻进行教育教学的方法，它体现学前儿童教学活动的显著特点，是学前教育机构教学活动的主要方法。

运用游戏的方法来组织教学，符合儿童喜欢游戏的天性，能够激发儿童学习的兴趣，集中儿童的注意力，能充分调动儿童学习的主动性、积极性，让儿童在轻松、愉快、感兴趣的形式中学习，既能使教师完成一定的教学任务又能激发幼儿的学习兴趣、积极性、主动性。运用游戏法时应注意以下几点。

（1）应根据具体的教学目的、任务、内容选择游戏。教学中运用游戏法的目的是为了更好地完成教学任务，因此，在教学中所选用的游戏的目标、规则及形式应与教学目标要求、内容一致，并在教学中注意引导幼儿围绕教学目标开展游戏活动。

（2）应根据幼儿的年龄灵活选择游戏的形式和类型。游戏能使幼儿轻松、愉快地学习，因此，对年龄越小的幼儿应采用游戏的形式，借助形象生动的方式帮助幼儿理解学习的内容。在教学中，可以将游戏作为教学活动的一个环节，也可以一个游戏贯穿整个教学活动中。随着儿童年龄的增长，知识经验的丰富，语言与智力的发展，可以适当减少游戏法的比重，综合运用多种方法。

2. 实验法

实验法是指幼儿在教师的指导下，运用一定的材料、设备进行动手操作，观察和研究这种操作所引起的现象和过程，验证自己的设想，以获取知识的教学方法。实验法是一种有助于幼儿获得直接经验，培养幼儿科学探索精神及学习兴趣、动手能力的方法。运用实验法时应注意以下几点。

（1）准备工作要充分。教师应准备充足的实验材料，并需要预先演练一遍实验流程，以了解实验的难点和实验成功的条件，避免不安全的因素出现。

（2）实验过程中应及时指导。幼儿独立完成实验比较困难，教师应适时地提醒幼儿实验步骤和操作规范等。

（3）帮助幼儿及时总结。引导幼儿在实验中和结束后自己寻找和归纳实验结果。

3. 操作练习法

操作练习法是指教师提供材料，引导幼儿按一定的要求和程序，通过多次实践练习，掌握某种知识、技能的方法。操作练习法符合儿童好动好玩的天性，动手做才是儿童认识世界的重要实践活动，也是儿童巩固新知识、形成技能技巧的方法。运用操作法时应注意以下几点。

（1）明确练习的目的、任务和具体要求，以幼儿感兴趣的方法进行。

（2）指导幼儿运用正确的练习方法，伴随讲解和示范，指出难点和易犯的错误，使幼儿获得有关练习法和实际运用的清晰表象。

（3）根据联系材料的性质和幼儿的年龄特点，适当分配练习量、次数和时间。

（4）练习的方式要多样化，避免单调、乏味的重复练习。

（二）直观法

直观法是一种以幼儿直接感知认识对象为主要形式的教学方法。教师借助于实物、教具，设计相应的教育情境，将教学内容直观展示给幼儿，让幼儿直接感知认识对象的方法。直观法主要包括观察法、演示法、示范或范例法。

1. 观察法

观察法是指儿童在教师或成人指导下，有目的地感知客观事物的过程和儿童自发的观察过程。观察法是儿童认识周围世界，取得直接经验的重要途径，是儿童教学活动的基本方法。运用观察法应注意以下几点。

（1）做好观察前的准备，具体包括：确定观察目的、选择观察对象、创设观察的环境等。

（2）观察开始时，教师应引起幼儿观察的兴趣，要向幼儿提出明确的观察要求。观察过程中，教师应以语言和适当的手势指导幼儿有目的地观察事物，启发幼儿在观察中提出问题并积极交流。

（3）观察结束后，要及时总结，促进幼儿感性经验的整理巩固。

2. 演示、示范、范例法

演示法是教师通过向幼儿展示各种实物、直观教具或做实验等，引导幼儿观察物体的各种特征，从而获得对某一事物或现象较完整的认识的方法。在科学活动、语言活动中较常使用演示法，如认识小动物，老师一般会先出示实物引导儿童观察，大班也可通过出示动物图卡引出幼儿已有生活经验开展教学。

示范或范例法是教师通过自己或儿童的动作、语言，或典型的图片、事例，为幼儿提供模仿的典型对象，学习相应的知识的方法。

演示、示范、范例法提供的感知对象直观形象，符合幼儿初步具有表象思维的特点，对幼儿获得知识、技能有显著效果，是幼儿园各种教学活动中常用的方法。运用演示、

示范、范例法时应注意以下几点。

（1）要有效展示感知对象。展示的感知对象要形象清楚、色彩鲜艳；要与语言结合，边讲边展示；展示位置合适，展示过程速度适中、清楚可见，便于幼儿观察。

（2）示范法的运用要恰当、适度。示范有完整示范和部分示范两种形式，应根据教学要求及内容灵活选用。在幼儿学习中有难点或缺点、错误时，教师可做部分示范。有时也可请幼儿示范。

（3）演示、示范、范例可与电教手段结合。演示、示范、范例可通过电视、幻灯、录像、录音等手段，把声、形、色结合，突出生动、形象、感染力的特点，更好地引起幼儿的兴趣和注意力，帮助幼儿理解、记忆。

（三）口授法

口授法是一种运用口头语言进行教学的方法。幼儿园常用的口授法有谈话与讨论、讲解与讲述等。

1. 谈话法与讨论法

谈话法是教师和幼儿双方围绕某一个问题或主题，相互问答、交谈，幼儿在教师的引导下，根据已有的知识经验，进行判断推理获得新知识的方法。

讨论法是在教师的指导下，小组成员围绕某一中心问题发表自己的看法，从而进行相互学习的一种方法。这种方法在中大班采用较多。运用谈话、讨论法应注意以下几点。

（1）必须在幼儿已具有某一方面知识和印象时才能进行。在谈话、讨论前，教师应帮助幼儿丰富、积累相关的基础知识和经验，便于幼儿在谈话、讨论时与已有的知识经验相匹配，理解新知识。

（2）必须有明确的要求和步骤。谈话、讨论前，设计明确、有启发性的问题。谈话、讨论过程中既要面向全体，又要照顾个别幼儿。要鼓励幼儿大胆说出自己的想法，尊重幼儿的意向，教师耐心倾听，允许幼儿争论。既要围绕中心讨论，又要及时拓展话题。谈话、讨论后，教师要引导幼儿做简明的小结，帮助幼儿形成正确的概念。

2. 讲解法与讲述法

讲解法是运用口头语言向幼儿说明、解释事物或事情的方法。讲述法是运用语言向幼儿叙述事实或描绘所讲的对象的方法。运用讲解、讲述法应注意以下几点。

（1）善于运用语言的表达技巧。要求教师的语言生动、形象、清晰、明确、富有感情、简明扼要。教师的语速快慢与停顿、音调高低、音量大小等应与幼儿的心理节奏相适应。重、难点可适当重复。

（2）讲解与讲述要与其他方法结合。因为幼儿注意力难以持久，对言语的理解能力有限，讲解与讲述的时间不宜太长，一般应与演示、示范、操作、谈话、讨论等方法结合，以调动幼儿学习的积极性，帮助他们更好地理解相关内容。

> **真题链接**
>
> 1. 教师在组织幼儿玩"老狼、老狼几点钟"的体育游戏时,先用语言讲解玩法,请几个小朋友分别当老狼、小羊示范玩一遍。在这个环节中,教师使用了( )。
>   A. 操作法　　　B. 直观法　　　C. 发现法　　　D. 电教法
>   答案:B
> 2. 在教学活动中,教师向幼儿出示事先准备好的各种样品,如绘画、纸工、泥工样品,供幼儿观察、模仿学习。该教师运用了( )。
>   A. 示范法　　　B. 范例法　　　C. 观察法　　　D. 参观法
>   答案:B

第三节　幼儿园教学活动的设计

一、幼儿园教学活动设计的含义

"设计"一词原是指在做某项工作之前,根据一定的目的和要求,预先制订规划、方案、图样等。幼儿园教学活动设计是指教师在尊重学前儿童身心发展的特点和规律,在了解和掌握学前儿童现有水平和发展需求的基础上,对教学活动的目标、内容、实施步骤等进行设计的方案。

教学活动设计的过程,实质上就是为了达到一定的教学目的,对实际教学活动中要做什么以及怎么教(组织、方法)的环节、步骤进行设计,并在教师头脑中预演的过程。

在幼儿园教学实践中,教学活动设计包括两个部分:一是对幼儿园教学活动整体设计。由幼儿园根据《幼儿园教育指导纲要(试行)》《3—6岁儿童学习与发展指南》的要求和园所的实际,统一安排幼儿园各阶段的教学活动,如学期教学计划设计、月教学计划设计、周教学计划设计、某一主题的教学活动设计。二是具体教学活动计划设计,即编写教案。一般由幼儿教师根据幼儿园整体教学活动计划和本班幼儿的特点,对某项具体教与学的目标、内容、过程、方法等设计出具体的实施方案。

教师应把教学活动的设计视为一个研究过程,树立"为幼儿的发展而设计"的科学设计观,具体体现为:制定计划—实施计划—调整计划—修订计划—实施计划的循环过程。

二、幼儿园教学活动设计的策略

(一)制定适宜的教学目标

幼儿园教学活动目标是教师对幼儿在一定学习期限内的学习及结果的预期,是幼儿园教育目的的具体化。活动目标是幼儿园活动的指南

微课 7-5
幼儿园教学活动设计的策略

针,既是活动设计的起点,也是活动设计的终点;既是选择活动内容、活动组织方式和教学策略的依据,也是活动评价的标准。

1. 幼儿园教学活动目标要符合本班幼儿身心发展的特点及认识规律

制定教学活动目标时要结合本班幼儿身心发展的特点,遵循幼儿的"最近发展区"的原理。如大班幼儿健康活动"小青蛙本领强"的目标之一是使幼儿体验跳跃的动作要领,练习不同的跳法,发展跳跃能力。如果把"练习不同的跳法"去掉,单纯体验跳跃的要领,而平时幼儿又经常玩跳跃的游戏,便会使幼儿失去长时间练习跳跃的兴趣。

2. 幼儿园教育活动目标制定既要面向全体,又要适应个别需要

在教学活动中,幼儿的学习经验和学习能力之间存在着各种各样的差异,制定一个适合全班幼儿水平的目标几乎是不可能的,但是作为班级的教学活动又必须围绕着一个统一的教学目标进行。那么,如何使教学活动目标既有统一的要求,又能适应不同幼儿的需要?首先要使幼儿明确活动的最低标准,即教学的下限,使他们了解要达到怎样的水平才算是基本合格。制定最低标准,有助于保证学习质量。必要时也可规定活动目标的上限,以使学有余力的幼儿的学习潜力得以充分的发挥。如中班美术活动"火箭升空",可以设定最低教育目标是幼儿能勾勒火箭的轮廓,而中班幼儿在指导下基本能模仿并勾勒出简单的物体轮廓;还有一部分幼儿在规定时间内能较好地完成作品,并能对作品进行简单的装饰,这就是目标的上限,即对火箭进行简单装饰。这就使得全体幼儿在同一活动中得到了不同程度的发展。

3. 幼儿园教育目标的制定要建立在充分深入研究教材的基础上

幼儿园教育活动目标的制定要建立在充分地研读材料、分析材料上,对材料所蕴含的意义和对本年龄段幼儿的发展作用有一个比较深层的挖掘和思考。如果教师对教材分析不够透彻,目标就会出现导向上的错误,如中班语言活动"蛇偷吃了我的蛋",如果不分析故事内容及其蕴含的意义,教师只把目标定为:能认真听故事,并能复述故事,体验扮演不同角色进行故事表演的乐趣,而不是引导幼儿认识会生蛋的动物,并理解故事的结局,那么孩子只能单纯地学会讲故事,而不是在教师的引导下达到预定的活动结果。

4. 幼儿园教育活动目标的制定要具体、明确,有较强的针对性

教育活动目标要具体、明确,有较强的针对性,对本次活动要传授、激发幼儿哪些基本的技能、技巧,培养幼儿的哪一种情感都要有明确的说明,否则教育目标失去了它的指导作用,活动组织起来就比较困难。例如,有的老师在进行消防安全教育活动设计时,目标设定为使幼儿掌握基本的消防安全知识,这是一个不够明确的教育活动目标。对消防安全知识的含义有什么,哪些属于基本的消防安全知识都没有说明,教学活动肯定难以开展。

5. 幼儿园活动目标的制定要因时因地

不同地域的气候条件、地理环境、风俗文化等都各有差异,因此幼儿园活动目标应

结合本地的实际因时因地制定。例如,大班语言活动"家乡的冬天",北方冬天最显著的标志是有雪花飞舞,而南方,有的则是鲜花盛开;由于气温的不同,穿着也有一些不同。所以在制定目标时,就要根据本地的时间和条件来制定。

(二)选择恰当的教学内容

幼儿园教学活动的内容是实现活动目标的载体,主要解决的是"教或学什么"的问题。幼儿园教育活动的内容是由教育目标决定的,而教育目标的达成又离不开教育内容。在选择教育内容时,要使其符合教育目标的方向和要求,使幼儿能够有意义、有效地进行学习,满足并促进幼儿的发展。选择幼儿园教育活动内容的原则如下:

1. 满足幼儿全面发展的整体需要,有效地发挥各领域的教育作用

在选择教育内容时,要综合考虑各领域对幼儿某方面发展的特殊教育作用及其对诸方面发展的一般作用。在制定教学计划时要考虑各领域内容的平衡性,不要过于偏重某一领域,这样才能有助于幼儿身心全面和谐发展。

2. 符合幼儿的年龄特点,是幼儿必要和有效的学习内容

人的一生都处于发展之中,在不同的年龄阶段都需要学习某些基本的知识、技能及社会行为。教育内容要尽可能是幼儿能够加以应用的,不能把未来所必备的知识技能简单地压在幼儿身上,进行超前教育。

3. 联系幼儿的实际生活经验与兴趣,内容具有时代性、丰富性

幼儿园教育活动内容应密切联系幼儿的实际生活,具有时代性与丰富性,而且有助于幼儿的学习、理解与应用。对幼儿来说,学习与生活有关的事物,他们才容易掌握,才能引起联想,产生学习兴趣。因此,教育活动内容应尽可能地使幼儿看得见、摸得着,要让他们能够亲身感受与体验。

4. 适合幼儿的能力与发展需要,学习时具有一定挑战性

教育活动内容的选择与安排应既能满足幼儿当前发展的需要,又能促进幼儿能力的提高,为后面的学习奠定基础。对幼儿过难或过易的内容都不利于幼儿的学习与发展,恰当的学习内容应使幼儿"跳一跳,够得着",能够在已有经验的基础上,通过努力去学会新的经验。

(三)选择适宜的教学方法

教育方法的选择应该考虑以下要求:

1. 教学活动目标的要求

现代教学理论研究表明,根据不同的教学活动目标选用不同的教育方法是走向教学最优化的重要一步。因此,围绕教育目标的实现来选择教育方法是一条重要的原则。

2. 本领域活动的具体内容及其教学法特点

除了教学活动目标,不同教学活动内容制约着教育方法的选择。即便是同样的教学活动目标,领域性质不同,具体内容不同,所要求的教育方法往往不一样。例如,同样

是为了培养操作能力,科学常识的教学活动多用实验法,而音乐、美术活动则多用练习法。

3. 幼儿的年龄特征和学习特点

教育方法的选择还应该考虑幼儿的年龄特征和知识经验的准备情况。例如,有些幼儿对某种事物已有大量的感性知识,教师讲到这一现象,幼儿就可以理解,不必都使用直观教具进行演示;而如果有些幼儿缺乏感性认识基础,就必须采取直观演示的方法,幼儿才能理解。如农村幼儿和城市幼儿认识鸡和鸭的区别在教育方法方面就应有所区别,对处于不同年龄的幼儿及思维水平不同的幼儿要采取不同的教育方法。如发现法和讲解法对于小班幼儿,往往不能达到预期的教学活动目标。角色扮演法对幼儿来说,往往更有利于激发他们的学习动机和兴趣。幼儿的思维类型差异和个性差异也影响着他们对不同方法的好恶和适应性。如有的幼儿必须在教师讲解后才能清晰地把握知识,也有的幼儿要通过亲自动手操作后才印象深刻,还有的幼儿则对经过充分讲解或自己发现的知识才能持久不忘。

此外,无论选用什么教育方法,都应考虑如何调动幼儿的积极性,使外在要求转化为内在的学习需要,这样选用的教育方法才能有成效;同时,教学活动方法的选用,既要考虑幼儿的年龄特征,又要不能脱离幼儿的原有基础。总之,教学活动方法的选择必须反映幼儿的主体性要求,把幼儿学习的主体性和学习特点结合起来,幼儿才能学得既主动又有效。

4. 幼儿园和地方可能提供的条件

这里的条件包括社会条件、自然条件、物质设备等。如果不具备这些条件,就会限制某些教育方法(如直观法、探索法、独立工作法等)的运用。在现代技术设备较好的条件下,教师才有可能使用较多样的方法,使幼儿更快地获取知识,更牢固地保持知识。如果没有现代化的设备和条件,教师则只能更多地选择以语言讲解和其他可能的方法。就教育条件而言,农村幼儿园和城市幼儿园的条件是不一样的,我们应该尽量利用各自的优势,来进行有效的教育。

(四)选择恰当的教学活动形式

幼儿园教学活动形式一般有集体教学活动形式、小组教学活动形式、个别教学活动形式等,每种形式都有其适用的范围和优劣势,因此,我们应该了解这三种形式的优劣,然后根据教学活动的需要做出选择。

1. 集体教学活动

集体教学活动一般是由教师按照一定的教学活动目标,依据一定原则,选择教学活动内容,设计教学活动过程,面对全班幼儿实施教学活动过程。在集体教学活动中,教师主要通过直接控制的方式对幼儿施加教育影响。"所谓直接控制方式表现为直接、明确地传递教育意图。这一方式是教师作用于幼儿的一种明确简捷、系统有序、经济有效的方式。"

2. 小组教学活动

小组教学活动有两种形式：一种是教师组织安排的，一种是幼儿自发组成的。小组合作活动是由对某个话题感兴趣的部分幼儿自由结伴，可以通过同伴间分工、协商和合作的形式来完成活动。

小组教学活动的教育价值：相同的兴趣、相同的问题和困惑，使幼儿自然相聚，成为合作学习小组。当幼儿面对共同关注的话题，互相协商、分工合作，为共同目标而努力，萌发了幼儿的初步合作意识和规则意识。

3. 个别教学活动

个别教学活动是指教师面对一两个幼儿进行指导，或者是幼儿的自发、自由活动。个别教学活动是以积累个体经验、个别操作为主的活动形式。

个别教学活动的价值：当幼儿间的兴趣、经验和矛盾有差异时，个别教学活动可帮助幼儿按自己的活动方式自主探索，满足幼儿个体的兴趣和需求。

个别教学活动适宜的范围：个体不同的兴趣、需要、活动方式和认知风格等。

> **真题链接**
>
> 1. 在教育活动中，最能为幼儿提供交谈机会的组织形式是（　　）。
>
> A. 班集体活动　　　　　　　　B. 全园活动
>
> C. 个别活动　　　　　　　　　D. 小组活动
>
> **答案**：D
>
> 2. 简述幼儿集体教学的利与弊。
>
> **答案**：(1) 幼儿集体教学活动的优点：
>
> ① 集体教学有利于教师根据教学计划中统一规定的课程内容和教学课时数，对全班进行集体授课，注重集体化、社会化、同步化、标准化，从而能使幼儿同时在较短时间内掌握教学内容。
>
> ② 有利于发挥教师的主导作用。在集体教学中，教师有目的、有计划、有组织地进行教学，保证让全班幼儿自始至终都在教师的指导下学习。
>
> ③ 有利于发挥班集体的教学作用。同班幼儿学习内容相同，程度相近，便于互帮互助，共同提高。同时，班集体的集体活动有助于形成良好的班级风气，幼儿可以从中受到多方面的教育。
>
> (2) 幼儿集体教学的缺点：
>
> ① 集体教学强调教学过程的标准、同步、统一，难以照顾幼儿的个别差异和对幼儿进行个别指导。
>
> ② 集体教学的教学方法通常比较单一，与幼儿的学习特点不符，不能有效地促进幼儿的发展。
>
> ③ 集体教学中，幼儿常处于被动学习的状态，不利于充分发展幼儿的潜能，培养幼儿的特长。

三、幼儿园教学活动计划的设计

（一）教学活动计划的基本内容

幼儿园一般每天安排一两个具体教学活动来引导和指导幼儿进行一定内容的学习，发展各方面的能力，教学活动计划一般包括：教学活动内容、目标、环境创设与材料提供、教学活动过程的组织与指导等。

（二）教学活动计划的一般结构

1. 课题名称、设计意图

课题名称应包括年龄班、领域与名称。如大班健康活动：保护牙齿。课题设计和组织的关键是观察和了解幼儿的最近发展区，然后根据对幼儿发展和内容重难点的分析来设计。设计意图主要涉及为什么选择这个课题教学，它是针对幼儿的什么问题或兴趣爱好提出来的，通过教学试图达到什么教学目的等。

2. 教学活动目标

教学活动目标是统帅，拟定时要以阶段教育目标为导向，挖掘教学内容的教育价值，充分考虑幼儿的年龄特点和现有发展水平，以确保活动的设计以幼儿发展为目的。

3. 教学活动重点、难点

教学重点是一次教学活动的重要目标的体现。难点是对幼儿学习过程可能出现的困难的估计，并考虑提供适宜的帮助措施。教师要分析幼儿的发展，找准重难点，以期达到突出重点、突破难点的目的。

4. 教学活动准备

教学活动准备包括幼儿活动中必需的知识经验、技能准备，教学活动中必要的情感、心理准备，以及教具等材料准备，如幼儿活动的操作材料、教师教具的准备，活动场地的准备，环境布置等。

5. 教学活动形式与方法

教师应根据需要合理安排，因地制宜，灵活地运用各种教学形式和方法。教学活动形式包括教学活动中具体采用集体、小组、个别哪种形式，先后顺序如何，以什么形式为主，采用哪种教学方法等。

6. 教学活动过程

教学活动过程设计包括导入设计，基本部分中的基本活动安排、提问设计、线索设计，以及结束部分的设计等。

7. 教学活动延伸

教学活动延伸既是对面前教学活动的巩固，也是继续开展下一个活动的连接，起着承上启下的作用。活动设计要交代清楚延伸的具体活动是什么，指导要点是什么。

8. 教学评价

教学活动评价即教师的教学小结,它应包括教师对本次教学活动内容的总结,也包括对活动中幼儿的行为表现的小结。

教学活动评价是教师教学活动必不可少的一个重要环节,教师可以进行教学反思、自我诊断,通过对儿童活动情况的分析,找到自己设计或组织过程中的优势或不足,以便及时调整和改进工作,促进每一个幼儿的发展,提高教学质量。

(三)具体教学活动方案设计应注意的问题

(1) 设计一定要层次分明,条理清晰。一个好的活动设计一定会有一个明确的线索,有恰当的教学方法和形式。

(2) 要有目标意识,要围绕活动目标,为实现目标开展相关活动。

(3) 应充分考虑如何突出重点,如何突破难点。

(4) 设计好启发性问题,包括为了引起幼儿兴趣的提问和教学过程中各种角度的提问,要通过提问激发兴趣,发挥幼儿学习的主动性。

第四节 幼儿园教学活动的组织与实施

一、幼儿园教学活动组织与指导的类型

(一) 直接指导方式

直接指导方式是实现知识的直接传授、引导幼儿接受学习为主要特征的指导方式。这种方式在运用时,教师应注意在了解幼儿的兴趣和原有经验的基础上,充分调动幼儿的情感体验,运用直观教具和材料,较多地运用启发、暗示和游戏等方法,与幼儿进行语言和非语言的沟通,充分调动幼儿的多种感官,引导幼儿主动思考,切忌简单的灌输。

(二) 间接引导方式

间接引导方式是教师利用物质环境和人际环境,引导幼儿发现学习为主要特征的指导方式。这种方式能调动幼儿的兴趣和创造性,使他们在主动积极的活动中得到发展。这种方式在运用时,教师应注意灵活地协调物质环境、幼儿与同伴和教师自身的关系,准确地把握幼儿的兴趣所在,给予及时有效的支持。

二、幼儿园教学活动组织与实施的环节

(一) 导入环节

俗话说:"好的开始是成功的一半。"教学活动中好的导入可以收到先声夺人的效果。为了有效地吸引幼儿的注意力,激发他们的学习兴趣,营造良好的活动情境,教师可以采用多样化的导入方法。幼儿园常用的导入方式有以下几种:

1. 教具导入

即以实物、图片、标本等教具引出课题,激发幼儿的学习兴趣。

2. 演示导入

即以演示实验、操作玩教具的方式激发幼儿的好奇心,使幼儿产生了解演示中的各种现象及其产生原因的强烈愿望。

3. 悬念导入

即结合教育内容设计一些既符合幼儿认知水平,又生动有趣、富有启发性的问题,以造成悬念,使幼儿产生探究事物奥秘的心理。如科学活动"食物哪去了"可以这样导入:"我们每天都要吃很多东西,可是这些食物都到哪儿去了呢?"短短的一句话便能引发幼儿强烈的好奇心和探索欲望。

4. 作品导入

故事、儿歌、谜语等文学作品对幼儿具有较强的吸引力,可以根据活动内容和需要,选读和活动内容联系紧密的故事、儿歌、谜语等,以引起兴趣,引发联想。

5. 游戏导入

游戏是幼儿最喜欢的活动,因此在活动开始时,教师不妨用游戏的方式或游戏的口吻创设游戏的情境,激发幼儿的活动兴趣。

6. 歌曲导入

教师可以选取与活动内容有密切联系的歌曲或童谣,让幼儿在活动开始时吟唱,也是一种好的导入方式。

7. 经验导入

这种方法指教师在了解幼儿原有知识水平的基础上,提供新旧知识的连接点,调动幼儿运用已有的知识和经验去探索。

8. 直接导入

这种方法是直接运用简洁明快的语言阐明活动的目的和要求,使幼儿明确活动的主要任务;或简要介绍活动的主要角色、材料,引起幼儿的有意注意。

尽管导入方式因活动内容和活动目标的不同而不可能有一个固定的模式,但是各种不同的导入类型在设计和实施中的基本要求是一致的。

(1)精炼。导入语力求精练简洁、集中概括、点到为止,切不可喧宾夺主。

(2)巧妙。导入重在引起幼儿的兴趣,有效地调动活动的积极性,因此导入语要依据活动的内容力求巧妙、有趣,既能造成悬念,又富有吸引力和艺术感染力。

(3)准确。要针对活动的内容、特点和幼儿的实际,巧妙地设计导入方式和导入语,且语言准确鲜明,主干突出。

(二)展开环节

展开环节是教学活动实施的核心环节,在这一环节中,教师根据预设的目标,选择教育内容,确定恰当的组织形式,把握好活动节奏,通过提问、游戏等方式积极互动,让幼儿在愉悦的情绪中获得有益的经验。作为整个教学活动的主体部分,展开环节对教师的教学技能要求较高,不仅需要具备扎实的理论和实践基础,还需要较好的课堂掌控能力。为了较好地实现教学效果,完成教学任务,教师可以从以下几个方面把握展开环节。

1. 教学的节奏

教学活动应该有一定的节奏,对节奏的调控能力反映出教师专业素质的高低。根据不同的内容,在设置重难点的顺序、深入程度时,教师应尽力做到"快慢适宜,疏密相间"。如果教学内容较浅,幼儿很容易理解,教师可一带而过,避免造成节奏的拖沓;如果内容较深,幼儿的理解存在一定的难度,教师应将速度放慢;如果内容同时是重难点,教师在处理时不仅应放慢速度、反复强调,更应该对内容进行"深加工",按照由浅入深的顺序展开内容,帮助幼儿理解。另外,结合教学内容的特征,教学节奏也应有所区别。例如,当侧重于让幼儿"欣赏、感受、体验"时,节奏应该放缓,给幼儿充裕的时间,营造舒缓、放松的氛围;当强调"紧张、刺激、活跃"的课堂氛围时,教学内容的编排应"间隔小,速度快",每个环节紧紧相扣,营造急促、紧张的感觉,让幼儿保持高度的注意。

2. 教学活动的高潮

一个教学活动应该有高潮,让幼儿处于情绪兴奋、动作夸张、表情生动、语言丰富、思维敏捷的状态中。没有高潮的教学活动过于平淡,无法将幼儿的情绪情感、认知思维推向最为活跃的状态。一般的实践中,我们可以通过几个策略将活动推向高潮。一是通过悬念策略。例如,让幼儿在了解了不同形状以后,蒙着眼摸箱子里的形状并猜自己摸到了什么形状,由此达到活动的高潮。二是通过语言、音乐、视频等让师生共同获得强烈的情感体验。三是通过参加表演的方式,调动幼儿的积极性。四是通过恰当的竞赛手段,让幼儿在对获胜的渴望中情绪和认知达到高潮。

(三) 结束环节

结束环节是一个完整的教育教学活动必不可少的有机组成部分,"一个好的结束是下一个活动的开始"。很显然的,精心设计一个适宜而有效的结束方式很有必要。在设计时,应从如下几个角度考虑:

1. 注意运用交替的原则

在开展教学活动时,我们通常采用"交替"的办法来调节幼儿机体,减少疲劳,让幼儿始终保持着充沛的体力和浓厚的求知欲望与兴趣,从而达到提高活动质量的目的。如活动状态的动静交替和活动场所的室内外变换等。作为教学活动结束方式的设计,应善于结合整个活动过程(特别是活动的主体部分)设计的具体情况,灵活运用交替原则。若活动过程的主体部分是在"静"的状态中进行,则在结束方式的设计上应适当结合"动"的形式;活动过程的主体部分是在室内进行的,则在结束方式的设计上可适当采用"户外活动"的形式等。这一点我们结合具体的教学活动来考虑,也许会更清楚。例如,在幼儿文学作品教育活动中,我们通常是"先静后动",即活动过程的前面部分基本

上是属于偏向"静"的——对作品内容的理解及情感基调(主题思想)的把握等;后面部分(包括结束方式)一般是采用偏向"动"的——用对作品的朗诵、复述或结合动作表演等建立在欣赏感受基础上的创作活动来结束。

2. 要重视体现综合的思想

综合教育的思想,可以说是幼教改革以来最为普遍接受并深入人心的一种教育观念。很显然的,在活动结束方式的设计上,应尽量地将综合教育的思想有机地渗透体现在其中,如教学方法或教育内容的综合等。比如,数学教育活动"学习6的分合",在活动过程中主体部分已运用操作法、演示法等,作为结束方式的设计,则可以采用游戏法,即让幼儿玩打扑克游戏形式来结束;在绘画活动中,则可以要求幼儿用比较连续完整的语言讲述介绍自己作品等。

除此之外,在结束方式的设计上,还应考虑具体的教育领域(教育内容)性质的不同及年龄班差异等因素。例如,美术活动一般以讲评作品结束,数学活动常以游戏或操作法等方式结束,幼儿文学作品教学活动常以表演方式结束等。即使是同一教育领域同一种活动类型,结束方式也往往存在着明显的年龄差异,如同是看图讲述,小班常以示范小结方式结束,中大班则常以讲评幼儿讲述情况的方式结束等。总之,在设计思路上,务必要尽量做到全面分析,综合考虑。

3. 用不同的结束活动方式来结束活动

(1) 以游戏方式结束。这是我们最为常用和适用范围最为广泛的结束方式。游戏形式为幼儿所喜爱,因而在一些旨在让幼儿巩固加深或是迁移所学内容的教育活动的结束部分,常采用此种方式。

(2) 以讲评方式结束。讲评主要是将活动情况(包括知识技能的掌握情况,品德行为、个性品质的培养与发展情况等)反馈给幼儿,让幼儿的优点或不足能及时地得以巩固或纠正,以利于幼儿身心更好地发展。讲评工作可由教师、幼儿或师幼共同来承担。常见的运用讲评方式结束的教育活动有:以讲评幼儿作品方式结束的美工活动,以讲评幼儿讲述的优点及存在问题来结束的语言活动(看图讲述),以讲评幼儿作业完成情况而结束的数学活动等。

(3) 以小结方式结束。小结主要旨在让幼儿对整个活动所涉及的应该掌握的知识或技能有个较完整的清楚的认识(印象)。如科学教育中的观察活动"认识小鸡"(小班),教师常以小结小鸡的主要外形特征和生活习性的方式来结束本活动;语言教育中的诗歌、散文仿编活动,也常以将幼儿所创编的内容进行串联小结的形式结束。

(4) 以表演方式结束。为使幼儿对整个活动内容有个更深层次的理解体验和感受,我们常用表演的方式来结束活动。这种结束方式常见于幼儿艺术教学活动(音乐、美术及幼儿文学作品教育)。

(5) 以自然方式结束。一般在活动过程的进行中无须再另外设计一个专门的结束方式,而直接用简短的语言作简单的交代来结束该活动。如科学教育中的小实验操作活动,可以以请幼儿把操作材料投放到科学角,并交代想玩的幼儿还可以在自由活动等时间继续去玩的方式结束活动。有时也可以以交代幼儿将今天学的新本领回家去告诉爸爸妈妈或留问题让幼儿回去思考等方式自然结束。

（6）以复习方式结束。在新教授的活动内容快结束时，有时也可以采用复习有关的已学过的内容来结束。这种方式常见于语言教育中的诗歌活动、音乐教育中的唱歌活动等。

第五节　幼儿园教学活动的评价

一、幼儿园教学活动评价的内涵与功能

（一）幼儿园教学活动评价的内涵

幼儿园教学活动评价是幼儿园教育评价中的一个重要的组成部分。幼儿园教学活动评价是收集教学系统各方面的信息，并依据一定的客观标准对教学及效果做出客观衡量和科学判定的过程，包括了对教学活动中教师、幼儿、活动过程及其效果的综合评价。

对具体教学活动的评价，通常称之为评课。评课是对教师的课堂教学活动及其结果的价值判断。

（二）幼儿园教学活动评价功能

1. 诊断功能

通过对收集到的信息与资料进行整理分析，了解与发现评价要素。

2. 改进和形成性功能

评价对幼儿园活动中的教育计划、课程方案，以及教学方法、教具、环境等的设计、改进和形成发挥积极作用。

3. 区分优良和分别鉴定功能

借助于评价，评价者可以区别、鉴定幼儿园、活动方案或个体等对象的某些方面或各方面所达到的水平，确定其有无价值与价值的大小，衡量其是否达到了应有的标准、是否能实现预期赋予它的目的和任务。

4. 导向功能

在评价活动中，根据一定的幼儿教育价值标准，或者以国家和社会的价值和需要为准绳，设计或者制定出一套相关的评价指标和评价标准。

5. 激励功能

通过各种评价一方面有助于激发儿童的成就动机，使他们追求好的评价结果，激励他们全力以赴地做好有关工作；另一方面，通过评价也在激励教师和教职员工为儿童发展创造更好的发展条件和成长环境。

二、幼儿园教学活动评价的类型

幼儿园教学活动评价的类型,根据评价的功能和用途可分为诊断性评价、形成性评价和终结性评价;根据评价主体可分为他人评价和自我评价;根据评价方法的不同又可分为定性评价和定量评价。此处重点阐述诊断性评价、形成性评价和终结性评价。

诊断性评价是在事物发展进程的某一阶段开始之前进行的评价,它是为了了解人们对这一事物某一发展阶段的兴趣、态度,以及发展所必须具备的条件存在程度等。

形成性评价是一种在事物发展进程中所做的评价,具有反馈的功能,它的目的是监督事物的发展,并调整、修正发展进程,这类评价将原来预定的发展目标作为评价依据。

终结性评价(也称为总结性评价)是一种在事物发展某一阶段之后所进行的评价,这种评价目的是为了了解整体的效果,提供一个总体评价成绩的资料。总结性评价具有对后继新阶段的诊断性评价的作用。

三、幼儿园教学活动评价的方法

(一)课堂教学评价

对幼儿园集体教学教学活动的评价,又称为评课。通常从以下几个方面评价:

1. 评教学目标

教学目标是教学的出发点和归宿,它的正确制定和达成,是衡量课堂好坏的主要尺度。所以,评课首先要分析教学目标。

从教学目标的制定来看,要看其是否全面、具体、适宜。全面是指教学目标的制定包含三个维度;具体是指目标在表述时可操作性明显;适宜是指确定的教学目标能以新《幼儿园教育指导纲要(试行)》为指导,符合幼儿的年龄特点和认知规律。

从教学目标达成来看,要看教学目标是不是明确地体现在每一活动环节中;教学手段是否紧密地围绕目标,为实现目标服务。

2. 评教学内容

评析一节课的好坏与否,还要看教师对活动内容的选择是否恰当,对教学内容的理解是否透彻,更要注意分析教师在教学内容的处理和教学方法选择上。具体可以从以下几点入手:

(1)教学内容的选择是否符合幼儿生活经验水平、认知规律以及心理发展。

(2)教师是否对教学内容进行了合理的调整、重组,选择了合适的教学方法。

(3)是否突出了重点,突破了难点,抓住了关键。

3. 评教学程序

(1)看教学思路

教学思路是教师上课的脉络和主线,它是根据教学内容和幼儿水平两个方面的实际情况设计出来的。

教师在活动中的教学思路设计是多种多样的,如环节的设计、提问的设计、操作环节的设计等。因此,评价时,一要看教学思路设计是否符合教学内容实际,是否符合幼儿实际,满足幼儿学习需要;二是要看教学思路设计是否有一定的独创性,能否给幼儿以新鲜、刺激的感受;三是看教学的层次是否清晰,是否遵循由易到难、由浅入深、层层递进的要求。

(2) 看设计思路与实际教学

有时,教师在设计教学思路时对活动预设不够,对幼儿的了解不够,或者教学思路不清楚,导致在活动中遇到情况无法很好地处理。因此,在此环节的实施中,需要关注教师的设计思路与实际教学的现实状况。

(3) 看教学的结构安排

教学环节时间分配和衔接是否恰当,要看有没有"前松后紧"或"前紧后松"的现象;指导与练习实践搭配是否合理;幼儿个人活动、小组活动和集体活动时间分配是否合理;有没有集体活动过多、关注个体的时间过少的现象。

4. 评教学方法和手段

评教师对教学方法、教学手段的选择和运用,包括以下几个主要内容:

(1) 看各种方法的灵活运用。教学有法,但无定法。一种好的教学方法总是相对而言的,它总是因内容、因学生、因教师自身特点而相应变化的。也就是说,教学方法的选择要量体裁衣,灵活运用。

(2) 看教学方法的多样化。教学活动复杂性决定了教学方法的多样性。所以评课既要看教师是否能够面向实际,恰当地选择教学方法,还要看教师能否在教学方法多样化上下一番功夫,使课堂教学常教常新,富有艺术性。

(3) 看教学方法的改革与创新。评价教学方法既要评常规,还要看改革与创新,尤其是评价一些骨干教师的课,如幼儿主体性的发挥、新的教学理念、独特的教学风格和教师的人格魅力等。

5. 评师生关系

(1) 看能否充分确定幼儿在学习活动中的主体地位。
(2) 看能否努力创设宽松、民主的教学氛围,以及教师与幼儿的融合程度。

6. 评教学及基本功

(1) 教态。教师的教态应该是明朗、快活、富有感染力的。仪表端庄,举止从容,态度热情,热爱幼儿,师生情感融洽。

(2) 语言。首先,要准确清楚,说普通话,精确简练,生动形象,提问有启发性;其次,教学语言的语调要高低适宜,快慢适度,抑扬顿挫,富于变化。

(3) 操作。看教师运用教具的情况,对多媒体操作的熟练程度。

7. 评教学特色

教学特色是指教师在长期的教学实践中,形成的具有个性化特点的教学方式。从整体上看,教学特色是教师在长期教学实践中经验的凝结和独特的创造。评教学特色就是要评价教师的教学有无特色,反映在整个教学活动中的亮点体现在哪里。

(二) 档案袋评价

1. 档案袋评价的内涵

档案袋评价是指在某活动过程中为达到某个目的所收集的相关资料的有组织呈现,通过这些资料或材料,可以展示事情的进展过程或者个人的成长经历。

2. 档案袋评价的基本特点

档案袋的基本内容是儿童的作品,包括儿童自己完成作品过程的描述和记录,以及儿童、教师以及同伴对作品的评价;作品的收集是有目的、有计划性的,而不是随意的;档案袋评价尊重儿童个体的发展差异,更加关注纵向的学习与发展过程;教师以及家长要对档案袋内容进行合理的分析与解释。

3. 幼儿园实施档案袋评价需注意的几个方面

(1) 档案袋评价的运作需要幼儿教师有较系统的教育评价理论修养,尤其是对档案袋评价方法的基本了解与掌握。

(2) 与传统测验相比,档案袋评价需要教师付出许多时间和精力来收集能够反映幼儿发展过程的有效信息,这对幼儿园教师来讲是一种挑战,也是一种困难。

(3) 档案袋评价技术的应用,往往需要投入一定的经费,这也可能给幼儿园经费预算以及幼儿家庭经济带来一定的困难。

(4) 档案袋评价是一种质的评价方式,具有主观性,标准化的客观性较低,难以评定分数,缺乏有效的评定标准,只适用于过程性评价,不能发挥筛选功能,必须与其他的评价方式结合起来,成为多元评价的方法之一,而不是取代其他的评价方法。

(5) 档案袋评价具有极大的灵活性,它的具体构成可因不同的使用目的、档案袋要提交的对象以及儿童的具体情况而不同。所以,档案袋评价必须具有明确的指导思想,档案袋的使用必须有一定的目的,精心设计,否则,就会违背档案袋评价的实质。

4. 目前幼儿园使用档案袋评价存在的问题

(1) 档案袋评价形式化

一方面,档案袋成为无所不包的收集袋,并且档案袋内常常仅限于一些彼此孤立的幼儿作品。完成这些作品的过程,以及教师选择该作品放入档案袋的理由等都看不到。

另一方面,档案袋成了装饰物,幼儿园为制作档案袋而制作档案袋,有些幼儿园为了让幼儿能够"生产"出适合于档案袋存放的作品,组织专门的教学活动,使幼儿园的教育教学围绕着档案袋转。有些幼儿园甚至将档案袋评价作为幼儿园教育教学活动之外的附加之物,在学期末或学期的某一段时间,让幼儿集中精力专门制作放入档案袋中的作品。

幼儿档案袋中的内容应该是有目的地组织起来的幼儿作品、相关评价记录及幼儿后续活动计划等,系统地展示幼儿在某一或某些领域中所付出的努力、取得的进步和进一步发展的规划,以促进幼儿可持续发展。

(2) 档案袋评价片面化

在一些幼儿园孩子的档案袋中,看到的全都是幼儿最出色的作品,教师对幼儿作品

的评价也全是一些言之无物的赞扬。

(三) 多元智能评价

多元智能理论由美国教育心理学者加德纳提出。多元智能理论认为,个体身上存在着多种智力,主要包括:言语—语言智力、音乐—节奏智力、逻辑—数理智力、视觉—空间智力、身体—动觉智力、自知—自省智力、交往—交流智力,以及自然智力等。

1. 多元智能评价的特点

(1) 评价以发现儿童的强项和优势领域为目标,与以往很多评价相比,更加注重发展性的方向,这种评价的目标是发现并且培养儿童的强项和兴趣。

(2) 评价在真实的情景下进行,一方面,评估是在一种有意义的活动的情景中进行,在儿童的具体活动中对儿童进行评价;另一方面,评价是以具体生活中的社会角色为一定的参照来进行的,也就是扎根于正式的、有意义的世界的活动,应用不同的社会角色来引导对儿童的评价。

(3) 评价范围比较广而且程度比较深,多元智能理论以及非普遍性发展理论为这种评价手段提供了不同于以往的评价指导理念。评估的方法不仅仅局限在认知和语言领域,而是涉及相关文化、地域中的不同的个体的具体情景,并且评价的任务也不是一个个孤立地进行的,而是通过一项任务评估多个领域的发展状况。

(4) 评价手段的多样化。这种评价运用了正式评价与非正式评价的手段。通过建立一个基本的框架,来收集每个孩子在各种领域中的正式的和非正式的资料。

(5) 评价具有发展性。这种评价认为每个人都不同程度地拥有多种智力,而且各种智力都是平等的,主张以各个领域为媒介来直接了解孩子的各种能力,而不是以语言和逻辑为评价工具。

2. 多元智能评价带来的启示——发展性教育评价

"发展性"教育评价,是从目的与功能的角度来界定的,是相对于"鉴别性"评价而言的;评价的根本目的在于为发展服务,支持发展,促进发展,在于促进儿童、教师和课程的发展;发展性评价指向于展示儿童的智慧,激励儿童发展,调节与引导教学活动与儿童的发展相协调。

3. 发展性教育评价的原则

(1) 以人为本。要关注儿童和教师的需要,以"平等""欣赏""乐观"和"发展"(变化)的态度对待被评价者,营造一个民主、理解的评价环境,激发被评价者参与评价的主动性,以促使每个个体最大可能地实现自身的潜能和价值。

(2) 在真实的、有意义的活动情境中进行。真实而有意义的活动一般可以激发被评价者的活动积极性;同伴的支持或者"提供的支架"不仅能使被评价者全力以赴地完成任务,而且能够使其潜能得到最大限度的发挥。

(3) 评价内容与方法多元化。受多元智能理论关于人的发展的多样性和非等级性观点的影响,发展性评价注重评价内容与方法的多元性,以多角度、多侧面地"发现"评价对象的特点、优势。只有这样,"欣赏""乐观"的态度才是真实而非虚伪的,也才能帮

助被评价者"自我发现",进而悦纳自己、拥有自信。

(4) 评价与教学互融互动。以促进发展为目的的评价不是完成某种教学任务的终结性活动,教学与评价之间发生着持续的相互作用、相互推动。评价既是辅助教学的手段,又是教学活动的重要组成部分,贯穿其中的每一个环节;教学要敏感地抓住从评价中获得的信息加以适当的反馈和调整。

(5) 评价过程动态化。发展性评价不仅关注结果,更注重过程,强调有机地将终结性评价与形成性评价结合起来,将评价贯穿于日常的各种活动中,使评价实施日常化、经常化。

情景实训

一个幼儿抱着大皮球神秘地告诉老师:"老师,皮球还能拍呢。""你知道皮球为什么能拍吗?"教师反问她。她一本正经地说:"因为它里面有弹簧。"边说边用两手按了按球。老师问:"你怎么知道有弹簧呀?"她认真地说:"我们家气筒上面有一个小弹簧,妈妈把小弹簧一打,就打进去了。皮球就能弹起来了。"原来,在气筒上有一小节弹簧,在打气的过程中,弹簧被压下去又弹上来,她便认为弹簧被打到球里去了。与小女孩交谈后,老师找来一个打气筒,鼓励她自己给一个瘪瘪的皮球打气。操作开始,老师引导她将气筒口对着自己的手心打气,看看到底有没有弹簧出来;打好气之后,又让她将皮球中的气挤到手心,看看打进皮球里去的到底是什么;最后,小女孩终于确认皮球里装的不是弹簧,而是空气。

在上述活动组织中,教师采取了什么方法组织教学?教师在运用此方法时注意了哪些问题?存在哪些不足?

思考与练习

1. 什么是幼儿园教学活动?它有什么特点?
2. 联系实际谈谈如何设计教学活动的程序。

案例

幼儿园教学活动设计案例

大班儿歌学习活动:好孩子

张家有个小胖子,自己穿衣穿袜子,还给妹妹梳辫子。
李家有个小柱子,天天起来叠被子,打水扫地擦桌子。
王家有个小妮子,找个钉子小锤子,修好课桌小椅子。
周家有个小豆子,捡到一个皮夹子,还给后院大婶子。

小胖子,小柱子,小妮子,小豆子,他们都是好孩子。

【活动意图】

《好孩子》是一首子字歌,它的突出特点是每句最后一个字几乎相同,一韵到底,韵律感强。作者以极其浅白的语言,描绘了四位好孩子的感人形象,在行为规范上给幼儿树立了良好的学习典范。本活动围绕这一具体的文学作品,展开一系列相关的主题活动,重点在于引导幼儿充分感受歌谣的主题思想、语言内容、文体特点,学习朗诵和创编,并从和谐顺口的节奏和生动有趣的内容中获得心理满足。

【活动目标】

1. 喜欢这首亲切而有趣的传统歌谣,乐意参与朗诵和仿编词段的活动。

2. 学会有节奏、有韵律地朗诵全文,体会"好孩子"的意义从哪里来。

3. 知道它是一首子字歌,突出特点是每句最后一个字几乎相同,一韵到底,韵律感强。

【活动准备】

1. 经验准备:幼儿具自理能力,如会自己穿袜子、叠被子、梳头发、擦桌子等。

2. 物质准备:儿歌中四位好孩子的图像(图像注"张、李、王、周"的字样);人手一件木竹类的打击乐器。

【活动过程】

一、欣赏教师朗诵,初步感知儿歌内容

1. 引导语:在小朋友生活的周边,有很多好孩子,谁能告诉老师,好孩子是什么样子的?

2. 过渡语:下面,老师想请小朋友欣赏一首与好孩子有关的、很有趣的歌谣,猜猜歌谣叫什么名字?哪儿有趣?

(一)首次欣赏教师的表情朗诵,初步感知儿歌的生动有趣

1. 启发提问:猜猜歌谣叫什么名字?听起来感觉怎么样?

2. 教师小结:这首歌谣叫《好孩子》,讲的都是好孩子做好事的事情。读起来很有节奏、很顺口,听起来很生动、很有趣。接下来再欣赏一遍,找找哪儿很有趣?

(二)再次欣赏教师有情感的朗诵,初步感知"子字歌"的突出特点

1. 启发提问:谁能发现这首歌谣里有一个很有趣、很特别的地方?

2. 教师小结:这首歌谣最特别的地方就是每句最后一个字都是"子"字,所以也可以说它是一首"子字歌"。

(三)第三次分段观赏教师边演示教具边朗诵歌谣,初步感知儿歌角色与内容

1. 启发提问:儿歌说到的四位好孩子分别是哪家的孩子?叫什么名字?做了什么好事?

2. 引导思考:为什么说他们是好孩子?

二、通过朗诵和表演,加深对儿歌的理解与体验

(一)朗诵儿歌

1. 借助教具,分段跟念儿歌,并进行发准翘舌音的练习。
2. 完整跟念儿歌,可从不出声到轻声再到稍微响亮的声音反复完整跟念。
(二)表演儿歌
1. 加入打击乐器,学习有节奏、有韵律、有表情地表演诵。
2. 让幼儿分成四组,扮演不同的角色,进行分角色的表演诵。
三、借助讨论和绘画,迁移儿歌学习经验
1. 专题讨论:我要怎样做才能是个好孩子?
2. 观察生活:寻找生活中好孩子的事迹。
3. 积累素材:把观察收集到的素材画下来。
四、结合创造性想象,尝试仿编儿歌
(一)讨论与示范
1. 组织讨论:儿歌里的好孩子,除了可以自己穿衣、穿袜、叠被子,还可以为自己做什么?儿歌里的好孩子,除了可以帮助小妹妹梳辫子、帮爸爸妈妈扫地擦桌子、帮小伙伴修课桌椅,还可以帮他们做什么?
2. 教师示范:根据幼儿讨论结果,选择一至两个内容示范仿编一至两段,帮助幼儿将自己的想象纳入一定的语言框架之中。
(二)想象与仿编
1. 引导幼儿借助自己观察收集到的绘画素材来仿编一个段落。
2. 取消绘画素材,要求幼儿脱离教具去想象与仿编一个段落。
(三)串联和总结
1. 在幼儿分别编出自己的儿歌段落后,教师帮助幼儿选择四个具有代表性的段落,并加上原文的总结句成为一篇完整的歌谣。
2. 组织幼儿有表情地朗诵自编的儿歌,鼓励幼儿即兴加入打击乐器或动作,使幼儿从和谐顺口的节奏朗诵和生动有趣的仿编活动中获得身心满足。

中班科学活动:有趣的沙子

【设计意图】

我园每天下午都要进行区域活动,各班轮换进入各区域。当轮到我班进入"戏沙池"时,小朋友非常高兴,一个个兴奋起来,嘴里还喊着:"今天我们去戏沙池玩,真好玩!"从小朋友的表情中可以看出,小朋友对沙子非常感兴趣,每次在戏沙池里都玩得特别开心,沙子也是幼儿日常生活中常常见到的东西。《幼儿园教育指导纲要(试行)》中指出:教育活动的选择既贴近幼儿的生活来选择幼儿感兴趣的事物和问题,又有助于拓展幼儿的经验和视野。所以我设计了"有趣的沙子"这一科学活动,让幼儿在玩沙的过程中,感知沙子的特点。

【活动目标】

1. 让幼儿感知沙子的特点(松散的、细小的)。

2. 知道沙子的用途与危害。
3. 促进幼儿视、听、触等感官的发展。

【活动准备】
1. 每两个幼儿一个大沙盘(用消毒过的细沙),每个幼儿一个塑料筛子。
2. 沙画三幅、碟片(沙尘暴录像)。
3. 分别装有黄豆、米、沙子的布袋和易拉罐若干个。
4. 戏沙池(放有玩沙的各种工具,做沙包的布袋若干)。

【活动过程】
一、直入课题,引起玩沙兴趣,交代注意事项。

师:小朋友,今天我们一起来玩沙子,用沙子来搓或捏东西,你们喜欢做什么就做什么,看谁先做好,做时不要把沙子扬起来,也不要用手去揉眼睛。

二、感知认识沙子的特征。

1. 认识沙子的特征之一:松散的

(幼儿自由玩沙,想尽力把沙捏或搓成一件物品,但都不成功)

师:哎呀,怎么都没有做好呢?做个简单的小圆子行不行呢?看谁本领大,先搓好。小朋友搓好没有(没有)?那么请你们学老师的样,抓一把沙子用力捏,然后再放开手,看沙子是怎样的(全散开了)?为什么花这么大的力气,这么多时间还没搓出小圆子呢?大家想想。

(幼儿思考并总结出沙子是松散的特点)

2. 巩固对沙子是松散的认识

(先请小朋友用手指在沙里画画,然后用手指在桌子或地板上画画)

师:小朋友刚在沙里画画有什么感觉(手指不觉得疼)?在桌子或地板上画画又有什么感觉(手指感觉有点疼)?那是为什么呢?

(幼儿再次体验沙是松散的特点)

3. 认识沙子的特征之二:细小的

师:现在我们一起把沙装进塑料筛里,看谁能把筛装满?

(要求幼儿一手拿筛,另一手装沙子,幼儿发现沙子都漏出来了,永远也装不满)。

师:咦,怎么没有一个小朋友把沙装满筛子呀?这是为什么?老师也来装装,小朋友注意观察,然后讲讲是什么原因。

(幼儿边看边讲述沙子是细小的特点)

4. 巩固对沙是细小的认识

师:请小朋友找一粒沙给我看看(老师检查幼儿手中的沙粒),我怎么看不见呀,这又是为什么(因为沙是细小的)?对,小得眼睛不易看清,而且风一吹沙就会扬起来,所以我们玩沙时要特别小心,别把沙弄到眼睛里去。

三、了解沙子对人类的用途与危害

1. 沙子的用途

（1）（出示沙画让幼儿欣赏）师：你们知道这些画是用什么做成的吗？（引导幼儿说出用沙子可以作画）

（2）（课前带领幼儿到工地上观看混凝土）师：前几天老师带你们在工地上看到的混凝土是沙子和水泥掺在一起做成的。混凝土是做房子必不可少的材料。

（3）（出示沙包）师：小朋友平时做游戏用的沙包里面也装有沙子。

2. 沙子的危害

（幼儿观看碟片，教师边讲解）师：由于沙子具有松散、细小的特点，所以北方那边由于天气干燥，又经常刮风，沙子就满天飞扬，就形成了我们经常看到的沙尘暴，当沙尘暴来临时会给人们带来许多不便和危害。

四、游戏"猜一猜"，复习巩固对沙子的两个特点的认识

请一半幼儿来摸装有沙子和其他物品的布袋，通过触觉来辨别哪个是沙袋，并说出其感觉。请另一半幼儿拿一个易拉罐摇动，通过听觉来辨别出哪个罐里装着沙，并说出自己的感觉。两组幼儿体验后再调换活动。

【延伸活动】

幼儿一起进入戏沙池，用各种玩沙工具玩沙子，请部分幼儿用布袋装进沙子做成沙包，做"打死大灰狼"的游戏，训练幼儿的投掷能力。

【活动反思】

这是一节科学活动课，整个活动过程都是幼儿自己玩沙子，通过幼儿动手探索，认识了沙子的特点。如用手捏沙，用手团沙，用筛子装沙，又让他们从许多沙中取出一粒小小的沙子，符合《幼儿园教育指导纲要（试行）》中的精神："幼儿运用各种感官，动手动脑，探索问题。""要尽量创造条件让幼儿实际参加探究活动，使他们感受科学探索的过程和方法，体现发现的乐趣。"一节课下来，不仅使幼儿掌握了有关沙子的粗浅知识，也培养了幼儿的动手能力，发展了幼儿的智力与能力。

此外，我还尽量做个"引导者"，引导幼儿注意和观察每一个活动所呈现的现象，启发他们讨论这种种现象的原因。如为什么沙团不成圆子？用手指在沙上画画和在桌上、地板上画画有什么不同的感觉？为什么沙子装在筛子里总是装不满？启发引导幼儿根据这些现象去讨论、去思考，从而得出"沙是松散的、细小的"结论。

本次活动也存在不足的地方，整堂课老师干涉较多，有些结论老师急于说出结果，启发太多，没让幼儿有足够的时间考虑。如果教师能更放手让孩子们玩，在玩的过程中有充分的时间让他们自己去探索、去发现沙子的特点，教育作用必然更大。

第八章 幼儿园游戏

学习目标 →

1. 理解幼儿园游戏的概念和特点。
2. 理解游戏对于学前儿童发展的意义,树立正确的儿童游戏观。
3. 掌握幼儿园游戏的分类及各类游戏的特点及主要功能。
4. 掌握幼儿园各年龄段幼儿游戏的特点。

本章提要 →

幼儿园游戏
- 游戏概述
  - 游戏的概念
  - 游戏的特点
  - 有关游戏的理论
- 游戏的教育作用
  - 游戏与儿童身体的发展
  - 游戏与儿童认知发展
  - 游戏与儿童社会性发展
  - 游戏与儿童情感发展
- 幼儿园游戏的分类与指导
  - 幼儿园游戏的分类
  - 幼儿园各年龄段幼儿游戏的特点
  - 幼儿园游戏指导的基本要求

问题情境 →

是否应支持这些幼儿的行为

操场上新安装了一个投篮架,幼儿经常在这里玩投篮游戏。一天,几个幼儿带着笔刷和水桶来到这里,他们先是快乐地粉刷投篮架,之后开始往篮筐里灌水,有的从上面灌,有的在下面灌,再灌,再接……相互配合,反反复复,忙得不亦乐乎。

什么是游戏？幼儿的游戏有什么特点？游戏对幼儿的发展有哪些价值？游戏可以分为哪些类型？各年龄班幼儿游戏有哪些特点？如何指导幼儿的游戏？这是本章要探讨的问题。

第一节　游戏概述

一、游戏的概念

什么是游戏？在中国"游戏"一词与"嬉戏""玩耍"极为相似，最早出现在战国时期的历史文献中。在英文中，游戏一词有"play"和"game"两词，主要接近play，因为game主要指有规则的游戏。可以说儿童游戏的历史和人类社会历史一样古老悠久，古今中外不同的学者对"什么是游戏？"这一问题做出了不同的回答，有的说游戏是儿童内心活动的自由表现，有的说游戏是释放过多精力的一种活动，也有的说游戏是儿童学习知识最有效的手段等，不管哪一种说法，共性的认识就是玩是儿童的天性，儿童的基本活动是游戏。

一般认为，游戏是一种主动、自愿、愉快、假象的社会活动，是学前儿童获得知识的最有效手段。

二、游戏的特点

游戏区别于学习、劳动等其他活动，具有以下特点：

（一）游戏是幼儿自主自愿的活动

主动性是游戏的主要特点。学前儿童正处于身心迅速发展的时期，游戏符合儿童的生理和心理发展水平。幼儿游戏是一种无拘无束的活动，不能强制，没有外加目的，是幼儿根据自己的需要和愿望，按照自己的体力和能力选择进行的自主自愿的活动。

（二）游戏是充满想象和创造的活动

儿童在游戏过程中能够充分发挥其想象力，创造不同的玩法。如儿童在玩沙、玩泥的时候，会想出不同的玩法，并且玩得津津有味。游戏的假想性是以模仿现实生活的某一侧面为基础，但又不是照样模仿，而是加入了儿童的想象活动。儿童可能依靠想象不断变换物体的功能，不断变换人物的角色，不断变换游戏的情节，儿童在想象中把狭小的游戏场所变成无比广阔的天地。可以说，正是儿童的想象和创造性，才使游戏的方式千变万化、多姿多彩，富有趣味性。

（三）游戏是"重过程，轻结果"的活动

学习有一定的任务，劳动有明确的目的，而游戏的目的不是别人强加的。幼儿的游戏不在于有实用的结果，而在于游戏的过程。正如哲学家马丁·海德格所说："儿童为

什么要游戏呢？儿童游戏就因为他们游戏。'因为'二字在游戏中消失了。游戏没有'为什么'。儿童在游戏中游戏。"游戏的过程比游戏以外的结果更受游戏者关注。可见，游戏是获得愉快体验的手段，而不是为某种特别的目的做出努力。

（四）游戏是伴随愉悦的情绪体验的活动

这主要表现在三个方面：一是游戏适应儿童的需要和身心发展水平，儿童在游戏中能够感到极大的快乐；二是儿童在游戏中能控制所处的环境，从成功和创造中获得愉悦的感受；三是游戏中没有强制的目标，没有压力，因而儿童感到轻松、愉快。

教师为了实现学前教育的任务、目标，采用游戏的形式进行教学，这种活动称为教学游戏或游戏化的教学。从本质上讲，教学游戏是一种教学，是一种寓教于乐、寓教于游戏之中的活动，而不是游戏，但是儿童会有游戏的感觉。

三、游戏的相关理论

游戏是一种普遍的社会现象，游戏的历史没有尽头，有了人类就有了游戏，游戏随着人类社会的持续进步而不断发展，人们从不同的角度关注着儿童游戏的行为，许多心理学家和教育学家都提出了自己的游戏理论。由于他们研究的角度和对象不同，因此，对游戏的本质做了种种不同的解释。又由于他们所处的时代和心理学发展水平不同，因而形成了各种不同学派的游戏理论。学习和了解有关游戏理论将会帮助我们提高对幼儿游戏的认识，更好地指导幼儿园游戏实践。

（一）经典游戏理论

从19世纪下半叶到20世纪30年代左右，是儿童游戏研究的初兴阶段。在这一阶段出现了最早的一批游戏理论，这些理论被称为经典游戏理论。

1. 剩余精力说

剩余精力说的代表人物是德国思想家、诗人席勒和英国社会学家、心理学家斯宾塞。席勒认为，幼儿没有什么事情可做，所以只有游戏，游戏是剩余精力无目的的支出。斯宾塞提出，生物都有维护自己生存的能力，身体健康的幼儿在维持正常生活外，还有剩余精力，剩余精力需要发泄，就产生了游戏。

剩余精力说似乎反映了一个我们熟悉的常识，当我们在工作或学习以后，如果觉得还有时间和精力，我们就会通过积极的娱乐活动去打发时间和精力。

2. 松弛说

德国的拉察鲁斯及裴茄克认为，游戏不是发泄精力，而是在工作疲劳后，恢复精力的一种方式。游戏产生于人们的劳动，游戏可以减轻人们劳动和学习上的疲劳。幼儿在紧张的学习后，为娱乐而游戏。

松弛说反映了一个我们的日常经验，休闲活动有助于长时间工作后的精力恢复，当我们对工作和学习感到疲劳的时候，常常会通过娱乐去放松一下，以使身心得到调整。

在幼儿教育中,这个理论可使幼儿的生活处于动静交替、劳逸互补的有序结构中。

3. 生活预备说

德国生物学家、心理学家卡尔·格罗斯认为,在幼儿时代就要游戏,游戏是未来生活中最好的预备。游戏是人和动物都有的天赋本能活动,是生物不变的本性。他认为,每个动物都要有一个准备生活的阶段,都要有一个锻炼自己生存竞争的能力,游戏是准备生存,练习本能最好的形式。他认为小狗咬着玩是为了练习捕猎的能力,小猫玩球是为了练习捕鼠,而女孩玩娃娃是为了将来做母亲和妻子。游戏是为未来生活做准备。

4. 复演说

美国心理学家斯坦利·霍尔认为,游戏是复演祖先的生活史,是遗传活动的表现,游戏是重复祖先的进化过程。如孩子玩打猎游戏,就是重复原始人的生活;捉迷藏的游戏就是反映当时原始人躲藏野兽保护自己;幼儿喜欢爬树,就是重复人猿的乐趣;幼儿喜欢玩水,就是重复祖先在水中寻找食物的活动。霍尔认为游戏就是个体再现祖先的动作和活动,游戏是重复人类发展的历史,幼儿游戏是种族行为的复演。

生活预备说和复演论是从两个相对的角度来论述游戏的产生的,他们都用生存本能来做出解释,一个把游戏看成是对天赋生存本能的强化,一个把游戏看成是原始生存本能的弱化;一个把游戏看成是预演未来,一个把游戏看成是复演过去。

5. 生长说

美国阿普利登提出,游戏是幼小儿童能力发展的一种模式,游戏是生长的结果,是机体练习技能的一种手段。美国奇尔摩还认为,幼儿通过游戏可以生长,游戏是练习生长的内驱力。

6. 成熟说

荷兰生物学家、心理学家博伊千介克反对生活预备说,他认为,游戏是儿童操作某些物品以进行活动,不是单纯的一种机能,而是幼稚动力的一般特点表现。如运动的目标不明确,冲动、好动,对周围环境有直接的激情。游戏不是本能,而是一般欲望的表现。引起游戏的欲望有三种:排除环境障碍获得自由,发展个体主动性的欲望;适应环境、与环境一致的欲望;重复练习的欲望。游戏的特点与童年的情绪性、模仿性、易变性、幼稚性相近。他的理论是游戏动力理论的一种。

(二)当代游戏理论

当代游戏理论不仅仅解释游戏为什么存在,而且也尝试定义游戏在儿童发展中的角色,以及在某些情况下,指出了游戏行为的前导条件。

1. 精神分析论

弗洛伊德认为,在儿童游戏中也有潜意识的成分,并且儿童在游戏中是本着唯乐原则,即一切以得到机体的快感为主。儿童在游戏中是把游戏的愉快考虑放在重要的地位。游戏是补偿现实生活中不能满足的愿望和克服创伤性事件的手段。游戏使儿童能够逃脱现实的强制和约束,发泄现实中不被接受的危险冲动,缓和心理紧张,发展自我力量以应付现实的环境。儿童游戏是为了在游戏中取得一个主动地位。弗洛伊德认为"这是由于某种要求控制他人的某种本能引起的,而这种本能不以记忆本身是否愉快为转移的"。同时,所有的游戏都受到一种愿望的影响,这种愿望始终支配着他们,那就是快快长成大人,能做大人所做的事情。

作为弗洛伊德的弟子,艾里克森则与弗洛伊德有所不同,他认为儿童游戏是情感和思想的一种健康的发泄方式。在游戏的过程中,儿童可以修复他们的精神创伤,"复活"他们的快乐经验,但是其本身未能脱离唯乐原则。

2. 认知论

皮亚杰作为其代表人物,他认为游戏是儿童认识新的复杂的客体和事件,巩固和扩大概念、技能的方法;是使思维和行动结合起来的方法。皮亚杰对格罗斯的理论提出了异议,认为他的解释只从机能上加以简单描述,更不能解释象征性游戏和想象性游戏这种高级的游戏。他指出"游戏乃是把现实同化于活动本身"。儿童在游戏时并不发展新的认知结构,而是努力使自己的经验适合先前存在的结构,即同化。他还认为儿童认知发展的阶段性决定了儿童特定时期的游戏方式。在感知运动阶段,儿童通过身体动作和摆弄、操作具体物体来进行游戏,称为练习游戏。在前运算阶段,儿童发展了象征性功能就可以进行象征性游戏,他能把眼前不存在的东西假想为存在的。以后可以进行简单的有规则的游戏,真正的有规则游戏出现在具体运算阶段。在他的理论中始终有一个思想,他认为"认知活动发动了游戏,而游戏反过来加强认知活动"。

苏联心理学家维果斯基(1976)则表明,游戏可直接促进儿童的认知发展。他认为儿童不具有抽象思维能力,对他们而言,意义与实体是混为一体、不可区分的,因此,儿童不看到真实的马就不能够了解马的意思。当儿童开始参与想象游戏,使用物品(如棍子)来代替其他物体(如马)时,意义开始与实体分离。此时的替代物(棍子)就像个枢轴,将意义与实体"马"分离开来,这样儿童才能独立于所表征的实体来想象意义。因此,象征游戏对儿童抽象思维的发展具有重要价值。

维果斯基关于游戏的观点是全面的。他不仅肯定了游戏对儿童社会性和情绪发展的重要作用,也强调了它对儿童认知发展的重要作用。他认为,发展的三个领域是相互关联的。他通过最近发展区(ZPD)来区分发展的两个层次:"实际发展"(独立的表现)和"潜在发展"(帮助下的表现)。维果斯基指出,游戏是一种自助工具,儿童在游戏中的表现往往高于他们的发展水平。游戏甚至可以作为儿童最近发展区的支架,帮助他们获得更高层次的发展。

3. 学习论

桑代克是学习论的代表人物。他认为游戏是学习行为,遵循效果律和练习律,受到社会文化和教育要求的影响。各种文化和亚文化对不同类型行为的重视和奖励,其差别都会反映在不同文化社会的儿童游戏中。人类儿童的游戏与动物的游戏有显著的不同,人类儿童的游戏是用其自身特有的方式进行归纳的演绎。班杜拉认为,在学习的过程中,人类不断地进行模仿,在儿童的游戏过程中,他们模仿成人的社会活动,在游戏中

他们学会既坚持自己的权利,又服从游戏团体中的要求。儿童的许多行为都是通过对现实的或象征的榜样行为的模仿而获得的。

> **真题链接**
>
> 1. 游戏复演说的提出者是(　　)。
> A. 拜敦代克　　B. 艾里康宁　　C. 霍尔　　D. 斯宾塞
> 答案:C
> 2. 认为"游戏是为未来生活做准备"的游戏理论是(　　)。
> A. 复演说　　　　　　　　B. 松弛消遣说
> C. 预演说　　　　　　　　D. 剩余精力说
> 答案:C

第二节　游戏与儿童的发展

一、游戏与儿童身体发展

(一)游戏有利于提高儿童体能

体能是指人体在从事身体运动时所表现出来的能力,包括身体的基本活动能力(走、跑、跳、投、钻、爬、平衡等)和身体素质(速度、力量、耐力、灵敏、平衡等)。儿童游戏富含符合生理发展规律的活动,是锻炼儿童身体基本活动能力和提高身体素质的有效途径。在游戏中,包括各种动作和活动,特别是户外体育游戏,能锻炼儿童的走、跑、跳、钻爬、投掷、平衡、攀登等基本动作。儿童经常在户外、在阳光下、在新鲜空气中活动,心情舒畅,在日常生活中锻炼基本动作,促进其身体的灵活、协调,促进大肌肉、小肌肉运动的控制能力。通过对已经习得的协调动作的练习和运用,使儿童不断掌握新的技能。爬攀登架、跳跃等,为儿童提供了许多必要的动作练习和活动。儿童时期特别是学龄前时期,基本动作的练习都是在游戏中进行的。综合体能运动游戏,以其丰富而刺激的内容,向儿童的运动水平不时地发出挑战信号,从而提高儿童身体动作的敏捷、灵活和协调,使儿童身体大小肌肉、骨骼、关节等组织器官得到有效的活动和锻炼,让儿童变得更为结实和健壮,因此,我们说游戏是促进儿童体能发展的动力。同时,游戏为儿童的发展提供了必要的运动机会,是促进儿童体能发展的手段。

(二)游戏能增强儿童机体的适应能力

机体的适应能力,是指人体在适应内外环境中所表现出来的机能能力。儿童进行户外游戏,常常接触到阳光、水、空气这三大自然因素,他们可以感受温热和寒冷,这既符合儿童生理代谢的需要,又能够增强儿童对外界环境的适应能力(如知道热了脱衣服,冷了加衣服,口渴了喝水等),促进儿童身体的健康。

（三）游戏促进儿童身体生长发育

专门的体育游戏对促进儿童身体的生长发育效果显著。黄世勋"关于体育游戏促进儿童生长发育的实验研究"就是一个很好的例证。在黄世勋的《儿童运动游戏创编与教学》一书中，他的研究方法是在实验班用体育游戏形式加强体育锻炼，对比班则按常规锻炼的方法进行锻炼。实验结果表明：活动性游戏能促进儿童生长发育，促进儿童骨骼、肌肉系统的发育，提高其身体机能。实验班的儿童在身体的各项指标中得分均好于对比班。这一实验说明，游戏对促进儿童生长发育具有重要作用。

身体生长发育的水平是进行游戏的生理基础，因此，身体健康的儿童可能比身体不健康的、营养不良的儿童更喜欢游戏。幼儿个体在同一游戏中所能承受的负荷和完成动作的难易也会有所不同，幼儿园教师应该及时、合理地安排好游戏计划，以促进儿童的生长发育。

总之，游戏使儿童身体各器官得到活动和锻炼，大到追、跑、跳、跃的游戏，小到拼图、绘画、玩沙等游戏，都可以促进儿童大、小肌肉的运动，促进骨骼、关节的灵活与协调。儿童在不同的游戏中，变得结实、健康；在与外界环境的多方面刺激中，变得反应迅速而敏捷；在欢快的游戏中，形成各种技能，增强了对外界环境的适应能力。游戏为儿童身体的正常发育提供了许多必要的动作和运动的机会，锻炼了儿童的身体，增强了儿童的体质。

二、游戏与儿童认知发展

认知是认识过程及其心理活动品质的总称，包括感知觉、记忆、思维、想象、语言等方面。游戏是幼儿喜爱的活动，为幼儿提供了从不同方面来认识外部环境的途径。在游戏中，幼儿可以充分发挥主动性和积极性，通过扮演各种角色，通过使用各种玩具或材料，通过观察、感知、比较、分类、回忆、想象思维，通过对已有知识理解的更新、对生活经验的重组、对已掌握能力的运用、对动作和情节的实践，去接触、接受、探索新的事物，去了解玩具(物体)的性能，了解事物之间的关系，于是，其感知能力、注意力、记忆力、想象力、思维能力、解决问题的能力都会得到发展。同时，在游戏中幼儿需要与同伴进行沟通交流，有了很好的语言锻炼机会，幼儿的语言得到了发展。所以说，游戏对儿童认知发展具有重要的教育意义。

（一）游戏与儿童智力发展

游戏有助于儿童思维能力和解决问题能力的提高，既是幼儿智力发展的动力，又是发展智力的有效手段，对幼儿智力的发展有着不可替代的作用。

1. 游戏与儿童的知识增长

皮亚杰认为，儿童所获得的对"物"的知识(经验)包括两类：物理和数理逻辑。物理知识主要反映事物本身的性质，如物体的形状、大小、质量、密度、色彩等；数理逻辑知识主要反映事物与事物之间的关系，如数的概念就属于这一类，它表示的是事物之间的一

种关系。

儿童在游戏时与他人或群体进行交往,还会获得对"人"的知识,这是各种人际关系和社会知识的源泉,皮亚杰称之为社会性知识(经验)。

儿童在游戏时候接触了各种各样的玩具或材料,通过不断地移动、触摸、聆听、观察、对比等运动,感觉和认知活动,发展了感觉器官的感受性和感知能力,学到了很多相应的概念,增长了知识。

儿童在做游戏的过程中积累了物理知识、数理逻辑知识、社会性知识,会在外部动作操作和内部心理加工活动的过程中,不断促进注意力、感知觉能力、记忆力的发展,这是其智力发展尤其是解决问题能力发展所必需的知识前提和经验基础。例如,玩积木游戏时幼儿认识了大小、多少、形状、结构,理解了"拼"和"拆"的概念、"连接"和"层次"等构造关系,同时在摆弄积木和其他玩具的过程中,发现圆球、轮子、圆柱体、圆锥体、悬垂等的运动特点,理解"滚动""转动""摆动"的概念。

2. 游戏与儿童感知能力发展

感知觉是儿童认知活动的开端,是儿童认识外界事物、增长知识、智力发展的通道。感知觉的发展是衡量此阶段儿童智力水平发展的重要指标。儿童依靠感知觉获得的经验,为以后的智力发展奠定了基础。幼儿是用"行动"来思考,靠"感官"来学习的,因幼儿处于直觉动作思维阶段,须通过用各种感官去接触事物,对他们进行直接的感知,才能对事物形成概念、记忆。游戏实际上是通过操作物体来感知事物的过程。

(1)儿童通过各种感官(视觉、听觉、嗅觉、触觉等)接触到各种性质的物体,了解到各种事物的特征,发展了感觉。

(2)儿童通过对空间、形状、大小、时间的观察,学会了感知各种事物的状态和属性,发展了知觉。

儿童的感知觉在活动中才能得到发展,而游戏是幼儿最喜爱的活动,最符合幼儿的兴趣,游戏活动使幼儿充满了主动性和积极性,在积极进行一定的活动中去完成感知觉任务,有着明显的感知、探索和学习效果。例如,儿童接触到新玩具,观察玩具,感知不同的玩法。

3. 游戏与儿童想象力发展

想象是人脑对已有表象进行加工改造,形成新形象的心理过程。想象的产生是学前儿童认知发展的标志之一,想象力是智力的重要成分。形象思维是创造的基础,想象力是创造力的翅膀。儿童如果缺乏想象力,就不能很好地掌握知识,更缺乏创造力。游戏是激发儿童想象力的最好方法。象征(假装)、模拟、联想是儿童游戏的普遍特征,游戏为儿童提供了想象的自由,因此,想象是构成儿童游戏不可或缺的心理成分。

4. 游戏与儿童思维能力发展

思维是人脑对客观事物间接的、概括的反映,需要借助语言来实现其特性。思维反映的是客观事物的本质属性和内在规律,需要通过概念、判断、推理的过程。思维能力是认知的高级活动,是智力的核心,思维的产生使儿童的认知过程发生了质的改变,使认知开始成为整体。

思维能力是在解决问题的过程中发展起来的。解决问题的能力是运用已有的知识和能力,对问题进行分析、解决的综合认知能力。游戏中必然会产生问题,对于学前儿童,游戏是问题的主要发生源,游戏过程实际是儿童解决问题的过程。

(二)游戏与儿童创造力发展

创造力是运用已知信息,创造出新思想、新事物的能力。创造性的思维品质包括流畅性、灵活性、独创性及发散性。游戏以其特有的魅力吸引儿童,让儿童拥有自由想象的空间,对儿童创造力的发展起着重要作用。对创造力的研究已揭示出,创造力与主动自愿的内部动机、自由民主的气氛、灵活易变的形式有着密切的一致性。这些也正是游戏的特点和性质,游戏与创造力之间有着许多相似之处。

(三)游戏与儿童语言发展

儿童语言的获得是一个连续发展的变化过程,幼儿期是口头语言发展的关键时期。语言获得需要有先天性的物质基础,包括发音器官、大脑语言中枢的发育和成熟,但真正的语言发展一定是通过社会环境和儿童的实践获得的。语言是表达或交流思想和情感的工具,其最本质的特征就是交际。

幼儿基本上是运用口头语言来进行交际的,促进幼儿口头语言的发展是幼儿语言发展的重点,幼儿语言发展的关键就是使儿童有机会以各种方式练习说话,游戏为其提供了实践的机会,是促进幼儿口头语言发展的重要和有效途径。

三、游戏与儿童社会性发展

儿童的社会化过程即获得保证其在社会中成功地生存所必需的知识、技能和价值观的过程。社会性发展是儿童从自然人转化为社会所要求的人,涉及儿童学习如何与别人友好相处、学会分享、助人和合作等社会性技能,学会自己解决人与人之间的关系问题。

(一)游戏与儿童自我意识

游戏是一种将自我为中心的个体转变成适应社会化需要的个体的途径。自我意识是人社会化的关键。一个人只有当他意识到自己存在时,才具备接受社会文化教育的基础。一个人的自我意识越正确,就越能正确地对待自己和他人。婴幼儿是"典型的自我中心主义者",他们往往是从自己的角度出发去看问题,去理解周围的人和事物,不能从他人的角度去看问题。从他人角度看问题只能建立在自我意识发展的基础上,对别人的感知、思维及情感的理解,即对别人的所看、所想、所感的理解。幼儿能理解他人的思想和情感,才能更好地解决人与人之间的关系问题。皮亚杰等研究表明,年幼儿童学习从他人角度看问题有很大的困难,这是由幼儿思维的自我中心特征决定的。对幼儿来说,自我与非我没有什么区别,因此他们认为自己看事物的角度就是唯一的角度,随着年龄的增长,幼儿逐渐能认识到自我与他人的区别。

（二）游戏与儿童交往能力

儿童在游戏中结成两种类型的关系：一是儿童与儿童之间通过玩具或游戏材料结成的现实伙伴关系，二是通过角色扮演结成的角色关系。儿童的同伴关系正是在这两种关系交互作用中逐渐发展起来的。

（三）游戏与儿童自控能力

自控能力是意志力的重要方面，意志是个性的重要构成因素。游戏能培养幼儿的自控力、锻炼幼儿的意志。通过游戏，儿童首先学会了发现自我，了解到自己是什么样的，知道了自己的行动会带来什么样的后果。然后再扩展到发现他人，能了解别人对自己会有什么样的反应，以及自己对别人会有什么反应。

儿童在游戏中作为集体的成员，开始学会互相理解，进行相互间的语言交流。游戏也帮助儿童确定社会角色，使儿童从尝试中学习如何扮演老师、母亲、学生、医生等，为儿童提供了获得社交能力的大量机会，这正是游戏经验在儿童社会性发展方面所产生的最重要的价值。

同时，游戏使儿童产生兴趣，使他们进入了新的社交环境，学会如何去应付新的情境。借助游戏，儿童的社会性协作也可达到一个崭新的高度。所以说游戏是促使儿童社会性发展的一条很重要的途径。

四、游戏与儿童情感发展

情绪和情感是客观事物是否符合人的需要而产生的态度体验。现实生活中有些事情使人高兴、欢乐；有些事情使人忧愁、悲伤；有些事情使人惊恐、厌恶。情绪是和有机体的生物需要相联系的体验形式，它有积极的也有消极的。情感则是同人的高级的社会性需要相联系的道德感、美感和理智感。情绪和情感紧密联系，情感是在情绪的基础上形成的，对情绪产生着巨大影响。

（一）游戏与儿童积极的情绪体验

儿童在游戏中按自己的意愿，自由自在地活动。在轻松愉快的游戏气氛中，容易通过自我的努力而成功，从而产生愉快和满足；在游戏中儿童积极主动地活动，没有强制的目标，减少了为达到目标、完成任务而产生的紧张，游戏满足了儿童的需要和愿望，儿童便产生快乐、欢笑、自信、满足等积极的情绪。游戏中没有来自外界的压力，允许儿童以自己的方式，毫不畏惧地探索，充分享受成功带来的兴奋、产生的浓厚兴趣等积极情绪。在游戏中，儿童把成人世界复杂的事物压缩至他们自己可以控制的范围，缩小了周围世界与其已有经验的不协调和不一致。儿童在运用玩具探索的过程中，可以体验到因环境的新异性所带来的趣味性和兴奋感，并在多次重复中使他们逐渐熟悉并掌握周围事物，由此而产生了快乐感。辛格（1990）对3—4岁的儿童进行了为期一年的研究后发现：经常玩假装游戏或者有假想伙伴的儿童在游戏中有较多的微笑和欢笑，坚持性和合作性较好，较少出现攻击行为，也较少出现愤怒和悲伤。对年龄稍大儿童的研究也发现，富于想象的儿童较少莫名其妙地发火、攻击他人，较少冒失、冲动，更容易分清想象与现实。而有研究表明：情绪障碍儿童在其游戏中表现出混乱和刻板的特征，他们在游戏中表现出不合群、焦虑，且容易受到心理压力的影响，表现出攻击性和冲动性，不能担任帮助他人的角色，他们在幻想游戏中要从"我"转移到自我以外，转移到假想的其他人的角色也很困难，由此人们认为，儿童不能发展想象型游戏标志着严重的病理症状。

(二) 游戏与儿童消极情绪的宣泄

长期处于紧张或焦虑等不良情绪状态，会造成食欲减退、消化不良、心跳加速、血压和呼吸不正常或其他疾病。游戏可以使儿童情绪轻松愉快，对身体的健康发展有很大好处。游戏为儿童提供了表达各种情绪的安全场所，能保障儿童心理的卫生与健康。

游戏是克服情绪紧张的一种手段。孩子们在游戏中可以学习解决问题的方法。比如，一个孩子可能挑选一种玩具，这种玩具代表着他所惧怕的或是不喜欢的东西。在游戏中解决疑难的问题，能够使孩子觉得自己有能力去解决问题，从而增强自信心。

游戏能帮助孩子消除愤怒的情绪。他们只要对那些引起自己愤怒的思想有了较好的理解和认识之后，就能心平气和地接受这些思想，因而游戏就变得平静了。正是通过想象和幻想的游戏，儿童才了解自己所生活的世界的外部和内部。

在儿童受到挫折和困扰时，游戏可以宣泄儿童的焦虑、害怕、气愤和紧张等情绪，从而减轻或克服不良心理。游戏还能以儿童能接受的情景，再现不愉快的经验，在假扮角色的情况下，儿童消除了紧张、减低了恐惧，从而使心理保持平衡。如儿童害怕打针，但在游戏中却喜欢玩"打针"，通过再现痛苦的体验，减轻了害怕的程度，体验到战胜恐惧的愉快；在游戏中还能转换角色，扮成"医生"给别的"小孩"打针，发泄了对医生和打针的恐惧。在游戏中，儿童可以用比较妥当的方式表现自己的情绪，设法控制自己不良的情绪。

游戏作为调节和治疗情绪障碍儿童的手段，目前在我国已开始进行尝试，并取得了一定的效果。

(三) 游戏与儿童情绪情感的发展

情感是与儿童的社会性需要是否得到满足相联系的体验。情感是内在的，社会性是外在的，二者是同一现象的两个部分。随着自我意识和人际关系意识的发展，学前儿童的自豪感、羞愧感、委屈感、友谊感和同情感以及妒忌的情感等逐渐发展起来。

真题链接

小班的李老师经常组织幼儿玩各种游戏，壮壮参加这些游戏后，由入园时的焦虑不安、乱发脾气，到现在每天都能开开心心，说明游戏可以促进幼儿(　　)。

A. 情感的发展　　　　　　　　B. 语言的发展
C. 认知的发展　　　　　　　　D. 社会性的发展

答案：A

第三节 幼儿园游戏的分类与指导

一、幼儿园游戏的分类

对事物进行分类,是为了更好地认识事物本身。对儿童游戏进行分类,可以更好地认识游戏,了解儿童游戏的特点。

游戏的分类,是研究者依据某种理论假设或标准,对可观察到的游戏行为所做的理性的分析与解释。标准与参照系不同,游戏的分类也不同。

(一)以认知发展为依据的分类

1. 练习性游戏

练习性游戏也称感知运动游戏或机能性游戏。练习性游戏由简单、重复的动作组成,其动因在于感觉和运动器官在活动中获得的快感。例如,儿童简单地、重复性地移动自己的身体,或不断地抓、丢玩具,或绕着房间四周跑等。在这种游戏中,事实上儿童只是从动作本身中获得乐趣,游戏的象征性机能这时还没有出现。

练习性游戏是在儿童发展过程中最早出现的游戏形式,其基本功能是对新习得但还不熟练的动作进行练习,是处于0—2岁这个年龄段的儿童的常见游戏类型。

2. 象征性游戏

又称"想象游戏""假装游戏"等,是指幼儿以代替物(自己的动作、语言、身体或其他物品)为中介,在假想的情境中表现和反映现实生活体验的游戏活动。

象征性游戏是学前幼儿典型的游戏形式,2岁以后开始大量出现,3—6岁时达到发展的高峰。

3. 结构游戏

结构游戏又称"建构游戏",是指幼儿按照一定的计划或目的来组织游戏材料或其他物体,使之呈现出一定的形式或结构的活动。例如,拼图、搭积木、插积塑、泥工、手工、玩沙、玩雪级木工活动等。结构游戏大致在幼儿2岁左右开始出现。

4. 规则游戏

规则游戏是儿童按照一定的规则进行的游戏,一般都有两个人以上参加。规则可以是由儿童自己制定的,也可以是由具体的某个游戏情境决定的。这种游戏有利于培养儿童遵守规则的意识,因为这种游戏要求大家必须共同遵守一定的规则,否则游戏将进行不下去。儿童规则游戏的发展,也标志着游戏已逐渐失去了具体的象征性内容,已进一步抽象化。如下棋、打球、玩弹子等都属于规则游戏。

规则游戏是儿童游戏的高级发展形式,一般流行于7—11岁这一阶段。

（二）以创造性为依据的游戏分类

1. 主题角色游戏

主题角色游戏指幼儿借助于模仿和想象，通过扮演角色创造性地反映周围生活的游戏。

2. 表演游戏

表演游戏指幼儿通过扮演文艺作品中的角色来再现文艺作品的内容，表达对于文艺作品的理解和情感体验的游戏活动。在表演游戏中，幼儿扮演故事或童话中的人物，并以故事中的人物的语言、动作和表情进行活动。

表演游戏与角色游戏有其相同点，即都是幼儿扮演角色的游戏，以表演角色的活动为满足。二者的区别在于表演游戏中，幼儿扮演的角色是以一定的故事或童话为依据，情节内容也是对故事或童话情节内容的反映；而在角色游戏中，幼儿扮演的角色既是生活印象的再现，又是幼儿自由创造的表现。

3. 建构游戏

也称为"结构游戏"，指幼儿按照一定的计划或目的来组织游戏材料或其他物体，使之呈现出一定的形式或结构的活动。

（三）以社会性发展为依据的游戏分类

以社会性发展为依据的游戏分类主要以帕顿和豪伊斯的研究为代表。美国心理学家帕顿的分类被运用得较普遍。帕顿认为，幼儿之间的互动性随着年龄的增长而增加。帕顿从儿童社会交往行为的程度出发，将儿童的游戏分为以下六种：

1. 偶然的行为

偶然的行为，或称无所事事，是指幼儿并未真正地参与到游戏中去，只是偶尔注视一下所感兴趣的事情，如儿童站在一边发呆或乱跑、闲荡，摆弄自己的衣服，在地上跳来跳去，四处张望。这种行为还不是游戏。

2. 旁观

旁观，或称游戏的旁观者，指幼儿大部分时间都在观看他人游戏，偶尔和他人交谈，有时候会提出问题或提供建议，但行为上并不介入他人的游戏。

3. 单独游戏

单独游戏或称"独自游戏"，指幼儿在交谈距离之内的伙伴旁边玩与伙伴不同的玩具，专注地玩着自己的游戏，但不和附近的幼儿交谈，也没有接近其他幼儿的尝试。

4. 平行游戏

平行游戏是指几个儿童以一种相仿的方式同时玩同样的或类似的玩具，彼此的空间距离很近，也能意识到对方的存在，但彼此不交谈，也没有共同的目的和合作的意图，各自的游戏内容也没有什么联系。有时儿童会互相模仿，但无意支配别人的活动。

5. 联合游戏

这是一种没有组织的共同游戏，指儿童共同参加一项游戏，互相借用玩具，有彼此间的交谈，但在游戏的过程中没有共同的目的，也没有分工，各自根据自己的愿望做游戏，突出的只是个人兴趣，而不是游戏集体的兴趣。

6. 合作游戏

合作游戏是一种有组织、有规则，甚至有首领的共同活动。它有明确的目的和合作，儿童在游戏中能为了共同的目标而分工合作，服从首领的指挥，按自己的角色去完成任务。相对于前几种游戏形式来说，这种游戏的社会化程度最高。

帕顿根据所提出的这六种游戏，以 14 名儿童为被试进行实验研究发现：2 岁的儿童一般只从事独自游戏、平行游戏或旁观游戏；4 岁儿童一般从事互相平行的游戏，但与 2 岁儿童相比，他们在相互作用和从事合作游戏方面表现得更多一点。

真题链接

1. 小红和小明在建构区专注地用积木拼搭自己的玩具，几乎没有说过一句话，他们的游戏属于（　　）。

   A. 独自游戏　　B. 平行游戏　　C. 独自游戏　　D. 合作游戏

   答案：B

2. 幼儿听了《小兔乖乖》后，自己扮演故事中的角色进行表演。这属于（　　）。

   A. 表演游戏　　B. 角色游戏　　C. 结构游戏　　D. 语言游戏

   答案：A

3. 下列哪些不属于创造性游戏？（　　）

   A. 结构游戏　　B. 体育游戏　　C. 角色游戏　　D. 表演游戏

   答案：B

4. 表演游戏和角色游戏的区别主要是（　　）。

   ① 游戏的主题来源不同
   ② 游戏的内容来源不同
   ③ 游戏中情况的产生不同
   ④ 游戏过程具有想象性和创造性

   A. ①②③　　B. ①②④　　C. ①③④　　D. ②③④

   答案：A

二、幼儿园各年龄段幼儿游戏特点

（一）小班幼儿的年龄特点

1. 目的性不强

按照帕顿依据儿童社会性发展的分类，小班幼儿大多处于无所事事、旁观或者独立游戏的状态。小班儿童游戏,只是无计划地摆弄材料,只有在他人提问下才会意识自己的操作物,并开始思考"这是什么"。

2. 兴趣不稳定

小班幼儿年龄为3—4岁,这个阶段的儿童自控力较差,容易转移兴趣。如果教师提供的游戏材料是幼儿感兴趣的,幼儿在游戏时就能积极、主动、认真地投入游戏,否则就会表现得漫不经心。

3. 兴趣持续时间段

小班幼儿对游戏产生的兴趣持续时间比较短。在游戏刚开始时,幼儿会积极地投入到游戏中,充分感受游戏给他们带来的快乐。但是这种积极的状态一般只有10—15分钟,过了这段时间,他们就会失去兴趣,即使老师再组织,效果也不佳。

4. 重内容,轻规则

不管哪种游戏,小班幼儿都会按自己的意愿进行游戏,而对于游戏过程中应当遵守的规则,幼儿时而遵守,时而不遵守。

(二)中班幼儿的游戏特点

1. 幼儿游戏水平极大提高,需要不断拓展游戏空间

中班幼儿非常喜欢象征性游戏。在选择中班的教育形式时,要考虑提供促进幼儿不断发展的条件,注重发挥活动区的作用。

2. 幼儿的自主性与主动性进一步发展,需要宽松、安全的探索环境

中班幼儿活动的自主性和主动性有了进一步的发展,他们能够提出自己的活动想法,有主动参与活动的热情与能力,能努力完成自己选择的活动。教师应为幼儿创设一个宽松、自主、有规则的活动环境,让幼儿真正成为活动的主人。

3. 幼儿同伴交往需求与能力进一步发展,需要良好的社会性发展氛围

中班幼儿游戏能力与水平都有所发展,与同伴的合作性游戏也逐步发展起来。他们已不再满足于自己玩,而开始喜欢找同伴一起玩。中班幼儿有着强烈的交往需求,这种需求在自主游戏活动中得以实现。因此,教师为幼儿提供可以交往合作的游戏氛围,是促进幼儿社会性发展的重要手段。

4. 幼儿想象的有意性水平提高,需要更大的表达与创造的空间

中班幼儿的想象力丰富,教师应提供有利于幼儿充分发挥想象力的活动空间,如活动区。幼儿在活动区的活动,可进一步发展成所有幼儿都非常投入的集体活动。

5. 幼儿具体形象思维表现突出,需要具体的活动情境与活动形式

中班幼儿思维的形象性最为突出。这一思维特点不仅表现在幼儿解决问题、判断事物时,而且表现在幼儿的各种活动中。在游戏中,幼儿容易沉浸在形象化的思维活动中,区角活动为幼儿的具体形象思维提供了自由活动的空间,满足和实现了幼儿的需要。

(三) 大班幼儿的游戏特点

1. 游戏的自我评价能力逐步提升

5岁以后,儿童的个性特征有了较明显的表现,其中最突出的是儿童自我意识的发展,主要体现在自我评价的能力上。儿童在评价自己时,不再轻信成人的评价,当成人的评价与儿童的自我评价不一致时,他们会提出申辩。同时,儿童可以从多个角度进行自我评价。

2. 合作意识逐渐增强

大班幼儿开始有了合作意识,他们会选择自己喜欢的玩伴,也能与3至5个小朋友一起开展合作性游戏。他们逐渐明白公平的原则和需要服从集体约定的意见,也能向其他伙伴介绍、解释游戏规则。比如,在小舞台表演游戏中,几个小朋友能一起分配角色、道具,能以语言、动作等进行表现,并有一定的合作水平。

3. 规则意识逐步形成

大班幼儿的规则意识逐步形成,他们开始学习控制自己的行为,遵守集体的共同规则。大班后期的儿童特别喜欢有规则的游戏,对在活动中违背规则的行为,儿童常常会"群起而攻之"。但这一时期的儿童对于规则的认识还没有达到自律,规则对儿童来说还是外在的,因此儿童在规则的实践方面仍会表现出自我中心。

4. 动作灵活、控制能力明显增强

大班幼儿的走路速度基本与成人相同,平衡能力明显增强,可以用比较复杂的运动技巧进行活动,还能伴随音乐进行律动与舞蹈。手指小肌肉快速发展,能自如地控制手腕,运用手指活动,所以大班幼儿开始热衷于结构游戏和创造性游戏。

三、幼儿园游戏指导的基本要求

(一) 幼儿是游戏的主人

幼儿是游戏的主人,教师是幼儿游戏的伙伴和支持者。这是指导游戏最重要的基本要求。

游戏是幼儿自愿、自发的活动,幼儿是游戏的主宰。在游戏中,他们以自己的生活经验,以自己的方式操纵着游戏的环境和游戏的过程。教师是幼儿游戏的伙伴和支持者表现在:

第一,在游戏前为幼儿提供各种游戏材料、时间、地点和相应经验准备。

第二,教师在游戏中成为幼儿的伙伴,与幼儿一起游戏,当幼儿需要帮助时,给予幼儿支持与帮助。

第三,幼儿游戏结束后,利用游戏分享环节,帮助幼儿梳理和总结游戏经验。

游戏指导的艺术在于保持而不破坏游戏的纯真色彩,充分发挥幼儿的主动性、积极性,促进幼儿的发展。

(二)教师以间接指导为主

间接指导法是指在幼儿主动活动的前提下,教师在游戏过程中对幼儿进行启发引导,将教育要求转化为幼儿的内部动机和游戏行为的方法。

间接指导法一般采用的方法有:

第一,教师扮演角色并以角色的身份影响游戏,包括平行式介入与交叉式介入。平行式介入是指教师在幼儿附近和幼儿玩相同或不同材料和情节的游戏,通过暗示作用,引导幼儿模仿,从而促进游戏发展;交叉式介入是指教师作为游戏中的某一角色或教师自己扮演一个角色进入幼儿的游戏,通过角色间的互动指导游戏。

第二,教师将教育的意图有机渗透在环境中,利用环境及各种标志、场地的布局、玩具和游戏材料等影响游戏。

第三,运用语言进行提问、提示、评论。

(三)观察游戏是教师的主要任务

观察游戏是教师指导幼儿游戏的前提,只有建立在观察基础上的指导,才能有的放矢地帮助幼儿获得发展。教师要通过观察,了解幼儿游戏的兴趣和需要,掌握幼儿游戏的水平及存在的问题,及时调整游戏的材料、场地,适时介入,并做出适宜的指导,有效发挥教师的指导作用。观察时,教师以不干扰幼儿游戏的进行为原则,尽量保持幼儿游戏时的自然状态,避免因教师观察游戏而影响幼儿游戏的真实感。

(四)把握好游戏数量是确保幼儿互动的前提

同一时间内玩多少数量的游戏?每种游戏有多少人参与?对此,教师要做到心中有数,否则就会导致以下两种情形的出现:一是由于游戏数量少,导致人员拥挤、角色分配发生困难。二是由于游戏数量太多,幼儿间缺乏互动,游戏同样不能顺利进行。在幼儿园常常会看到这样的场景:"小吃店"老板因没有"顾客"光临而独自"进餐";"司机"因没有"乘客"而趴在"方向盘"上到处张望。因此,教师要关注游戏的数量,促进游戏间的有效互动。

真题链接

1. 一般来说,大班幼儿所处的游戏水平为( )。
   A. 独自游戏　　B. 平行游戏　　C. 联合游戏　　D. 合作游戏

   答案:D

2. 小班幼儿在游戏时主要表现特点有( )。
   A. 目的性不强　　　　　　B. 兴趣不稳定
   C. 自己能分配角色　　　　D. 重内容、轻规则

   答案:ABD

3. 材料分析:操场上新安装了一个投篮架。幼儿经常在这里玩投篮游戏。一天,几个幼儿带着笔刷和水桶来到这里,他们先是快乐地粉刷投篮架,之后开始往篮筐里灌水,有的从上面灌,有的在下面灌,再灌,再接……相互配合,反反复复,

忙得不亦乐乎。

问题:是否应支持这些幼儿的行为?

参考答案:教师应当支持幼儿的这些行为。教师支持幼儿这些行为的理由如下:

① 游戏是幼儿最喜爱的活动,是幼儿生活的主要内容。幼儿游戏是一种无拘无束的活动,不能强制,没有外加目的,是幼儿根据自己的需要和愿望,按照自己的体力和能力选择进行的自主自愿的活动。主动性是游戏的主要特点。学前儿童正处于身心迅速发展的时期,喜爱游戏并以游戏为基本活动是由学前儿童的身心发展特点决定的。因此,无论哪一种类型的游戏,只要符合幼儿游戏的特征,教师就应当给予支持、鼓励、引导,满足幼儿对多种游戏的需要。

材料中幼儿粉刷投篮架,以及在投篮架所玩的灌水、接水的游戏是幼儿自发游戏。自发游戏是儿童自己想出来、自己发起的游戏,符合游戏的特点,最贴近游戏的本质,也是儿最愿意玩的游戏,教师应给与支持。

② 自发性游戏不仅可以促进幼儿身体发展、认知、情感、社会性等方面的发展,还特别有助于培养幼儿的自主性、独立性和创造性。材料中幼儿在投篮架粉刷、灌水、接水的游戏,对于培养幼儿的动手能力、合作意识,以及科学探究精神都有帮助。因此,教师不仅要给予支持,还要抓住教育契机,组织一系列类似的活动,在活动中渗透健康、科学、语言、社会等领域的内容,还可以让幼儿思考用什么代替投篮架,可以玩得更安全、更有趣。

综上所述,对于幼儿在投篮架上所玩的游戏,教师应予以支持、鼓励和引导,从而促进幼儿的发展。

情景实训

两个幼儿正在积木区玩小车,一辆接着一辆排了很长,老师发现幼儿的排列没有规律,立即让幼儿按照车的颜色和大小摆成一个停车场,想让幼儿练习分类。实际上幼儿正在布置马路上的堵车情景,被老师干预后只好根据老师的要求进行排列,刚排了几辆,随着老师的离开,幼儿也离开了。

(1)请分析一下案例中教师的行为。

(2)谈一谈幼儿游戏时教师应如何实现有效的指导。

思考与练习

1. 简述游戏的特点。
2. 幼儿园游戏指导的基本要求有哪些?
3. 参观幼儿园的游戏室或活动室,用所学理论分析其在空间安排上是否合理。

第九章 幼儿园生活活动

学习目标

1. 掌握幼儿园生活活动的含义,理解一日生活的教育意义。
2. 熟悉幼儿园一日生活的主要环节,掌握一日生活各环节的内容与要求。
3. 了解幼儿园生活活动组织的原则,掌握培养幼儿良好生活、卫生习惯的方法。
4. 学会营造对幼儿发展形成积极影响的心理环境。

本章提要

幼儿园生活活动
- 幼儿园生活活动概述
  - 幼儿园生活活动的含义
  - 幼儿园生活活动的意义
- 幼儿园生活活动的组织与指导
  - 幼儿园一日生活各环节的内容与要求
  - 幼儿园生活活动组织指导的原则与方法

问题情境

"小朋友们,去拿水杯排队倒水喝。"王老师的话音刚落,孩子们一哄而上,抢着去拿水杯,有几个水杯"哐当"掉到了地上。乐乐也拿着自己的水杯排到了队伍中。班级里只有一个饮水口,十多个孩子排着队,无所事事地边等边相互用水杯敲敲打打。乐乐等得有点心急了,嘴里嚷着:"好慢啊!"等了几分钟,终于轮到乐乐了,她迫不及待地接了一杯水准备回到座位上喝。这时,教师说:"请小朋友去上厕所。"好几个孩子跑去上厕所,有个孩子不小心撞掉了乐乐端着的水杯,水洒了一地。王老师皱皱眉头,把乐乐拉到一旁,赶紧拿拖把把地拖干。乐乐不开心地撅着小嘴,捡起水杯重新排队。整个班级显得十分混乱,王老师扯着嗓子喊:"大家慢一点,注意下别的小朋友。"但似乎并不起效果,王老师的眉头皱得更紧了,不知如何是好。

以上情景中王老师遇到的问题,与幼儿园生活活动的组织与指导密切相关。在本章的学习结束后,一定能够很好地帮助王老师解决这一问题。

第一节 幼儿园生活活动概述

幼儿园生活活动是幼儿在幼儿园一天的生活经历,幼儿园生活的每一个环节都蕴含着教育机会,是对幼儿进行全面发展教育的重要途径。《幼儿园工作规程》中明确指出,幼儿教育应遵循保育与教育相结合的原则,从实际出发,建立必要、合理的生活常规,培养幼儿的良好习惯和初步的生活自理能力。那么,幼儿园一日生活中哪些是生活活动?生活活动对于幼儿的发展又具有哪些价值呢?

微课 9-1
幼儿园生活活动概述

一、幼儿园生活活动的含义

幼儿园生活活动是指幼儿一日活动中的各个生活环节和每天都要进行的日常生活活动,通过这些活动满足幼儿一日基本的生活需要。幼儿园生活活动主要包括:入园、晨检、早操、饮水、进餐、盥洗、如厕、睡眠、离园、散步等。

二、幼儿园生活活动的意义

幼儿园的一日生活是构成幼儿日常生活的重要组成部分,著名教育家陶行知在其生活教育理论中提出"生活即教育",认为"全部课程包括全部的生活,一切课程都是生活,一切生活都是课程"。因此,需要将各项教育内容渗透于幼儿园一日生活的各种活动之中,促进幼儿德、智、体、美全面发展。

(一)满足幼儿基本的生活需要,保障幼儿健康成长

幼儿各个器官尚未发育成熟,对环境的适应能力较差,对压力承受能力较弱。因此,能否开展合理、科学的生活活动,不仅关系到幼儿当前的健康状况,更是影响幼儿今后一生的身心健康发展。合理的幼儿园一日生活制度保证了幼儿有科学的营养、充足的睡眠,满足饮食、排泄等生理需要,使幼儿生活更有规律,为幼儿机体的正常发育提供了良好的条件,从而更好地促进幼儿的身心和谐健康地发展。

(二)养成幼儿良好的生活、卫生习惯,提高幼儿生活自理能力

幼儿时期是一个人各种习惯形成的关键时期,一旦形成,一生受用。目前家庭教育中,家长更多注重孩子智力的开发,而对生活习惯的培养忽视很多,父母、祖父母对孩子生活上存在很多包办代替的现象,导致幼儿的生活、卫生习惯较差,生活自理能力低下。合理的幼儿园一日生活为幼儿提供了反复训练生活、卫生习惯和生活自理能力的机会,如饭前便后要洗手、定时定量进食、独立进餐、不随地吐痰等,有助于幼儿养成良好的生活、卫生习惯和生活自理能力,有利于幼儿形成文明的生活方式。

> **真题链接**
>
> 制定班级幼儿生活常规的主要目的是( )。
> A. 帮助幼儿学会自我管理　　B. 便于教师管理
> C. 让幼儿学会服从　　　　　D. 维持纪律
> 答案:A
> 【解析】 班级生活常规可以培养幼儿良好的行为习惯,还可以帮助幼儿适应幼儿园环境,培养幼儿的自律能力,所以制定幼儿班级生活常规的主要目的是帮助幼儿学会自我管理。

(三)培养幼儿良好的心理素质,增强幼儿心理适应能力

幼儿园安排有序、连贯的一日生活,能使幼儿在身体和情绪的转换中感到舒适和安全,减少由于环境的不确定和多变带来的焦虑、紧张等情绪,从而在有序生活的过程中感到自信和从容。合理的一日生活制度直接影响师幼互动的性质、方式与质量,影响幼儿的心理环境,让幼儿保持愉悦的情绪参加幼儿园各项活动,同时也增加了幼儿与同伴之间的交往,让幼儿在安全愉快的环境中健康成长。

(四)提高幼儿的自主性,有利于保教人员更好地开展保教活动

当有序的一日生活安排内化为幼儿自己行动准则后,他们便能够更加自如地在"我可以掌控的、我的生活"中进行学习,幼儿的主动性和自主性增强。这恰恰为教师提供了观察幼儿真实表现和发展水平的绝佳机会,教师能够在观察的基础上设计、调整教育计划,从而更好地开展保教活动。

第二节　幼儿园生活活动的组织与指导

微课 9-2
幼儿园一日生活活动各个环节组织与指导

幼儿园生活活动是进行保教结合的重要途径,每一项活动既是幼儿保育的过程,又蕴含着教育机会。生活常规是幼儿园为了培养学前儿童良好生活习惯和基本的生活自理能力,确保学前儿童健康和谐发展而制定的幼儿园一日生活各环节的基本规则与要求。幼儿园教师应该明确幼儿园一日生活各个环节的具体要求,包括对幼儿的常规要求与对教师的组织指导要求,以保证各项活动的有序进行。

一、幼儿园一日生活各环节的内容与要求

(一)入园

1. 对幼儿的常规要求

(1) 衣着整洁,愉快入园,乐意接受晨检。

(2) 不带危险品、零食入园,中班、大班幼儿能把衣帽等叠好放到固定处。

(3) 有礼貌地向老师、同伴问好,和家长道别。

(4) 主动向老师、同伴分享交流,积极参加活动和值日生工作,遵守常规。

2. 教师的组织与指导

(1) 热情迎接幼儿,观察了解幼儿的情绪和身体状况,特别关注患病儿、体弱儿。

(2) 热情接待家长,与家长进行简单、必要的交流。做好需要在幼儿园服药幼儿的药品交接工作,记录清楚药名、药的作用、服法与剂量,并和家长一起在记录本上签名。

(3) 做好晨检记录。晨检目的在于了解幼儿的健康状况,做到对疾病的早发现、早隔离、早预防、早治疗。晨间检查根据各园情况,有的幼儿园由专门的保健医生负责,也有的由带班教师负责,同时带班教师应做好相关的晨检记录,及时把握幼儿的身体健康状况。

(二) 盥洗

1. 对幼儿的常规要求

(1) 随时保持手、脸清洁,饭前、便后、手脏时能主动洗手,餐后主动漱口。

(2) 学会正确的洗手、洗脸、刷牙、漱口等盥洗技能。盥洗时不玩水、不浪费水,保持地面、服饰干爽。

(3) 养成生活用具个人专用的意识,会使用手绢或纸巾保持个人的清洁。

2. 教师的组织与指导

(1) 组织幼儿安静有序地盥洗,发现有打闹、玩水等情况,及时提醒和纠正。

(2) 将正确的盥洗方法、爱清洁、节约用水等图示呈现在盥洗处,提醒幼儿遵守。也可以引导幼儿自己制定盥洗规则,提升幼儿自我管理的能力。

(3) 幼儿盥洗时,教师应及时关注盥洗过程,提醒幼儿使用正确的盥洗方法,也可以和幼儿一起,为幼儿提供模仿学习的机会。

(三) 进餐

1. 对幼儿的常规要求

(1) 餐前自觉洗净手、脸,愿意与同伴一起进餐。

(2) 能独立进食,细嚼慢咽,不边吃边玩(正餐:30—40 分钟,点心:15 分钟)。

(3) 正确使用餐具及餐巾,保持桌面、地面和衣服的整洁。

(4) 不挑食,不剩饭菜,吃饭定时定量,不暴饮暴食,细嚼慢咽。

(5) 安静进餐,不大声谈笑,不口含食物说话。

(6) 餐后将餐具放到指定地点,主动擦嘴、漱口。

2. 教师的组织与指导

(1) 营造愉快、安静的进餐环境,介绍当餐食品。

(2) 组织幼儿按时进餐,两餐间隔时间不少于 3 个半小时,餐前餐后半小时不做剧烈运动。坚持餐后 15 分钟的散步。

(3) 鼓励幼儿独立进餐,提醒幼儿进餐速度及食量适当,纠正不良进餐习惯。

(4) 观察进食量,对特殊幼儿给予个别照顾,及时处理异常情况。

(四) 饮水

1. 对幼儿的常规要求

(1) 愿意定时饮水,需要时会主动取水喝。

(2) 正确取水,不浪费水,不喝生水,喝水时不说笑,不边走边喝水,口杯用后放回固定的地方,杯口朝上。

(3) 饭前、饭后半小时少量饮水,剧烈运动后稍做休息再喝水。

2. 教师的组织与指导

(1) 根据幼儿需要组织集中喝水、分散喝水,提醒并允许幼儿随时喝水。

(2) 观察幼儿饮水量,保证幼儿每日的饮水量。

(3) 指导幼儿安全有序地取水,通过示范、图示等方法引导幼儿学习正确使用水杯接水,并注意接水量。

(4) 设计"喝水记录表",激发幼儿主动喝水的兴趣。

(五) 睡眠

1. 对幼儿的常规要求

(1) 喜欢在幼儿园午睡,能自然、独立入睡。

(2) 学会有顺序地穿脱衣裤,能将衣物放指定的地方。

(3) 安静入眠,不带玩具上床,不蒙头、吮手、咬被角等。

(4) 按时起床,按顺序穿衣服,学习整理床铺。

2. 教师的组织与指导

(1) 组织幼儿睡前解便,安静进入寝室。

(2) 营造良好的睡眠环境,遮挡过强的光线等。睡前可组织幼儿散步或进行安静的游戏活动,保持幼儿情绪的稳定和安静。

(3) 指导或帮助幼儿有序地穿脱、折叠衣物,放在指定位置。

(4) 巡视观察,帮助幼儿盖好被褥;纠正不正确睡姿;照顾入睡困难、有特殊需要的幼儿。

(5) 午睡结束起床前,提醒幼儿根据天气情况增减衣物。起床后应让幼儿小便、喝水,稍做调整后,再组织幼儿进行户外活动。

(六) 如厕

1. 对幼儿的常规要求

(1) 学会自理大小便,大小便有异常情况能主动告诉教师和保育员。

(2) 解便时不弄湿自己和同伴的衣裤。

(3) 便后会用手纸自前向后擦屁股,用肥皂、流水洗手,整理服装,不在厕所逗留。

2. 教师的组织与指导

(1) 指导幼儿正确使用手纸、整理衣裤,便后洗手。安装试衣镜或张贴正确提裤子的步骤示意图,让幼儿按图示提好裤子并对着镜子检查,学会独立整理衣物。

(2) 观察幼儿大便情况。发现异常,及时与家长联系并做好记录。

(3) 不限制幼儿如厕次数,提醒易遗尿的幼儿解便。

(4) 组织幼儿制定"文明如厕公约"。

(七) 离园

1. 对幼儿的常规要求

(1) 愉快地离园回家,收拾桌面,整理玩具,携带好个人衣物。

(2) 自主参加适宜的游戏,安静耐心地等待家长。

(3) 保持仪表整洁,主动和教师、同伴道别,跟随家长安全离园,不跟陌生人走。

(4) 愿意主动与家长交流当日在园生活及活动情况。

2. 教师的组织与指导

(1) 幼儿离园前,组织幼儿做好离园准备工作。

(2) 提醒幼儿收拾好教玩具及其他物品,坚持持接送卡接送幼儿,确保幼儿安全离园。

(3) 注意幼儿仪表形象,指导幼儿整理衣物和个人物品,亲切道别。

(4) 与家长进行必要的沟通交流,听取家长意见。

(5) 幼儿全部离开后,及时清洁、整理活动室,关好门窗,关闭水龙头和电源,检查并做好安全保卫工作。

二、幼儿园生活活动组织指导的原则与方法

(一) 幼儿园生活活动组织指导的原则

1. 保教结合原则

幼儿园生活活动中包含很多保育的内容,教师需要以极大耐心和爱心照料幼儿的吃饭、喝水、睡眠、盥洗等。同时,教师在保育工作的同时,也需要将教育内容与生活活动紧密结合,在一日生活中渗透教育,促进幼儿的全面发展。如组织幼儿进餐环节,一方面,教师需要为幼儿营造宽松、愉悦的就餐环境,保证幼儿的用餐卫生与均衡营养,养成幼儿不挑食、不偏食等良好的进餐习惯;另一方面,教师可以利用进餐环节,介绍各种食物的名称与营养,掌握均衡饮食的搭配等。教师应该树立牢固的保教结合观念,心中有教育目标,主动、自然地将教育渗透在一日生活中,发挥一日生活的整体功能。

微课 9-3

幼儿园生活活动组织指导的原则与方法

2. 主体性原则

幼儿园是幼儿自我学习、自我发展、自我服务、提升生活自理能力的重要场所,教师应当处理好照顾幼儿生活和发展幼儿生活独立性之间的关系。凡是幼儿自己能做的,教师应该学会放手,让幼儿主动去尝试。教师应积极把幼儿生长发育的规律运用到幼儿的生活活动中,按照幼儿的生理、心理特点,建立合理的生活常规,充分发挥幼儿的主

体性,提升幼儿生活自理能力。

> **真题链接**
>
> 活动区活动结束了,可是曼曼的"游乐园"还没搭完,他跟教师说:"老师,我还差一点儿就完成了,再给我5分钟,好吗?"老师说:"行,我等你。"一边说,一边指导其他幼儿收拾玩具……该教师的做法体现了幼儿园一日生活安排应该(   )。
>
> A. 与幼儿积极互动　　　　　B. 根据幼儿活动的需求灵活调整
> C. 按照作息时间按部就班地进行　　D. 随时关注幼儿的活动
>
> 答案:B
>
> 【解析】 活动中教师根据曼曼的活动灵活地调整,故选项B正确。

3. 家园一致原则

家园有效配合是保证教育质量的关键。幼儿进入幼儿园新环境中所表现出的适应能力,在幼儿园各项活动中表现出的相关知识经验、能力和行为习惯,都与其家庭教育有着密切的联系。而全面地把握幼儿的发展情况,深刻认识其成因,是科学组织和指导幼儿园生活活动的前提,因此教师在组织生活活动中离不开家长的配合。同时,生活习惯的养成并不是一朝一夕之事,需要长期持之以恒,幼儿除了在幼儿园应良好的生活的习惯,更需要在家庭生活中也保持一致。只有家园一致,才能真正养成幼儿良好的生活卫生习惯。

(二)幼儿园生活活动组织指导的方法

1. 讲解示范法

幼儿园生活活动中涉及很多非常具体的生活技能,如正确洗手的方法、漱口的方法、穿脱衣的方法等,讲解示范法是生活活动组织中最基本的方法。示范法包括整体示范和分解示范,针对较难的生活技能,一般用分解示范法,将各个步骤分解后示范给幼儿;对于较简单的生活技能,一般用整体示范法。同时,幼儿年龄越小,示范应多于讲解;幼儿年龄越大,讲解应多于具体示范。

2. 具体操作法

具体操作法是幼儿园生活活动组织中最重要的方法,也是养成教育的主要方法。幼儿必须通过反复不断的操作练习,才能真正掌握各项生活技能的正确方法。也是在不断的练习操作中,幼儿才能养成良好的生活习惯,把生活常规转变为自觉的行为习惯。

3. 集中训练与个别指导法

在幼儿园生活活动组织中,集中训练与个别指导不可分割。幼儿园的生活是幼儿的集体生活,每个幼儿必须遵守幼儿园的生活常规,才能保证集体生活的有序进行。因此,幼儿园生活常规中的知识和技能往往通过集中训练的方法进行传授。而由于每个个体差异的存在,教师又必须通过个别指导使每个幼儿都能掌握相应的活动的内容与要求。

4. 随机教育法

随机教育法是指利用偶发事件进行及时、灵活、合理的教育。幼儿园一日生活中处处隐含着教育契机，幼儿年龄小，认知水平低，生活经验少，且个体差异显著，常常会出现意外事件。教师应该敏感地发现这些"意外事件"，善于捕捉和利用这些偶然的、短暂的、稍纵即逝的教育时机，将生活规则、生活常识、生活技能等渗透在偶发事件的教育中。

真题链接

什么是幼儿园一日生活常规，试述培养幼儿一日生活常规教育的意义和方法。

答案要点：生活常规是幼儿园为了培养学前儿童良好生活习惯和基本的生活的自理能力，确保学前儿童健康和谐发展而制定的幼儿园一日生活各环节的基本规则与要求。

培养幼儿一日生活常规具有以下意义（具体阐述略）：

(1) 满足幼儿基本的生活需要，保障幼儿健康成长。

(2) 养成幼儿良好的生活、卫生习惯，提高幼儿生活自理能力。

(3) 培养幼儿良好的心理素质，增强幼儿心理适应能力。

(4) 提高幼儿的自主性，有利于保教人员更好地开展保教活动。

幼儿园一日生活常规的培养方法如下（具体阐述略）：

(1) 讲解示范法。

(2) 具体操作法。

(3) 集中训练与个别指导法。

(4) 随机教育法。

情景实训

离园前的混乱

距离离园还有半小时，李老师说："孩子们，现在可以玩会儿区角活动，等爸爸妈妈来接。一、二两个小组的小朋友去娃娃家玩，三、四两个小组的小朋友去图书角看书。"话音刚落，幼儿明明嘟着小嘴说："老师，图书角、娃娃家我都玩过了，我想玩别的。"教师随口说："现在只能玩这两个活动。"

家长们陆陆续续出现在活动室门外，李老师让孩子们停止活动，排好队一个个上来检查衣物。还没有轮到的孩子已经坐不住了，有的迫不及待地朝门口看爸爸、妈妈有没有来接自己，有的相互打闹、聊天。教室里一片嘈杂声。

你觉得李老师在离园环节做得如何？如果你是李老师，你会如何组织离园环节？

思考与练习

1. 简述幼儿园生活活动的含义与教育意义。
2. 请以表格的形式总结梳理幼儿园一日生活各环节的内容与要求。
3. 结合实际,论述幼儿园生活活动组织指导的原则与方法。

第十章

幼儿园环境

学习目标 →

1. 了解幼儿园环境创设的概念、类型、意义、特点及原则。
2. 掌握幼儿园物质环境创设的方法。
3. 学会营造对幼儿发展形成积极影响的心理环境。

本章提要 →

```
                                    ┌─ 幼儿园环境的概念及类型
                 ┌─ 幼儿园环境创设概述 ├─ 幼儿园环境创设的意义与特点
                 │                  ├─ 幼儿园环境对幼儿发展的作用
                 │                  └─ 幼儿园环境创设的原则
 幼儿园环境 ─────┤
                 │                  ┌─ 幼儿园室内环境的创设
                 ├─ 幼儿园物质环境的创设 ┤
                 │                  └─ 幼儿园户外环境的创设
                 │
                 │                  ┌─ 幼儿园心理环境的概念
                 └─ 幼儿园心理环境的创设 ├─ 幼儿园心理环境对幼儿发展的影响
                                    └─ 创设幼儿园良好心理环境的策略
```

问题情境 →

　　萌萌长相一般，小朋友不喜欢亲近她。有一天，王老师在组织幼儿玩游戏时，站在萌萌身边，拉着她的手和小朋友一起做游戏。第二天，萌萌的妈妈送她入园时向王老师表示感谢。王老师有些纳闷，不知萌萌妈妈为什么要感谢自己。一问才知道，原来昨天晚上萌萌回家后非常高兴地对妈妈说："妈妈，王老师可喜欢我了，今天拉了我的手！"王老师听了以后非常惭愧，因为自己拉萌萌的手完全是出于无心的。萌萌对老师和自己拉手的反应如此强烈,说明老师过去忽视了这个孩子,没有给予她应有的关注与爱,自己的行为也影响了其他幼儿对萌萌的态度。从此以后,王老师总是有意识地亲近萌萌,王老师的态度直接影响到其他小朋友,萌萌一天天变得开朗起来。

对萌萌来说,她所处的心理环境得到了明显改善与提高。可见环境创设对于幼儿发展有极其重要的意义,本章将就幼儿园环境创设进行阐述。

"近朱者赤,近墨者黑"形象地说明了环境对人的影响,学前儿童的成长和发展与后天的成长环境有着密切的联系。陈鹤琴曾经说过:"小孩子生来大概都是好的,到了后来,或者是好,或者变坏,这是环境的关系。环境好,小孩子就容易变好;环境坏,小孩子就容易变坏。"苏霍姆林斯基也认为,孩子在他周围、在学校的墙壁上、在教室里、在活动室里经常看到的一切,对于他精神面貌的形成有重大意义。

第一节　幼儿园环境概述

《幼儿园教育指导纲要(试行)》中明确指出:"环境是重要的教育资源,应通过环境的创设和利用,有效地促进幼儿的发展。"同时还提出:"幼儿空间、设施、活动材料和常规要求等应有利于引发、支持幼儿的游戏和各种探索活动,有利于引发、支持幼儿与周围环境之间积极的相互作用。"《幼儿园工作规程》中明确指出:"幼儿园应当将环境作为重要的教育资源,合理利用室内外环境,创设开放的、多样的区域活动空间,提供适合幼儿年龄特点的丰富的玩具、操作材料和幼儿读物,支持幼儿自主选择和主动学习,激发幼儿学习的兴趣与探究的愿望。"良好的幼儿园环境既是幼儿生活、游戏和学习的保证,也是成人向幼儿进行教育的重要资源。创设良好的幼儿园环境并引导支持幼儿与环境相互作用是幼儿园教师必备的能力,是幼儿园教师专业素质的重要组成部分。

一、幼儿园环境的概念及类型

(一)幼儿园环境的概念

1. 环境

环境是一个内涵十分广泛的概念,一般指影响生物机体生命、发展与生存的所有外部条件的总和。对不同的对象和学科来说,环境的内容、所指的对象有着较大的差异。比如,从生物学来说,环境是指生物生活周围的气候、生态系统、周围群体和其他种群等;而从企业和管理学来说,环境则指社会和心理的条件,如工作环境、企业文化、人际氛围等;在教育学和心理学领域,环境通常指个体生活周围的情况和条件的总和。

2. 幼儿园环境

传统观念认为,"幼儿园环境"就是"以幼儿园为中心的各种情况、条件的总和"。事

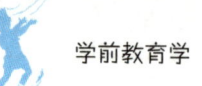

实上,秉持相对生态学视野下的幼儿园环境概念,更有利于高质、有效的学前教育的开展。生态学观点认为,一个人的发展总是与其所处的生态环境相关,生态环境包含了小系统、中间系统、外系统和大系统,前者逐渐被包含在后者之中,形成了一种同心圆样式的结构。传统的关于"幼儿园环境"的解释显得过于宽泛,又遗失了一些重要的内容。幼儿园环境是儿童整个生态系统中的一个小系统。在这个小系统内部,还包含有设施设备、同伴关系、师生关系,以及幼儿园与家庭、社区等系统之间的互动。根据教育生态学观点,幼儿园环境是指学前儿童本身以外的、影响学前儿童发展或者受学前儿童发展所影响的幼儿园中的一切外部条件和事件[①],是物质与精神要素的总和。

(二)幼儿园环境的类型

幼儿园环境按性质可以分为物质环境和精神环境两大类。幼儿园物质环境为幼儿园各项活动提供了必要的物质基础,幼儿园精神环境影响着园内部所有人员的情绪状态、行为方式。

1. 幼儿园物质环境

一般来说,幼儿园物质环境是指幼儿生活、游戏和学习所需要的物质条件,包括园舍、家具设备、玩具材料、游戏空间、图书、室内外装饰和布置等一切物质性的东西。幼儿园物质环境按照其范围大小可以划分为宏观物质环境、中观物质环境及微观物质环境。宏观物质环境是指整个幼儿园的物质环境,涉及其占地面积、园舍建筑等所拥有的整体物质环境。中观物质环境是以幼儿园活动室为单位的内部环境,涉及活动室的整体格局、各个功能区的建构等。微观物质环境是指活动室内各个功能区的内部环境,如游戏区的环境、睡眠室的环境等。

2. 幼儿园精神环境

精神环境主要包括教师的教育理念、教育行为及人际关系和情感氛围。

这是一种隐性的环境,却对幼儿的兴趣、交往行为和个性发展产生重要的影响,他直接关系到幼儿对周围环境的认同感与信任感,制约着幼儿活动的主动性与积极性。

物质环境和精神环境相互渗透、相互作用、相互转化。良好的物质环境条件可以引起幼儿积极的活动,从中产生愉快的情绪体验;宽松自由的、民主的、富有安全感的、充满爱的心理氛围能促进幼儿所处的环境结构趋于合理,各要素之间的关系更加协调。

二、幼儿园环境创设的意义与特点

幼儿园环境创设的意义,在于利用环境进行教育,即充分利用环境中各种有价值的信息、要素对幼儿进行生动、直观、形象而又综合的教育。传统的分科式教育不重视多种环境的作用与影响,强调的是教的环境创设,而忽略了幼儿学的环境创设。由于忽略幼儿的认知特点和身心特点,因而不适合幼儿身心发展规律,也不利于幼儿的认知发展。所以,打破学科界限,通过设置环境,组织幼儿参与环境,利用环境对幼儿进行全方

---

① 薛烨,朱家雄.生态学视野下的学前教育[M].上海:华东师范大学出版社,2007:200-201.

位的信息刺激,让幼儿在与环境的交互作用中,通过活动形式激发其内在的积极性,直接得到一种情感体验和知识启迪,从而促进幼儿德、智、体、美的全面发展。

幼儿园环境具有教育性和可控性的特点。幼儿园环境的教育性:幼儿园环境是根据幼儿园教育的目标及学前儿童的发展特点有目的、有计划、有组织地精神创设的。在幼儿园教育中,环境创设不仅仅是美化的需要,更是教育者实现教育目标的重要中介。因此,幼儿园的环境具有教育功能,是为实现教育目标服务的。幼儿园环境的可控性:幼儿园内环境的构成处于教育者的控制之下,一方面,表现为任何社会上的精神、文化产品、各种儿童用品等在进入幼儿园时,必须经过精心地筛选甄别,取其精华,去其糟粕,以有利于学前儿童发展为选择标准;另一方面,教师根据教育的要求以及学前儿童的特点,有效地调控环境中的各种要素,维护环境的动态平衡,使之始终保持在最适合学前儿童发展的状态。

三、幼儿园环境对幼儿发展的作用

作为幼儿生活的重要场所,幼儿园环境对幼儿的身心发展有着重要的作用。"近朱者赤、近墨者黑""孟母三迁"都强调了环境对人的作用。幼儿园环境对幼儿的影响是深刻的、全面的,为促进幼儿的德、智、体、美等方面的全面发展服务。

(一)幼儿园环境可以陶冶幼儿的性情

教育的关键在于启发真、善、美,通过美的教育发展幼儿的情趣,陶冶幼儿的性情。幼儿园是幼儿、幼儿园教师及其他人员共同生活、学习、活动的场所,干净、整洁、优雅、温馨的幼儿园环境可以给幼儿一种美的感受,能够陶冶其情感,发展他们的良好个性品质和积极的态度。色彩鲜明的颜色、生动有趣的图案对幼儿来说是一种美的享受。将幼儿的绘画、手工作品作为环境装饰的一部分,也能给幼儿营造参与感。总之,幼儿园环境强调美感的渗透、性情的陶冶,这样的环境对幼儿有一种潜移默化的正向影响。

(二)幼儿园环境可以启迪幼儿的智慧

幼儿园环境为幼儿提供了丰富的游戏材料和多样的活动场所,让幼儿对事物充满好奇、主动探究,引发他们的思考及活动,打开幼儿的智慧之门。幼儿园各种活动区、活动设备的配置,都为幼儿提供了自由的活动空间。例如,在语言区,丰富的图书、舒适的桌椅能够让幼儿尽情感受图书的魅力、阅读的乐趣,获得有趣的发现;在玩沙玩水区,宽阔的场地、多样化的材料让幼儿能够自由游戏、释放天性,激发创造;在科学区、建构区,幼儿能够不断探究各种有趣的现象,发挥想象去建构奇妙的事物。幼儿是在游戏中学习、在活动中发展的,幼儿园的环境能够为幼儿提供多种游戏与活动的场所和条件。

(三)幼儿园环境可以引导和规范幼儿的行为

对幼儿而言,幼儿园环境像老师,对他们的行为有引导和规范作用。幼儿园的一些环境或环境中的一些因素对幼儿的行为、情感等方面有着明确的要求和导向,这些环境因素让身处其中的幼儿自觉地发生着成人期待的行为。例如,在幼儿盥洗或饮水环节,常常出现一些拥挤的现象,教师借鉴银行工作窗口"一米线"(等待处在一米之外)的做

法,灵活地改变一下环境布局,很好地减少了此类事件的发生。同样,在各区域的门口贴上几对小脚丫就表明只能同时进去几个小朋友游戏,也有效地限制了人数,避免了拥挤。幼儿园盥洗室里张贴洗手步骤的图示、洗手台前地面上粘贴的小脚丫图标等环境设置,都在默默地传达给幼儿正确行为方式的信息。

环境对幼儿的健康和发展具有至关重要的作用。环境支持着幼儿的活动,丰富了幼儿的游戏内容,促进了幼儿各种能力的发展。

四、幼儿园环境创设的原则

幼儿园因所在地域不同,经济、文化、社会环境存在诸多差异,在进行园所环境创设时需立足自身优势,因地制宜,遵循以下基本要求。

(一)安全性原则

安全性原则是指幼儿园的环境是安全的,能够保障儿童的身心健康发展。由于年龄的原因,幼儿机体协调性差、控制能力弱,生活经验少,缺少危机意识,自我保护能力不足,他们对外界环境的安全性要求更高,需要幼儿园为他们提供安全的活动和学习环境。《幼儿园教育指导纲要(试行)》中明确指出:"幼儿园必须把保护幼儿的生命和促进幼儿的健康放在工作的首位。"因此,安全性原则是幼儿园环境创设中需要遵循的最基本的原则。

安全性原则表现在:一方面,幼儿园的环境必须保障幼儿的身体安全与健康。幼儿园室内外活动场地里的玩具材料、设施设备等的选用和购买首先就要考虑其安全性,应该符合安全标准,无毒无害。幼儿园在各活动场地的设计上也需要注意是否存在安全隐患,应该有负责人定期对幼儿园的各项设施设备进行检查与维修,做到防患于未然。另一方面,幼儿园环境要保障幼儿的心理安全与健康。幼儿园教师应该建立平等的师幼关系,创设宽松、民主、安全的心理环境,热爱、尊重、理解每一名幼儿,使幼儿保持轻松愉快的心境,促进幼儿的健康成长。

(二)全面性原则

全面性原则是指幼儿园环境创设要考虑儿童身体和心理两方面的发展,兼顾物质环境和精神环境的创设。有的幼儿园在进行环境创设时,往往把环境创设等同于物质环境创设,忽略精神环境创设,只追求一种视觉效应,而忽略了环境的内在品质。物质环境固然重要,然而如果忽视幼儿园精神环境创设,没有良好的师幼互动和温馨和谐的氛围,幼儿无法在幼儿园获得安全感与归属感,非常容易导致幼儿的被动学习,不利于幼儿可持续的发展。物质环境是幼儿园进行保教活动的基础,精神环境则是幼儿园保教质量提升的关键,只有将这两者有机结合起来,才能真正彰显环境的独特教育价值。

(三)目标一致性原则

目标一致性原则是指幼儿园环境创设要与幼儿园教育目标保持一致,为幼儿园教育目标服务。现实中,有些幼儿园进行环境创设时仅强调环境的装饰功能,只追求美观,盲目提供材料,对教育性考虑较少。还有一些幼儿园环境创设纯粹为了摆设和装饰,仅供参观学习和领导检查,完全违背了环境育人的基本教育理念。环境作为重要的隐形性课程,对幼儿的身心发展起着潜移默化的作用,幼儿园在进行环境创设时,除了关注环境的装饰美,更要关注环境的教育性。为了充分发挥环境的教育功能,在创设幼儿园环境时,必须明确环境创设所达到的教育目标,以教育目标为依据创设幼儿园环境。

要注重环境为教育目标服务,应该考虑两点:

(1) 环境创设要有利于教育目标的实现。幼儿园在环境创设应该考虑幼儿的全面发展,若教师仅仅注重幼儿的认知活动,设置读写算等区域,而缺少幼儿健康、社会、审美教育等环境,在创设发展幼儿社会性的环境时,只提供幼儿社会认知的环境,而对幼儿社会情感、社会行为发展的环境考虑很少,这都不利于幼儿的全面发展。

(2) 依据幼儿园教育目标,对环境设置做系统规划。在制定学期、月、周、日及每一个活动计划时,在确定目标之后,应考虑为了达到这些目标,需要有怎样的环境与之配合;现有的环境因素中,哪些因素对教育目标的实现是有用的、可以利用的,哪些环境因素是要创设的;需要幼儿家庭、社区做哪些工作等。要把幼儿全面发展的教育目标,落实到月计划、周计划、日计划以及每个具体的活动中,体现在所创设的环境中。

(四) 发展适宜性原则

发展适宜性原则是指幼儿园环境创设要符合幼儿的发展水平、年龄特征以及当地的文化和经济状况等。幼儿的身体、认知、社会性和情感处于迅速形成与发展的时期,幼儿期的发展呈现出年龄特征,因此,幼儿园教育环境的创设应当符合幼儿的身心发展需求,满足每一名幼儿生活、游戏和学习的需要,使每一名幼儿都有可能在其中获益,在自己的原有水平上获得应有的发展。处于不同年龄阶段的幼儿,身心发展特点和需要表现出不同的年龄特征,即使同一年龄阶段幼儿,兴趣、能力、学习方式方面都存在很大差异。环境创设应适应幼儿的这种差异。如小班的游戏材料要求结实耐用、结构简单、色彩明快、感官刺激丰富,而且数量要充足;中班的游戏材料要突出操作性的特点;大班更加强调游戏材料的丰富性和探索性等。同一年龄段的幼儿,有些幼儿小肌肉动作发展较差,可提供一些串珠、拼插、剪贴等方面的材料,让幼儿进行练习;有的幼儿大肌肉动作发展差,就可以提供脚踏车、攀登架等,让幼儿进行练习。此外,幼儿园也要立足于当地的文化特色和自身的优势进行环境的规划设计。幼儿园可以实地调研,选取地区文化中适宜的内容和资源来创设园所环境。基于一定的地区文化特色去创设环境,能够帮助幼儿了解自己所熟悉的生活和文化,萌发幼儿对家乡的热爱之情。

与此同时,发展适宜性原则还要求幼儿园的精神环境是宽松的、自由的、和谐的,物质环境是安全、多样的。只有这样,幼儿才能在环境中充分表现自己,根据自己的爱好与水平轻松愉快地选择与进行各种活动,在与环境的交互作用中实现自身的发展。

(五) 幼儿参与性原则

幼儿参与性原则是指幼儿园环境创设应让幼儿参与其中,使环境创设成为师幼积极互动的过程。在一些幼儿园中,环境创设常常由教师包办,即使有幼儿参与,也仅限于将幼儿的作品拿来作为环境的点缀。而且,一些教师经常在学期初为了布置环境加

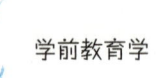

班加点，而一旦环境布置好了，就认为大功告成，一学期难得更换一次。幼儿园是教师与幼儿共同生活与学习的地方。要培养幼儿对幼儿园的归属感与认同感，就要让幼儿感受到"我是幼儿园的主人"，而不应该仅仅作为"客人"被教师请进布置好的教室。幼儿有权参与幼儿园环境的创设，有权发表自己的意见与看法，这对于幼儿的学习与发展具有重要意义。

教师要认识到幼儿园环境的教育性不仅蕴含于环境之中，而且蕴含于环境创设的过程之中。教师应与幼儿共同商量确定环境布置的主题、材料、作品、风格等，并在课程实施过程中利用创设的环境，使之能真正支持幼儿的发展。幼儿参与幼儿园环境的创设，不仅可以为幼儿提供学习行使自己的权利、发表自己的观点和意见、表现自己能力的机会，而且可以加强幼儿对幼儿园和班级的认同感和归属感，使班级真正成为教师与幼儿共同的"家"。

（六）开放性原则

开放性原则是指创设幼儿园环境不仅要考虑幼儿园内的环境要素，同时也要重视园外环境的各要素，两者有机结合，协同一致地对幼儿施加影响。科学技术发展所带来的信息量给幼儿的刺激是全方位的，幼儿的成长受到多方面的影响，因此，幼儿园不能关起门来办教育，脱离幼儿园园外环境进行园内封闭式的教育成效有限。教育者应该树立大的教育观，把大、小环境有机结合，形成开放的儿童教育系统。

面对社会环境的复杂影响，教师可以选择、组织、利用其中富有教育价值的积极因素，努力控制与削弱消极因素，取其精华，去其糟粕，通过大小环境的配合，主要是与家庭、社区合作，互相取长补短，同心协力，在一个开放的系统中培养适合新时代要求的儿童。幼儿园应采取积极的态度，主动与外界结合，让家庭、社区成员进一步了解幼儿和幼儿园，使幼儿园教育获得家庭、社区的支持和配合，有针对性地对幼儿进行教育，同时，也促使家长和社区成员从教师那里学习到教育知识和技能，改善自身的教育观念和行为。

（七）经济性原则

幼儿园环境创设要坚持低成本、高效益的经济适用原则，充分利用社区资源，就地取材。在保证清洁卫生的前提下，废物利用，一物多用，不盲目攀比，不追求园舍装修的宾馆化和设备设施的高档化。比如，用芦苇和稻草搭简易房子、用废弃的纸盒做成"悄悄话小屋"、用废弃的轮胎建成攀岩墙等，既经济实惠又有教育价值。

班级是幼儿在园生活、游戏和学习的主要场所。幼儿园的环境创设，应该以班级为基本单位，重视班级环境的创设，使班级环境能够满足幼儿生活、游戏和学习等的基本需要。在一些幼儿园，存在着轻班级环境创设、重功能教室配备的倾向，很少为幼儿班级提供玩具和图书，却热衷于建设全园共用的功能教室，如美工教室、角色游戏室、电脑室、科学活动室、建构游戏室、图书阅读室等。这些模仿中小学实验室建设的功能教室，一方面需要占用原本就非常紧张的幼儿园户外空间，另一方面利用率很低，属于幼儿园环境创设中不经济适用的典型代表。

> **真题链接**
>
> 下列选项中,对幼儿教育质量影响最小的是（　　）。
> A. 经费投入　　　　　　B. 师幼互动
> C. 教师学历　　　　　　D. 高档园舍
> 答案：D
> 【解析】 四个选项都会对幼儿教育质量产生影响。相比较而言,高档园舍对幼儿教育质量影响最小,因为幼儿园环境创设应符合儿童全面发展的需要,与教学目标相一致,要遵循着经济性原则,并非越高档越好。

第二节　幼儿园物质环境的创设

幼儿园物质环境根据场地不同,分为室内环境和户外环境两部分。幼儿园室内环境是指幼儿园主体建筑物的内部环境,一般以班级为单位进行划分,如班级所属的活动室墙面、活动区环境、睡眠室环境、盥洗室环境等;也包括幼儿园专门设立的功能室,如用以举办大型活动的功能室、科学实验室以及其他功能室。幼儿园户外环境是指幼儿园园所主体建筑物之外的环境,例如,户外场地、大型器械区、沙水区、种植区、饲养区等。

一、幼儿园室内环境的创设

幼儿园室内环境主要包括活动室、睡眠室、盥洗室、更衣室、楼道、走廊等区域。室内活动环境的创设,并不是简单的物质条件的提供问题,而应作为实现整个教育目标,促进幼儿全面发展的有效途径和手段。室内环境创设包括墙面设计、活动区的布局以及活动区材料投放等。活动室是幼儿园最重要的室内环境,在此主要介绍活动室的墙面设计与活动区创设。

（一）活动室内墙面设计

室内墙面是幼儿园环境中最直观的部分,也是直接影响幼儿生活的部分。幼儿园的墙面一般包括主题墙、游戏区的墙面、功能区的墙面、常规性主题墙面等。

1. 室内墙面环境创设的总体要求

一个好的墙面创设应该在彰显美感的基础上,体现教育性,具有层次性以及幼儿参与性。具体来说包含以下几点要求：

（1）彰显美感

墙面在色彩上应该给幼儿以美的视觉享受,应该根据实际需要进行选择,避免大面积地使用过纯、过鲜艳的颜色。墙面还需要考虑画面的整体美,色调需要与主题相符合,使环境更艺术化。墙面不能被饰物覆盖太满,以免使人产生拥挤、杂乱的感觉。要

注意形象、色彩、形式、空间要素之间的整体和谐。

（2）体现教育性

教室里的墙面设计一方面是为了增加美观，另一方面，墙面内容也应该能够很好地支持幼儿的学习与活动。比如，实施"春天"的主题活动，教师可以带领幼儿一起布置教室里的春天，一起收集和制作与春天有关的作品，用来布置环境，既可以达到美化环境的效果，也达到了深化教育内容的目的。

（3）具有层次性

从垂直空间来看，墙面布置可分为高、中、低三个层次：房间的房顶和墙面离地面最高的部分，可以按照本班幼儿的年龄特点，用孩子喜爱的色彩布置主题；活动室墙面中间部分，由教师根据孩子的年龄特点来布置，可以展示幼儿的作品；活动室最下面的部分是幼儿能够参与布置的区域，教师可以把布置的权利交给幼儿，是幼儿互动最多的区域。

（4）幼儿参与性

进行墙面环境创设时，教师需要与幼儿共同参与。空间的设计、色彩的运用、材料的选择、墙面布置等环节，都应该调动幼儿参与的积极性，努力将墙面的布置变成幼儿园课程的一个环节，教师起着引导者和支持者的作用。

2. 主题墙面的创设

如何进行主题墙的创设？首先，需要着眼于幼儿的实际需要来进行环境创设，让幼儿以主人的身份直接参与环境的创设。主题环境要根据孩子的需要而经常更新，增强幼儿对它的亲近感，满足幼儿的心智体验，从而实现幼儿与环境之间的互动，并允许幼儿在活动时根据自己的经验调整墙饰，使他们在主题环境的创设活动中构建自己的主角。其次，主题环境创设要有趣味性，这样有利于幼儿自主探索、主动学习。趣味性的环境更容易吸引孩子去操作、去探索，成为一个主动的学习者。最后，主题环境创设呈现形式要多元化、立体化、动态化。总之，我们以幼儿发展的需要为目的，紧紧围绕教育目标和教学内容，发挥孩子的主体作用，共同创设幼儿所喜爱的、与之产生互动的主题墙面环境。

3. 游戏区的墙面创设

与游戏区相联系的墙面图示主要包括：区域标记、进区标志、活动规则、人数控制、游戏玩法、作品展示等，还有一部分材料本身就是与墙饰结合在一起，如壁挂式的图书袋、操作物等。在设计区域标记的时候，需要将区域标记的三要素（文字、图示、人数标记）融进标记中。中、大班幼儿对文字已经比较敏感，因此区域标记的文字不宜过分变形夸张，以免影响幼儿的识别；区域标记中的人数标记可以用数字来替代。而对于小班幼儿来讲，区域标记的图示应该色彩鲜明，且贴合区域游戏内容，确保小班幼儿能够通过图示认清区域的场地及内容；区域标记中的人数标记可以用各种图形来替代。

4. 功能区的墙面创设

功能区主要是指幼儿园班级中的饮水区、盥洗室、睡眠室、家长园地等场所。功能区也是幼儿在园生活与游戏的重要环境,对幼儿的学习与发展同样起着重要的作用。这些功能区的背景墙饰在营造心理氛围和支持幼儿的主动活动方面发挥着重要的作用。例如,饮水区的墙面图示可以帮助幼儿养成良好的饮水习惯,起到"润物细无声"的作用。盥洗室的墙面上可布置一些针对儿童卫生行为习惯的教育图片,如幼儿洗手步骤示意图,让幼儿参照图示正确洗手。在睡眠室,教师可以在墙面上张贴一些帮助幼儿锻炼脱衣、穿衣等生活自理能力方面的图片示范,提示幼儿正确地做事与学习的步骤。也可以布置一些实物供幼儿锻炼自理能力。作为环境创设的一部分,幼儿园各班的家长园地既是宣传幼儿教育工作的媒介,又是幼儿园开展家长工作的一项重要途径。

5. **常规性主题墙面创设**

每个班级根据日常活动、班级常规要求创设的墙饰,可称为常规性墙饰,如天气预报栏、幼儿出勤记录表、作息时间表、值日生管理栏等。他们同样能实现重要的教育价值,充分支持幼儿的学习和发展,因此,同样需要进行创设。

真题链接

幼儿园环境创设中,使用易于识别的生活行为规则标识图。其最主要的目的是( )。

A. 美化环境　　　　　　　　B. 便于幼儿看图说话
C. 便于幼儿认识各种符号　　D. 便于幼儿习得生活技能和行为准则

答案:C

(二)室内各活动区的创设

幼儿园班级常设的活动区包括美工区、阅读区、科学区、角色扮演区、建构区等。教室需要结合本班的实际情况,确定活动区的数量,创设活动区的环境。活动区创设要注意以下几方面:

1. **数量合适,面积适宜**

教师要根据班级活动室的面积、班级幼儿人数、幼儿的年龄特征、兴趣及需要,合理创设班级的活动环境。教师预留出班级集体活动的场地后,需要将班级活动室合理地进行规划,安排具备不同教育功能的活动活动区,如娃娃家、阅读区、积木区、艺术区等。不同幼儿园、不同班级、同一班级的不同时期,完全可以有不同的活动区。一般而言,每一活动区要保证5人以下的小组顺利开展活动。

2. **动静区、干湿区分来**

在进行活动区设置时,需要将相对热闹的区域和安静的区域分开,这样就可以将相互干扰降到最低。比如,将表演区、音乐区、建构区与阅读区、数学区、益智区分开。此外,还要将干湿区分开。比如,美工区和科学区需要接近水源,方便幼儿及时清理;阅读区、表演区可以设置在离水源较远的地方。

3. 区域间有一定的分割,避免打扰

既然是"区",区与区之间就应该有分割。但这种分隔又必须适度,儿童必须在成人的视线范围之内。比如,阅读区可以设置在班级的某一角落,光线充足的地方。表演区、操作区、科学区的儿童活动性更强,需要较丰富的操作材料,可以放到开阔的空间。教师可以利用板凳、书架、桌子、玩具柜等物品将各活动区有机分隔。空间的划分还要保证幼儿进出方便,不对其他幼儿的活动产生影响。

4. 利于个人学习,也支持同伴交流

每个区里的活动类型应该多样化,能够深入、持久地开展,能够有利于幼儿的深度学习,也支持幼儿之间的互动交流。幼儿可以在活动区里自由地看书、听音乐、玩积木、做游戏,也可以与同伴互相交谈,有操作、有探索、有说笑,充满了无限乐趣,也能激发幼儿的积极性和创造性。

5. 保持动态更新

可以根据幼儿的兴趣、需要等,适当调整活动区,而非一成不变。

真题链接

关于幼儿游戏活动区的布置,正确的说法是( )。

A. 以阅读为主的图书区可与娃娃家放在一起
B. 自选游戏环境的创设是由教师进行的
C. 可在积木区提供一些人偶、小动物、交通工具模型等辅助材料
D. 娃娃家应该是完全敞开式,让每个人都能看到里面有什么

答案:C

【解析】 幼儿游戏活动区的布置,正确的是可在积木区提供一些人偶、小动物、交通工具模型等辅助材料。A选项中,闹与静的区域要分开;B选项中,游戏环境应该由教师与幼儿共同创造;D选项中,娃娃家应该有隔断,有一定的私密性。

(三) 活动区材料的提供

1. 材料的类型

结构性材料:积木、胶泥、插塑、拼板等,可以帮助幼儿表达对事物的认识,通过这些材料发展幼儿的想象力、创造力和小肌肉运动的协调能力。

角色游戏的材料:服装、道具、头饰等,可供幼儿在假想的情境下表达他们对社会的认识和情感。

艺术活动的材料:各种颜色、笔、剪刀、浆糊、纸盒等,让幼儿表达他们的情感情绪,并发展艺术领域的能力。

科学探究活动的材料:天秤、磁铁、小电灯泡、电池等,提供幼儿思维活动发展的机会,培养探究精神。

图书类:幼儿喜欢的各种图书、画册、图片等,培养他们的阅读兴趣。

认识和操作活动的材料:分类、排序等发展幼儿数的概念的材料,以及其他如串珠、编织、套盒等操作活动的材料等。

2. 提供材料考虑的因素

首先,环境材料的提供是否适合幼儿年龄特征和身心发展水平,以及如何与其生活经验相联系。

其次,各种材料对幼儿有何种教育功能,每种材料有多少种玩法,怎样投入新材料或者变换新玩法以保持幼儿的兴趣,满足幼儿不断探索的需要。

再次,材料和设备提供多少才是适宜的,既丰富不单调,又不至于刺激过多;各种材料和活动如何搭配才有利于促进幼儿的多方面发展,所提供的活动和设备的位置如何,是否能引起幼儿的注意,是否相互干扰等。

最后,提供的材料和活动的内容是否有利于幼儿有机会按自己的意愿选择材料、选择伙伴以便充分发挥幼儿与环境的互动作用。

总之,活动室的创设应该有利于调动幼儿的积极性、主动性和创造性,并对促进幼儿全面发展有实际效用。

二、户外活动环境的创设

幼儿园户外环境是幼儿园办园理念、教育理念的外在体现。户外活动环境是幼儿园教育环境不可或缺的组成部分,它和室内活动环境一样,为幼儿提供学习和发展的机会。《幼儿园工作规程》中明确提出:"幼儿园应带有与其规模相适应的户外活动场地,配备必要的游戏和体育活动设施,创造条件开辟沙地、水池、种植园地等,并根据幼儿活动的需要绿化、美化园地。"良好的户外活动场地应当能够诱发幼儿开展多种不同的游戏,能刺激幼儿多样化的经验,使幼儿能长时间保持浓厚的兴趣。

(一)户外活动主要区域

户外活动环境主要包括集体活动区、大型器械设备区、沙水区、自然种植区、动物饲养区、自然绿化区等区域。

1. 集体活动区

集体活动区是幼儿进行团体体育游戏活动和其他集体活动的场所。户外集体游戏的开展,不仅可以锻炼幼儿的体质,还可以提高幼儿的团队合作意识。作为幼儿进行体育游戏、竞技性游戏等集体游戏时的活动场地,需要考虑场地的安全性。集体活动场地应该设置在日照、通风良好的位置,有良好的卫生条件。场地要避开园内的道路,避开植被对场地的干扰,同时要与大型活动器械保持一定的安全距离。集体活动场地的大小应该因地制宜,满足幼儿园开展各项集体活动的需要。

2. 大型器械设备区

游戏器材最能够直接激发幼儿的游戏动机和行为。幼儿园在创设户外环境时,首

先要配备相应的游戏器材。根据器材的功能不同,户外大型器材一般分为滑行类(滑梯、滑竿等)、钻爬类(钻筒、隧道等)、攀爬类(攀爬架、爬网等)、平衡类(平衡木、独木桥等)、摇荡类(秋千等)、旋转类(转椅等)。幼儿园提供的体育器械和工具可以因地制宜,利用本地资源,开发具有自身特色的游戏材料。教师也可以从传统游戏材料入手,制作造型简单、功能多样的游戏器材。

3. 玩沙玩水区

玩沙、玩水游戏是指幼儿借助沙、水等工具和材料进行的操作游戏活动。玩沙、玩水给幼儿带来快乐的同时,也能促进其认知和社会性的发展。玩水时,教师可以给幼儿配备一些工具和玩具,丰富幼儿玩水的内容。比如,可以提供一些能够漂浮和沉入水中的物品以及舀水、盛水的工具。

4. 自然种植区、动物饲养区

幼儿园要选择合适的地点设置一块或者多块土地,供幼儿种植蔬菜、花卉等作物,便于幼儿观察、学习。动物饲养区也是幼儿园户外环境中一个重要的组成部分,通常设置一些小木屋或者小棚子,供幼儿饲养动物所用。幼儿园的饲养区可以选择适合在户外饲养的动物,如小鸡、小鸭、小兔子、鸽子、刺猬等。饲养区的环境一定要适合动物的生活,还要便于幼儿观察和照料小动物。教师需要教给幼儿必要的饲养动物的知识和与动物相处的注意事项。

5. 自然绿化区

幼儿园环境应该避免以过多的人工环境代替自然环境。对于幼儿来说,菜地与野花比塑胶场地更有趣。蒙台梭利指出:"儿童是自然的一部分,因此必须设法让幼儿有机会接触自然的环境,借此让儿童来认识与欣赏自然的秩序、和谐和美。"福禄贝尔也提出,幼儿园应像花园一样。花园一样的环境能够让幼儿接触到花、草、树木和小动物们。幼儿园要充分利用已有的户外区域,合理地设计户外环境,多为幼儿开辟一块绿地,让幼儿能够感受大自然的丰富多彩。

(二)户外活动环境的规划

户外活动环境的规划要根据幼儿园户外活动环境的条件,合理利用户外活动环境的地形地貌和空间,科学设置不同区域,有效投放材料,使幼儿在规划良好的户外活动环境中安全快乐地游戏与发展。

1. 根据地形地貌等自然条件合理设置活动区域

幼儿园主要活动场地应当设置在建筑物的南面,避免烈日照射和冬季寒风,方便幼儿进出户外和室内活动。根据活动场地大小灵活设置区域。在较大面积的场地上,可设置大型活动器械;在较小面积的场地内,可设置小山包、独木桥、铁索桥、攀登树等富有自然情趣的活动区域。

2. 合理设置活动量不同的活动区域

按照幼儿活动量大小,户外活动场地可以划分活动量大和活动量小的区域。在规划活动场地时要考虑到活动量不同的活动区域的合理设置与搭配。

3. 通过改变地面材料来界定户外不同活动区域

各种活动区域应具有明显的标志和确定活动范围,便于游戏选择。可以通过改变地面材料来界定户外不同区域。例如,在大型活动器械下面铺设一定厚度的沙地,为带轮子的玩具设置硬化的道路等。注意不同活动区域之间的过渡环境,把安静游戏的区域安排在临近教室的地方,一方面不会干扰室内游戏的进行,另一方面也便于幼儿室内外进出。

(三) 户外活动环境的创设原则

在创设幼儿园户外活动环境时,应当考虑幼儿园户外活动的实际需要以及幼儿园的实际条件。安全性、因地制宜性、多样性、趣味性、可接近性、经济适用性是创设户外活动环境应当考虑和遵循的基本原则。

1. 安全性

户外活动环境的安全性体现在场地的安全性、器械设备的安全性以及场地与器械适用的安全性三个方面。要从幼儿的身心发展特点出发,尽可能消除户外活动环境的安全隐患。

2. 因地制宜性

户外活动环境的设计要注意"因地制宜"。首先,设计户外活动场地要善于利用场地的自然特点(如小山坡、小洼地、小溪、草地、大树等),注意与自然环境的和谐。其次,在器械设备材料的制作上注意就地取材(如麦秆、竹子、渔网、木材等)。就地取材能够让幼儿感受到当地自然环境的特点,也符合经济实用的原则。

3. 多样性

幼儿园户外活动环境的多样性表现在两个方面:活动的多样性和材料的多样性。在户外活动场地中,可以通过创设不同的活动区域支持幼儿开展多样化的户外游戏活动。例如,大型器械设备区、集体活动区、车道、沙水区、动物饲养区、自然种植区、钻爬平衡区、绿地等,满足幼儿开展各种活动的兴趣和需要。可提供泥、沙、水、绳子、轮胎、木材、竹子、沙包等多样性和多功能的材料激发幼儿的探索,让幼儿获得多样的经验。

4. 趣味性

户外活动环境应当富于变化,具有可探索性和挑战性,反映幼儿的游戏兴趣和需要,为幼儿提供更为丰富多样的游戏经验,鼓励幼儿探索和理解周围环境,认识自己和别人,促进幼儿身心的健康发展。通过创设富于变化、具有可探索性和挑战性的环境,增加户外活动环境的趣味性。

5. 可接近性

幼儿园的户外活动环境应当和室内活动环境实现良好的衔接,充分利用和发挥户外活动环境的作用。每班应当有自己独立的户外活动场所。各班的户外活动场地应当紧挨着教室,以便幼儿能自由、迅速、安全地从户外到室内。也可以把室内的一些活动放到户外去,如过家家、唱歌、跳舞、绘画等。

第三节 幼儿园心理环境的创设

幼儿园的心理环境是与物质环境相对的一个概念,物质环境指向具体的、实在的环境,而心理环境则更指向于一种心理氛围。

一、幼儿园心理环境的概念

心理环境指人脑中对人的一切活动发生影响的环境事实,即对人的心理事件发生实际影响的环境。对于学前儿童来说,影响其心理环境的要素包括幼儿生活、学习和游戏的全部空间,特别是幼儿学习、生活的氛围,与教师、同伴等的关系,教师的教育观念、教育行为,幼儿园的文化氛围等。

幼儿园心理环境是一种心理氛围,如压制还是民主,积极还是消极的,自由还是束缚,接纳还是拒绝,热情还是冷漠等;幼儿园心理环境也是一种人际关系,包括师幼关系、同伴关系、同事关系及家园关系等;幼儿园心理环境还是一种幼儿园文化,即幼儿园长期形成的共同的价值观念和行为方式,存在于幼儿园教职工的观念及行为中,物化于幼儿园的物质环境中。

二、幼儿园心理环境对幼儿发展的影响

一方面,心理环境本身会影响儿童的发展,如在一个没有安全感的环境中成长起来的儿童,其心理的发展势必受到不良的影响。另一方面,心理环境会影响到物质环境作用的发挥。如在一个物质环境丰富但心理环境欠佳的班级里,儿童可能没有时间和机会去利用这些丰富的物质环境;在一个物质环境不太丰富但心理环境较好的班级里,也许会有很多好的想法,弥补了物质环境的欠缺。在环境的教育功能发挥中,存在着这样一个基本定律:当物质环境达到基本要求后,心理环境将起决定性作用。总的来说,幼儿园心理环境对幼儿发展的影响包括以下几个方面:

(一)幼儿园心理环境对幼儿自我意识的影响

自我意识是对自己的认识和评价。自我意识是个性的核心,也是个人发展和健康与否的关键。幼儿期是自我意识发展的关键期,主要依赖成人的评价和反馈建立自我意识。所以,欣赏的、鼓励的、接纳的心理环境对幼儿自我意识的发展至关重要。

(二)幼儿园心理环境影响幼儿人格的形成和发展

幼儿园的心理环境决定了幼儿对社会及他人的看法,也塑造着自己的个性。如果幼儿园的心理环境是接纳的、欣赏的,幼儿会形成乐观、积极、开朗、热情、主动等健全的个性品质,否则就会出现不同的个性缺陷。比如,压抑的心理环境会导致幼儿的被动冷漠的个性,给幼儿造成不同程度的心理阴影,影响个性的全面发展。

(三)幼儿园心理环境影响儿童情绪情感的发展

幼儿园的心理环境影响着幼儿现在的情绪情感,如快乐、积极、热情,抑或悲伤、消

极、冷漠等。幼儿园心理环境还会影响到幼儿未来的情绪和情感,决定着幼儿在未来是一个积极、热情、乐群、感情丰富的人,还是一个消极、冷漠、孤僻、感情贫乏的人。

(四)幼儿园心理环境影响幼儿的认知和创造

愉悦、鼓励、自主的幼儿园心理环境会激发幼儿的自主性和创造性,促进幼儿的发展。压抑、指责、被动的幼儿园心理环境则会扼杀幼儿的自主性和创造性,从而遏制幼儿的认知能力和创造能力的发展。

(五)幼儿园心理环境影响幼儿社会关系的建立

幼儿园心理环境不仅影响幼儿当前的社会关系,如同伴关系、师幼关系、亲子关系,也会影响其将来的社会关系,如同学关系、师生关系、同事关系。

三、创设幼儿园良好心理环境的措施

(一)尊重和满足幼儿的基本需要

尊重和理解幼儿的各种需要,是建立和发展良好师幼关系的前提和基础。幼儿年龄虽然小,但他们和成人一样,有各种需要,包括生理的需要和心理的需要。尊重幼儿,就要尊重并满足幼儿的发展需要。幼儿园教师要满足幼儿生理需要、情感需要、交往需要、自尊与自信的需要等,幼儿只要在需要得到满足的情况下,才能形成对周围世界的安全感和信任感,才能为形成健全的人格奠定基础。

(二)创设良好的师幼关系

教师对幼儿具有特别的感召力,师幼关系是影响教育质量最重要的因素。建立良好的师生关系,要做到以下几点:

一是正确理解教师与幼儿之间的关系。从社会的角度来说,教师和幼儿都是社会基本成员。只有尊重幼儿在教育中的主体地位,才能真正建立平等、和谐的师生关系。从幼儿园的角度来说,教师和幼儿是师幼关系,在师幼关系中,教师是幼儿合法权益的保护者,有职责义务保障幼儿在教育过程中的主体地位,并维护其相应的权利,使他们能够健康成长。

二是建立师幼之间良好的情感关系。教师对幼儿的教育和保护是爱护、尊重、信任幼儿,与幼儿平等协商或对话,关注幼儿和幼儿的活动,了解他们的需要和愿望,理解和宽容他们的错误。只有这样,幼儿才会对教师产生亲近、依恋感,这种感情对于营造良好的心理环境起着十分重要的作用。

(三)帮助幼儿创设良好的同伴关系

同伴关系是幼儿生活中重要的人际关系,良好的同伴关系有利于幼儿情感、品德、个性的发展。教师应该明确同伴关系对于幼儿发展的价值,积极创设幼儿交往的有利条件。教师要以热情的态度对待幼儿,对同伴交往中遇到困难的幼儿提供及时、有效的帮助,对不良的同伴关系进行矫正,在班级中建立起和谐的人际关系氛围,从而促进幼儿的发展。此外,教师还应该努力建立团结友爱的班集体,充分利用幼儿集体的教育

力量。

(四)加强教师自身修养,以身示范

教师是幼儿园精神环境的核心,教师的态度和管理方式有助于形成安全、温馨的心理环境。教师的行为举止、待人接物以及穿着打扮都有意无意影响着幼儿。幼儿通过观察、学习、交往,接受老师影响,学习限制和调节自己的行为。

真题链接

1. 简答题:作为幼儿教师,如何在保教活动中营造良好的心理氛围?

答案:参考以上"创设幼儿园良好心理环境的措施"的相关内容。

2. 论述题:什么是幼儿园环境?为什么幼儿园教育中要强调创设良好的幼儿园环境?请联系实际说明。

答案:

(1)广义的幼儿园环境是指学前教育赖以进行的一切条件的总和。它包括幼儿园内部小环境,又包括家庭、社会、自然、文化等大环境。狭义的幼儿园环境是指在幼儿园中,对儿童身心发展产生影响的物质与精神要素的总和。幼儿园环境按性质可分为物质环境和精神环境两大类。一般情况下,我们所说的幼儿园环境指狭义的幼儿园环境。

(2)儿童的成长离不开环境,创设良好的幼儿园环境对儿童发展的影响是极其深远的。① 幼儿园的环境具有教育功能,创设良好的幼儿园环境有助于实现教育目标。② 良好的物质环境能陶冶儿童性情,激发儿童好奇心,鼓励其探索行为,使儿童在操作和摆弄各种材料的过程中学习知识,获得各种社会行为,实现个人的发展。③ 具备了基本的物质条件后,对学前教育起决定作用的是精神环境。幼儿园教师要善于创设与利用各种有利的精神环境,保证儿童顺利、健康地发展。

总之,在幼儿园教育中,教师应以教育目标为指导,利用环境对儿童进行生动、直观、形象和综合的教育,利用周围条件对儿童进行全方位的信息刺激,激发儿童内在的积极性,让儿童直接获得情感体验和知识的启迪,从而促进其全面发展。

情景实训

1. 观摩一所幼儿园(或一个班级、一个活动区),从环境的五个纬度对其进行分析。

2. 以小组为单位,模拟创设幼儿园的物质环境(可以是设置活动区,也可以是墙面环境)。创设完之后,请大家讨论遵守物质环境创设原则的情况。

3. 材料分析题:阅读下面材料,回答问题。

幼儿园大一班开展识字比赛,教师为此创设了班级墙面环境。

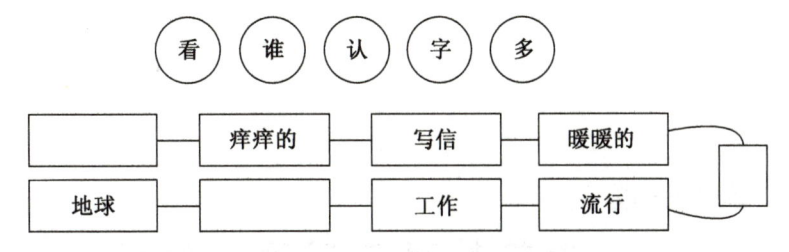

```
看 — 谁 — 认 — 字 — 多

[ ] — 痒痒的 — 写信 — 暖暖的 —┐
地球 — [ ] — 工作 — 流行 ————┘
```

问题:请根据环境创设的基本原则,对材料中教师为识字比赛所创设的环境进行评析。

思考与练习

1. 简述幼儿园环境的定义。
2. 幼儿园环境的五个纬度是什么?
3. 幼儿园物质环境创设的原则是什么?
4. 室内活动环境的规划与创设要注意哪些问题?
5. 如何创设良好的幼儿园心理环境?

第十章课后自测

第十一章

学前教育与家庭、社区、小学的教育衔接

学习目标 →

1. 了解幼儿园与家庭教育衔接的意义,掌握两者顺利衔接的方法。
2. 了解幼儿园与社区教育衔接的意义,掌握两者顺利衔接的方法。
3. 了解幼儿园与小学教育衔接的意义、幼儿园与小学教育的差异、当前幼儿园与小学教育衔接中存在的问题,掌握两者顺利衔接的方法。

本章提要 →

学前教育衔接
- 幼儿园与家庭的教育衔接
  - 幼儿园与家庭教育衔接的意义
  - 幼儿园与家庭教育衔接的方式
- 幼儿园与社区的教育衔接
  - 幼儿园与社区教育衔接的意义
  - 幼儿园与社区教育衔接的方式
- 幼儿园与小学的教育衔接
  - 幼儿园与小学教育衔接的意义
  - 幼儿园与小学教育之间的差异
  - 幼儿园与小学教育衔接中存在的问题
  - 幼儿园与小学教育衔接的方式

问题情境 →

在幼儿园的一次在线家庭教育咨询活动中,很多家长都积极地提出自己的问题,希望得到老师的解答:

我儿子马上读小学了,可是晚上还是很晚才睡觉,怎么办?

我的孩子对自己的东西总是很在乎,只要别的小朋友拿他一点东西,他就大吵大闹,他是不是自私啊?

我女儿刚读幼儿园,哭得很厉害,不愿意去,用什么样的方法解决好呢?

我们小区里有一些人总是聚众赌博,这对孩子产生不好的影响,我们应该怎么办?

家长的这些问题涉及幼儿发展的不同方面,包括入园适应、社区文化影响、幼小衔接等问题。从横向来看,幼儿生活在复杂的社会环境系统中,其发展既受到家庭教育的影响,也与社区文化有密切联系;从纵向来看,学前儿童在不同的年龄阶段面对不同环境的变化,从家庭进入幼儿园,从幼儿园进入小学都对其生活能力和学习能力提出了挑战。幼儿园、家庭、社区是幼儿学习和生活的重要环境,共同承担着对幼儿进行教育的责任。幼儿园作为学前儿童最主要的教育机构,它不是孤立存在的教育阶段,纵向上它上承了托班教育,下延了小学教育;横向上又要与家庭教育、社区教育紧密联系。本章我们将对幼儿园与家庭教育合作、幼儿园与社区教育的关系、如何帮助幼儿顺利完成幼小衔接等问题进行探讨学习。

第一节 幼儿园与家庭的教育衔接

家庭是一个人一生中最早接触而又生活时间最长的社会场所,是儿童出生后的第一个生活环境,家庭在儿童身心和谐发展过程中具有独特的作用。2015年出台的《教育部关于加强家庭教育工作的指导意见》明确指出:"各地教育部门和中小学幼儿园要从落实中央'四个全面'战略布局的高度,不断加强家庭教育工作,进一步明确家长在家庭教育中的主体责任,充分发挥学校在家庭教育中的重要作用,加快形成家庭教育社会支持网络,推动家庭、学校、社区密切配合,共同培养德智体美劳全面发展的社会主义建设者和接班人。"幼儿园应与家庭密切配合,综合利用各种教育资源,共同为幼儿的发展创造良好的条件,实现幼儿园与家庭教育的有效衔接。幼儿园与家庭教育的衔接主要通过家园合作的方式进行。

一、幼儿园与家庭教育衔接的意义

家庭和幼儿园的合作是推动幼儿园教育工作的重要动力。在当今幼儿教育的过程中,家园合作已经成为一种非常普遍和重要的教育形式,家园合作是指幼儿园和家庭都把自己当作促进幼儿发展的主体,双方积极主动地相互了解、相互配合、相互支持,通过幼儿园与家庭的双向互动,共同促进幼儿的身心发展。《幼儿园教育指导纲要(试行)》中指出:"家庭是幼儿园重要的合作伙伴,应本着尊重、平等、合作的原则,争取家长的理解、支持和主动参与,并积极支持、帮助家长提高教育能力。"幼儿园教育和家庭教育都有自身不同的优势和特点,家园合作方式对于幼儿教育具有非常重要的意义。

(一)家园合作为幼儿身心健康发展创造了良好的条件

幼儿正处在一个行为逐步成熟、社会意识萌发的阶段。家庭是社会最基本的单元，也是幼儿成长最自然的生态环境，幼儿的成长离不开家长的参与，良好的教育环境需要家庭的配合，共同促进幼儿的身心健康成长。有研究表明，家长直接参与幼儿园教育对幼儿有良好而持久的影响。家长参与幼儿园活动能够大大提高幼儿活动的兴趣和积极性，能够改善幼儿在家中的行为，密切其与家人的关系，让幼儿更好地体会到幼儿园生活的快乐，这些对于幼儿的发展有着重要的积极作用。

(二)家园合作有利于幼儿园教育的顺利开展

家园合作可以有效地帮助幼儿园教师和家长之间建立起良好的沟通关系和沟通渠道，帮助幼儿园获得家长在教育方面的支持，方便幼儿园教育工作的开展。家长与教师相互配合，可以使教育计划的可行性、课程的适宜性、教育的连续性和有效性等都能得到很好的保障。幼儿园教育想要获得高质量的效果，就必须得到幼儿家庭的大力支持与配合。幼儿园的教育目标与内容如果被家长理解和认可，家庭教育能积极配合幼儿园的教育，就可以使幼儿获得完整的、连贯的教育，使幼儿园教育取得事半功倍的效果。

(三)家园合作能为家长提供科学的育儿指导

《幼儿园工作规程》中明确指出："幼儿园同时面向幼儿家长提供科学育儿指导。"幼儿园有专业的师资力量、科学先进的教育理念，幼儿园与家庭的教育衔接，可以采用多种有效的方式，向家长宣传正确的教育思想和科学的育儿知识，帮助家长提高家庭教育的水平，不仅可以改进和优化家庭教育，而且有助于在教育孩子的问题上家园达成共识。总之，幼儿园与家庭合作，不仅能够提高幼儿园教育的水平，也是提高家庭教育质量的必由之路，是促进幼儿全面发展和谐发展的必然选择。

二、幼儿园与家庭教育衔接的方式

幼儿园与家庭的衔接方式是多样的，既可以是个别方式或集体方式，也可以是正式或非正式方式。

(一)个别方式

个别方式是指幼儿园教师与家长间一对一的联系与进行工作的方式，这种方式对密切家园联系、实行家园同步教育有着十分重要的作用。因为教育孩子不同于其他工作，每个孩子都是一个独特的个体，具有个性特征和发展水平上的差异；另外，孩子的家庭状况、家长的教育观点与教养方式也是各不相同。教师必须针对每个幼儿和家长的不同情况，进行有针对性的工作。

1. 家访

家访是幼儿园开展家长工作最常见的方法之一，是与幼儿家长进行面对面深入交流，进行一对一家庭教育深度指导的独特方式。幼儿园通过家访，深入到幼儿真实的生活世界，感受幼儿的家庭文化和成长环境，了解家长对于幼儿教育的认识、想法和期望，探知幼儿的性格特点、兴趣爱好、生活习惯等心理和行为特点,与家长共同探讨幼儿的学习、生活的现实表现和未来成长问题,争取家长与幼儿园密切合作,加强沟通,交流经验,共同促进幼儿发展。

家访的种类多样,有幼儿入学前的普遍家访,有问题性的个别家访,有对病儿的慰问家访,还有研究性质的课题家访以及邀请性质的家访等。家访工作根据幼儿园班级工作的中心确定,也受突发事件的影响。选择的家访种类不同,家访的目的就有差异,侧重的问题也不同,访问的准备工作和程序也略有不同。家访切记告状式、发号施令式等,应该本着了解幼儿,和家长有效沟通,共同促进幼儿健康发展的目的。

2. 个别交谈

个别交谈是教师在幼儿入园和离园时与家长进行的简短的交流,和家庭交谈有关教育孩子的情况。这种方式是幼儿教师和家长之间最简便、最经常、最及时的家园联系方式。谈话时间不宜过长,内容也不宜过多,必要时可以另约时间做较长时间的谈话。在交谈时,教师不仅态度要诚恳,还应该设法营造宽松的氛围,使家长消除思想顾虑,轻松地参与交谈。个别交谈有利于教师及时了解幼儿的情况,并指导家长的教育。

3. 家园联系手册

家园联系手册是目前实现家园联系的一种简便而有效的形式。现在,有些家长工作繁忙,难以抽出时间与教师交谈,在这种情况下使用家园联系手册显得尤为重要。家长可以从联系手册中了解到孩子的进步、问题及幼儿园对家庭在配合教育方面的具体要求;教师则可以从联系手册中获得幼儿园教育效果的反馈信息,了解幼儿在家庭中的表现,得知家长的意见和要求。家园联系手册根据班级的不同有不同的侧重点,例如,在小班,家长和教师双方主要精力放在孩子的生活方面,如对饮食、卫生、入园情绪、午睡情况等进行沟通;而对于中班孩子来说,反馈的主要内容集中在孩子的社会角色认知及交往能力上;大班的重点则是在幼小衔接问题上,及相关的知识学习情况。家园联系手册所写的内容要具体,不能空泛,也不能写成流水账,要侧重反映幼儿的变化与新的情况,围绕幼儿园的教育目标和近期的教育任务,结合孩子个体发展实际来写。家园要经常地、不间断地交流信息,相互配合,共同促进幼儿的发展。

4. 教师信箱与便签

有些家长由于工作忙或者没有时间和教师进行面对面的交谈,针对这一情况,各班可以设立教师信箱,请家长把自己的意见和建议等用信件的方式反映给教师,以便教师了解家长的要求和意见。便签是幼儿园经常使用的一种方式,一般是对临时发生的情况和问题,需及时与家长联系而不能与家长见面时,可让孩子和接送的人转递给家长。

5. 电话及网络平台

对于工作繁忙无暇接送孩子的家长,教师可以利用电话和家长联系。电话联系是家园联系中最快捷也是最灵活的一种方式,能够及时沟通幼儿在家或者在园的情况,迅速处理一些应急性问题。网络化和信息化的发展,使得网络平台也成为幼儿园教师与家长交流的主要途径,幼儿园教师可以通过 QQ、微信以及家园活动 App 等,将幼儿在园的学习和生活情况,用文字、照片、视频等形式呈现给家长,让家长清晰地看到幼儿的情况。网络交流丰富了家长工作的形式,突破了时空的局限,让家园沟通更为及时有效。

(二)集体方式

幼儿园与家庭衔接的集体方式包括召开家长会、举办家长学校或家教专门讲座、家教经验交流、各种家教研讨活动、设置家长园地、组织家长开放日、印发有关家教学习资料等。

1. 家长会

家长会是幼儿园对家长进行集体指导最为普遍的一种家长工作方式。按照召开的时间,可分为学期前家长会、学期中家长会和学期末家长会;按照召开对象,可分为全园家长会、年级家长会、班级家长会。全园性的家长会要求全体家长都要参加,一般安排在学年(或学期)初与学年(或学期)末,这种家长会的内容大多是向家长报告幼儿园的工作计划,汇报教育成果及向家长提出要求等。年级家长会则是向家长报告本年级教育工作计划,特别是讲解这一学年(或学期)的教育目标和家园合作教育的要求,并可组织讨论,听取家长的意见和建议。分班家长会更具有针对性,便于家长与教师双向交流,共同研讨有关孩子的保教问题。

2. 家长委员会

幼儿园应该成立家长委员会,家长委员会在幼儿园园长指导下工作。家长委员会采用教师和家长推荐的原则,各班推荐1—2名家长组成。家长委员会的主要任务是帮助家长了解幼儿园工作计划和要求,协助幼儿园工作,反映家长对幼儿园工作的意见和建议,协助幼儿园组织交流家庭教育经验等。家长委员会为幼儿园和家庭架构了一座美丽的沟通桥梁,实现了幼儿家长直接参与幼儿园管理和教育的重大突破,进一步加强了家园之间的信息联系,充分发挥了幼儿家长的资源优势,便于开展各种配合幼儿园教育的活动。幼儿园可成立园级和班级家长委员会,分别从园级、班级层面开展工作,通过家长委员会接待日、家长委员会活动等方式,充分发挥家长委员会的重要作用。

3. 家长开放日

家长开放日是指幼儿园定期或者不定期地向家长开放,邀请家长观摩和参观幼儿园活动,把幼儿园的教育情况向家长公布或者公开,这样做的目的在于让家长了解孩子的在园情况,了解幼儿园教师的工作,清楚幼儿园的办园教育理念,还可以增加幼儿园的办园透明度。一方面,家长观摩或者参与幼儿园活动,可以亲眼看到孩子的各方面表现,更清楚地了解自己孩子的发展水平以及与伙伴交往的情况,有利于家长与教师合作,共同针对性地教育孩子。另一方面,家长在参与活动的同时,还能清晰地观察到教师在保教活动中的态度、理念、方法、技能,对家长来说也是一种学习,有助于家长更正育儿理念,改善育儿行为。开放日活动有利于增进家园之间的理解,使得家园之间关系更为密切。

4. 家长园地

家长园地也是家园合作的主要形式之一，在幼儿园走廊、过道或者活动室内的墙壁上，专门开辟一块区域，作为家长园地，展示幼儿园的基本情况、班级动态、科学育儿常识等内容，目的是向家长宣传幼儿园的教育目标，普及科学育儿和家庭教育知识，帮助家长改变教育观，提高家长的教育能力，实现家园相互配合，同步教育，共同促进幼儿的发展。为了协调家长与教师双方的教育理念，优化教育质量，所开展的内容必须有指导性和针对性，不能形式化。家长园地应当简洁地介绍一个月或一周的幼儿教育计划，包括目标、内容等，并向家长提出建议和要求，希望家长在哪些地方配合。除此之外，家长园地还可以举办家长之间教育孩子的经验交流，教师将好的育儿经验告诉全班幼儿家长，其他幼儿家长也可以学习体会。

5. 家长学校或家教讲座

家长学校是普及家教知识的有效渠道。家长学校的任务是系统地向家长讲授教育子女的科学知识。有些幼儿园虽未办家长学校，但也常适时举办家教专题讲座或报告会。这种讲座或报告主要就某一主题由幼儿园有经验的老师或者幼教专家为家长提供家教方面的指导，帮助家长树立正确的教育观念。家教讲座可以定期或不定期举行，讲座的内容可以根据幼儿发展的需要或家庭教育的现状来确定，主要是及时发现问题，解决问题，并利用家教讲座来解决各种问题。无论是家长学校还是讲座，所讲授的内容必须深入浅出，理论联系实际，切实解决家长在教育上的困惑。

6. 新媒体信息交流平台

新媒体时代条件下，充分利用新媒体信息交流平台开展幼儿园家长工作已经成为时代和工作本身的必然选择。由此，有些幼儿园会建立自己的网站、QQ 群、BBS、微信、微博等新媒体，对外作为充分展示幼儿园办园情况和工作动态的窗口，对内作为最为重要的信息交流平台，让信息沟通交流变得更加简捷方便。搭建平台容易，真正用好平台不易。新媒体的作用不仅仅体现在发布信息、交流信息上，更应成为专业的信息咨询、科学知识交流，充满情谊和爱的大家庭交流平台，多媒体的运用只是幼儿园家长工作的手段之一，最终目的是促进家园良好合作，实现幼儿和谐全面发展。

7. 亲子活动

幼儿园作为一个重要的教育机构，要充分发挥其资源的优势，开设多种形式的亲子活动，如亲子游戏活动、亲子运动会、角色扮演等。幼儿园还可以开设亲子教育学校、亲子教育热线、亲子图书馆等，宣传儿童教育的先进理念，指导家庭的亲子教育。幼儿园还可以组织参观、义卖、郊游、野餐、运动会等各种亲子活动。亲子活动可以根据不同的时节来选择不同内容和形式，比如，春季可以举行亲子远足活动，秋季可以开展亲子采摘活动等。

幼儿园教育和家庭教育就像一车两轮，在发展方向上同步，在发展目标上同步，在教育原则上同步，在不同的场所、不同的教育内容和方法上，共同承担起培养合格的社会人的重任。幼儿园应该根据自己的实际情况和家长的需要，广开渠道，建立自己的家长工作体系，开拓合作的广度和深度，让家园合作在幼儿教育中发挥更大的作用。

第二节 幼儿园与社区的教育衔接

随着社会经济的发展,社区在人民生活中的作用越来越重要,教育与社区的关系也越来越密切。改变幼儿园封闭的格局除了与家庭合作之外,与其所处的社区结合也是必由之路。幼儿园是社区的一个组成部分,是社区中的小环境。社区是社会大环境中与幼儿园关系最密切的一部分。由于幼儿年龄、经验的限制,对于幼儿园来说,与社区的结合可以说是其面向社会的主要内容。

一、幼儿园与社区教育衔接的意义

社区和幼儿园之间需要密切沟通、联系,利用各自的优势,共同促进幼儿的发展。社区的教育资源有有形和无形之别,有形教育资源包括人力、物力、财力、社区互助的伦理规范等。这些有形或者无形的资源,如果能够为幼儿园充分利用,无疑将在很大程度上促进幼儿的发展。幼儿园与社区合作的意义具体表现为:

(一)利用社区的各种资源,能够提升幼儿园的教育质量

社区不仅是一个居住的区域,而且是一个有着丰富物质与人文资源的载体,社区如果能够对幼儿园开放其资源,无疑将大大拓展幼儿园教育的广度和深度。

从物质条件看,一方面,社区的资源环境可以成为幼儿探索自然、接触自然最好的环境。成年人一回忆起童年生活过的街道、村庄、小镇、山山水水时总会伴随着十分美好、温馨的情感,这些情感是构成爱国主义情感的重要部分,对人的一生都发生影响。另一方面,社区内的各种硬件设施能够对幼儿园教育提供一些保障,如社区图书馆的开放,既可以帮助幼儿认识图书馆的功能,同时也可以大大扩充幼儿的阅读资料。社区内的各种设施,如邮局、医院、菜场等则可以扩展幼儿对社会环境的认识。

从精神文化资源看,社区的历史和文化也能成为丰富幼儿学习经验的有效途径。社区内的各种职业的人们的劳动、社区内人们之间的相互关系,都可以演变成幼儿园的课程资源。如进行"各行各业的人们"这个活动主题的时候,就可以邀请社区里从事各种不同职业的人到幼儿园为幼儿做展示,幼儿可以与社区的劳动模范、解放军战士、医护人员、警察叔叔等共同活动。进行"尊重老人"主题时,可以让幼儿结伴到爷爷奶奶家去做客,和老人们进行沟通和交流,还可以去慰问敬老院的爷爷、奶奶等。这些活动拓展了幼儿的生活空间,丰富了幼儿的生活体验,也在一定程度上提升了幼儿园教育的质量。

(二)幼儿园发挥自身的优势,能够提升社区居民的教育意识和水平

幼儿园是专门的教育机构,具有很多的教育优势,其教育环境是经过精心设计的,集中了受过专业训练的教育者,同时具备专门的教育资源。幼儿园作为社区内的教育机构也应该发挥自身优势,为提升社区的物质环境和精神环境做出自己的贡献。幼儿

园可以举办各种类型的家庭教育指导,利用教师的专业特长,举办教育讲座,开展指导家庭教育的活动;可以开放幼儿园教育资源,供社区居民使用,提高教育资源的使用率;可以在节假日开展各项活动,促进幼儿园与家庭的互动,使幼儿园成为丰富社区文化的重要推手,在为社区家庭提供多种服务的同时,推动整个社区文化教育素质的提高。

二、幼儿园与社区衔接的方式

实现幼儿园与社区教育衔接,主要通过幼儿园利用多种途径为社区教育服务和社区利用多种资源为幼儿园提供教育平台两方面完成。

(一)幼儿园利用多种途径,为社区教育服务

服务社区和发展社区是幼儿园做好与社区衔接工作的重要内容之一。幼儿园应该利用多种途径,发挥其教育设置资源的优势和教育师资的优势,为社区教育服务。

1. 利用家长学校,宣传先进的教育理念

幼儿园可以利用家长学校为阵地,通过举办家长会、专题讲座、开放日等形式,向家长及社区宣传幼儿教育的重要意义以及幼儿园的性质、任务、培养目标和科学育儿的知识,营造良好的社会舆论氛围,引起更多的人关心、了解幼儿园的教育活动,从而达到支持幼儿园工作的目的。

2. 利用幼儿园师资,提供科学的育儿咨询

幼儿园具备完善的教育环境、专业的师资力量,以及有目的、有计划的保教活动。幼儿园教师可以利用自己所学的知识理论和经验积累,向家长们普及保育与教育知识,解答家长的咨询,指导家长改善家庭教育,通过示范性教育工作带动整个社区学前教育的发展。

3. 积极参与社区活动,发挥社会服务职能

幼儿园也有责任支持社区开展的有益的文化教育活动。幼儿园可以开设定期或不定期的宣传栏目以及各种活动,发挥幼儿园服务社会的职能。如节假日向社区开放幼儿园,供社区的儿童使用园内的设施;举办幼儿教育讲座提高社区成员的教育水平;辅导社区内的幼教活动;协助社区开展各种教育活动等。

4. 为社区精神文明的发展服务,共创幼儿发展的良好社会生态环境

幼儿园作为社区的组成部分,一方面以提高自身的文明程度为优化社区的文明做贡献,如美化幼儿园环境,提高幼儿园教师、工作人员的素质,培养幼儿的良好文明习惯等,成为社区精神文明的标志,对社区的精神文明建设起示范推动作用。另一方面,幼儿园也应积极地吸取优秀的社区文化,利用社区精神文明的优秀成果,将之转变为幼儿园自身文化的一部分,让社区成为幼儿园精神文明建设的促进者。

(二)社区利用多种资源,为幼儿园提供教育平台

社区作为一个生产功能、生活功能、文化功能兼备的社会组织,能为幼儿园所需要的人力、物力、财力、教育场所等方面提供支持。

1. 利用社区丰富教育资源,促进幼儿全面发展

社区为幼儿提供了接触社会的机会。幼儿园教育中可以让幼儿走进社会的大课堂,如参观社区中的超市、菜场、理发店、银行等商业文化设施;参观社区开办的游乐场、游戏活动室、少儿俱乐部等场所;去敬老院慰问爷爷、奶奶,或请他们到幼儿园做客,都会使幼儿受到良好的教育,培养幼儿良好的社会适应能力,也能为幼儿智力开发、动作发展创造良好的条件。

2. 利用家长职业资源,深化幼儿园的课程活动

社区中聚焦了从事各种职业的人,这为幼儿园提供了丰富的人力教育资源。幼儿园可以根据每个班级儿童家长的不同情况,充分利用家长的职业资源,为幼儿园的课程开展提供帮助。如在进行交通规则的教育时,请担任交通警察的家长为幼儿讲解交通规则;在进行防火教育时,请担任消防员的家长协助幼儿进行消防演练等。这既能引发幼儿的学习兴趣,也起到了促进家园沟通的效果。

3. 邀请家长共同参与幼儿园与社区的活动

幼儿园组织的一些活动,尤其是实践性较强的活动,可以邀请家长参与。例如,组织幼儿参观加油站,既保证了幼儿的安全,又可以让幼儿对加油站的各项设施能更细致地进行观察。家长参与幼儿园的社区活动,既可以更深入地了解幼儿园的教育理念,同时也能促进社区人际沟通。

4. 社区参与幼儿园管理工作,确保幼儿园工作的顺利开展

社区教育委员会要协调幼儿园与社区内各界的关系,帮助幼儿园解决一些经费问题,或一些日常工作中经常碰到的实际问题,例如,幼儿园教学设备的安装、维修常用设施、加强治安管理等,确保幼儿园教育教学活动的正常开展。

尽管社区教育在我国发展比较晚,但随着国家经济发展、社区的壮大以及对学前教育事业的重视,人们越来越重视社区与幼儿园教育的衔接。这种互助合作模式,能更好地为幼儿园教育事业提供支持和帮助,也会促进社区文明程度的提高,为幼儿成长创造良好的社会生态环境。

第三节 幼儿园与小学的教育衔接

幼儿园到小学的过渡是幼儿发展中较大的转折点,是幼儿向正式学习迈出的第一步,直接影响儿童入学后的适应情况和今后的健康成长。如何处理幼儿园与小学两个学段的阶段性及过渡时期的连续性,也成为广大幼儿教育工作者和家长一直关注的焦点问题。

一、幼儿园与小学教育衔接的意义

衔接即指两个临近教育阶段之间在教学过程中的相互衔接,包含目的、任务、内容、

方法、组织形式等方面的相互衔接。幼儿园与小学的衔接是指幼儿园和小学教育两个教育阶段的平稳过渡的教育过程,也是儿童成长过程的一个重大转折。幼小衔接的过程恰恰是幼儿园结束、正规教学生活开始的阶段,因此也是幼儿心理发展的转折期,对学生今后的发展起着至关重要的作用。《幼儿园工作规程》明确指出,幼儿园和小学应当密切联系,互相配合,注意两个阶段教育的相互衔接。做好有效衔接工作对幼儿顺利融入小学意义重大,幼儿园与小学必须要充分认识幼小衔接工作的价值,切实抓好幼小衔接工作。

(一) 做好幼小衔接工作符合幼儿身心发展的基本规律

学前儿童心理发展理论表明,儿童身心发展存在着量变到质变的客观规律,这一规律造成了儿童身心发展具有顺序性和阶段性的特征。儿童在不同的发展阶段具有不同的身心特点,包括教育内容、形式、方法、目的等都要进行调整。幼小衔接工作是否能够顺利实现幼儿园向小学过渡,同时取得理想的教育效果,其关键取决于能否适应儿童的身心发展规律。

(二) 做好幼小衔接工作符合终身教育的基本理念

幼儿园教育的根本目标在于促进幼儿的身心健康持续地发展。而幼小衔接工作则是保证幼儿身心能够顺利过渡并实现终身教育发展的重要基础。幼儿园的教育工作是为儿童身心健康发展服务,包含着身体素质、心理水平、行为习惯和学习能力等诸方面由低到高、由量到质的成长过程。所以,做好幼小衔接工作符合终身教育的基本理念,是幼儿园教育的一项关键任务。

(三) 做好幼小衔接工作反映家长的基本诉求

对学前儿童而言,从幼儿园步入小学是其成长的新起点。很多家长意识到这个过渡对幼儿今后的发展至关重要。然而,家长总是担心孩子的知识储备不足,难以应对小学的学习。只有切实做好幼小衔接工作,才能真正成为家长的"定心丸",把自己的孩子放心交给学校,从而有效实施家园共育。

(四) 做好幼小衔接工作促进儿童的长远发展

幼小衔接工作的重要目标之一便是要提高儿童的发展水平,为儿童适应小学阶段的要求做好充分准备。通常情况下,学龄前儿童对于即将要开始的学习既紧张又兴奋,因为他们即将要面临不同于幼儿园的全新学习环境。适龄儿童在进入小学以后,他们会感觉与之前学习生活方方面面都存在差异。如果适应不好,再加上小学阶段的学业压力,会使得幼儿产生更多的消极心理,如自卑、压抑、畏缩等,这对儿童在小学后续阶段的发展相当不利。所以,做好幼小衔接工作对于提高儿童的长远发展具有重要的现实意义。

二、幼儿园与小学教育之间的差异

1. 生活环境的变化

幼儿园的活动室,一般布置得美观、形象,富有儿童情趣,不仅有丰富的物质环境,

而且拥有和谐的心理环境。而小学教室一般只有桌椅，固定的座位对幼儿缺乏吸引力，而操场上的运动器械一般都被高年级学生占有，新入学的孩子们较少有机会享用，从而觉得小学比幼儿园枯燥乏味。

2. 生活内容的变化

幼儿是边玩边学，小学生则是以学习为主。学习是小学生的义务，也是小学生活的主要内容，不论对所学的课程是否感兴趣，孩子都要根据学校的安排完成相应内容的学习。

3. 师生关系的变化

幼儿园教师像父母般照料幼儿并参加到幼儿生活的各项活动之中，师生之间形成了和谐、亲密的关系。而小学教师的精力主要放在教学上，对学生生活关心机会较少，师生单独接触时间少，新入学的孩子可能感到压抑和生疏。

4. 教学方法的变化

幼儿园教学具有直观性、趣味性和多样性的特点，是在玩中学，学中玩。而小学强调系统文化知识教育和读写、算术等基本技能的训练，需要勤奋刻苦、多次练习才能完成学习任务。

从学前儿童以游戏为主导活动转变到小学生以学习为主导活动的过程，是一个质的变化，只有充分认识到这一转化过程中的种种变化给孩子带来的影响，教师才能科学地在生理、心理、行为习惯等方面对孩子进行引导。

三、幼儿园与小学教育衔接中存在的问题

近年来我国的教育界为了更好地实现幼儿从幼儿园向小学正规教学的完美转型，对幼小衔接教学问题进行了不懈的探索，进一步完善了幼儿园与小学教学的衔接工作。但是客观来讲，我国幼儿园与小学教学衔接工作方面依然存在许多问题，严重影响了幼儿从幼儿园向小学正规教学的顺利转型，不利于进一步提高教学质量，也不利于促进教育事业的健康快速发展。我国在幼儿园与小学教学衔接工作方面依然存在以下问题：

（一）幼小衔接工作的"单向化"

当前，幼儿园和小学在衔接工作中不是双向的，而是单向的。大多数幼儿园对衔接工作的重视程度比小学更大，并主动向小学靠拢。从幼儿上大班开始，就为他们的升学开展相关的准备工作。比如，教学要求、内容、作息时间的调整，对幼儿的倾听能力、自理能力、有意注意等进行培训。反观小学就显得很平静，既不主动向幼儿园了解儿童的入学准备情况，也不采取积极的措施应对儿童入学后出现的适应问题。有些小学只在儿童正式入学之前进行为期一天或半天的新生培训。这种快餐式的培训对引导一年级新生适应新学校、新环境、新老师、新同学是作用不大的。他们由最初入学的向往、兴奋，逐渐变得紧张、焦虑，甚至出现抗拒心理。

（二）幼小衔接内容的"随意化"

因为没有规定幼儿园阶段幼小衔接的教材，所以部分幼儿园会自行编一些校本教

材作为大班儿童的衔接教材。有的幼儿园把小学阶段的拼音、识字、数学、写字、成语、书写等内容当成衔接的内容;也有的会开设创意美术、合唱、乐器等兴趣班作为幼小衔接内容。这些课程内容的设置比较随意,缺乏明确的教学目标,让未入学的大班幼儿学习小学内容,这样做的结果看似对儿童的入学适应性有所帮助,但在之后的教育中可能会带来很大的负面影响。如果幼儿的适应能力、自控能力、面对挫折的承受能力、有意注意的持久性、意志的坚定性、学习习惯等被忽略,得不到有效的培养,幼儿进入小学后很快就会被现实打败。

(三)幼小衔接方式的"小学化"

当前有些幼儿园在大班的教学形式上采取了小学化的教学形式,机械诵读、固定抄写、强迫记忆、重复计算,这些以知识掌握及技能性强化训练的为目的的教学行为并不适合幼儿园孩子的教育。完全以小学的课堂形式来要求的话,不利于儿童的想象力与创造力的发挥。幼儿园的教育教学活动必须坚持以游戏为基本活动。无论家长,还是幼儿园园长、教师,都必须牢固树立科学育儿理念,以幼儿为本,以生命为尊,以成长为要,尊重幼儿、尊重生命、尊重成长,尊重幼儿的学习兴趣和生命需求。通过丰富多彩的形式和内容,让幼儿在实际中亲自动手、亲身体验、直接感知、自主游戏、探索性学习。

四、幼儿园与小学的教育衔接策略

(一)提高教师的综合素质,搭建幼小教研活动平台

小学、幼儿园是两个完全独立的教育机构,工作中极少往来,教师间的教学缺乏最基本的沟通、了解。幼儿入学前的教育,大班教师只能在表面形式上做些更改,如延长上课时间、小学化摆放课桌椅等,而无法从实质上加深幼儿对小学的认识。因此,幼小双方可共同搭建教研平台。一方面,双方教师可借此机会共同学习、互相探讨、交流;另一方面,双方可以互相观摩教育活动,从教育实践层面深入了解小学或幼儿园的教育方法,以便双方在幼小衔接工作中能采取更为有效的教育措施。

(二)推进幼儿园和小学阶段的双向改革

幼儿园和小学双方应该把培养儿童的基本素质作为幼小衔接工作的着眼点,共同创造合理的过渡期的外部教育环境与条件,搞好衔接关系。同时必须进行幼儿园与小学教育的双向改革,加强园、校间的沟通与协作,以儿童身心发展的阶段性与连续性的规律为依据,把培养和提高儿童各方面的适应能力作为幼小衔接工作的着眼点。在此基础上,双方共同努力,才能做好幼小衔接工作。

1. 幼儿园方面主要工作

(1)让儿童开始熟悉小学环境,培养儿童对小学生活的热爱和向往

对环境的熟悉是儿童适应小学的第一步。幼儿园阶段应注意培养儿童对小学生活的兴趣和向往,为做一名小学生感到自豪,并让儿童有机会获得对小学生活的积极情感体验。为此,幼儿园应该通过多种教育活动,特别是加强与家长、小学的合作,让儿童逐步了解小学、喜欢小学、渴望进入小学,最后愉快、自信地跨进小学。幼儿园可以组织大

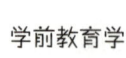

班儿童在固定时间对小学进行参观,让他们对小学有一个直观的认识,还可以邀请已经进入小学的学生回到幼儿园,详细描述小学生活,让儿童间接地获得有关小学的信息。

(2) 培养儿童对小学生活的适应性,帮助儿童做好入学前的学习准备

儿童进入小学后,是否适应小学的新环境,适应新的人际关系,对其身心健康影响很大。培养儿童的社会适应性,特别是主动性、独立性、人机交往能力规则意识和任务意识等,不仅关系着儿童入学后的生活质量,也关系着他们在小学的学习质量,是幼小衔接的重要内容。一方面,教师要培养儿童良好的学习习惯,将使儿童终身受益,如爱看图书的习惯、做事认真的习惯、注意力集中地听老师讲话的习惯、保持文具和书本整洁的习惯等。另一方面,教师也要培养幼儿良好的非智力品质,如培养儿童的好奇心、对外部世界的兴趣和探索的积极性,培养他们做事坚持到底、不怕困难的意志品质。此外,教师也要注意发展幼儿的智力,特别是幼儿的思维能力。

2. 小学方面的主要工作

(1) 从人际关系进行切入,帮助儿童尽快适应小学,增强对小学的情感

儿童刚刚进入小学学习阶段,对于学习环境和身边的人都会有一些陌生,会产生诸多的不适应。教师应主动建立与学生之间的联系,多鼓励其参加课外活动,了解学生的想法和需求,尽量帮助他们建立起师生之间、同学之间的信任关系,营造良好的氛围,增强儿童对小学的情感。小学教师应该更多地走下讲台,走出办公室,走到学生中去同他们进行多种形式的交流;教师可以蹲下来与儿童进行真诚的谈话,了解他们的内心世界,让他们感觉到老师的关心;教师还可以施方参加儿童的游戏,与儿童分享游戏的快乐,让他们感觉到老师是容易亲近的,从而拉近师生之间的距离;低年级教师应该用更多的时间与儿童接触,同儿童一起处理班级事务,让师生关系更加融洽,使儿童更好地适应班级生活。

(2) 将一年级的课程设置、课时安排以及教学组织形式进行适当调整

课程设置应该适应新生好动的特点,适当减少语文、数学等的课时量,增加活动课或者兴趣班,让语数课和活动课价交叉进行;在每节课的时间安排上,由于新生的注意力不能长时间集中,授课时间适当减少5—10分钟,可以让新生做简单的游戏或者唱歌,这样既可以减少上课的疲惫,还可以提高兴趣;教学组织形式也应该做出调整,在以"班级授课制"保证教学效率的同时,加入分组教学等不同的形式,让课堂更富有弹性,给学生更多面对面交流的机会。当然,这些调整是在不影响小学本身教学任务的前提下进行的,各学校需要根据自身情况做出相应的变化,在这一过程中,要充分发挥教师集体的智慧,做出最适当的调整,促进新生对小学生活的适应。

(三) 教育部门要积极为幼小衔接创造便利条件,加强两者的联系

政府要充分发挥调控方面的优势,制定相关政策引导幼小衔接的顺利进行;师资培训上可以借鉴美国的经验,要求学生大班和小学低年级的老师具有两个教育阶段的教师资格证。还可以对两类教材的编写施加积极的影响,组织专家和相关教师共同编写,在编写过程中充分考虑两个阶段儿童的特点,使儿童进入小学后仍然对教材感到熟悉。

政府还可以促进幼儿园大班和小学低年级教师间的流动,并且让这种流动规范化、制度化,成为一种长效机制。

总之,做好幼小衔接工作,要以儿童的长远发展为着眼点,以促进儿童综合素质的提升为目标。在国家和政府的宏观调控下,幼儿园与小学平等对话,充分利用当地的教育资源,发挥教师集体的智慧,缩小幼儿园与小学的"坡度",让儿童愉快地走进小学,适应新的、丰富多彩的学校生活。

真题链接

1. 选择题:下列有关幼小衔接的说法,正确的是(   )。
A. 幼儿入学适应困难,是因为幼儿园教育过于游戏化
B. 幼小衔接完全是幼儿园的责任
C. 幼儿园的幼小衔接工作不仅仅在大班,小中班也应该开展
D. 幼小衔接主要是教幼儿拼音、认字等内容

答案: C

【解析】 也可以在中小班就进行幼小衔接,但中小班更多的是行为习惯的培养。

2. 论述题:论述如何做好幼小衔接工作。

答案:

幼小衔接工作主要是使幼儿尽快适应新的学习生活,避免和减少因两个学习阶段间存在的差异给幼儿身心发展带来的负面影响,为其入小学后的发展及终身发展打好基础。因此,做好幼小衔接工作需要幼儿园和小学两方面共同努力。

(1)提高教师的综合素质,搭建幼小教研活动平台

(2)推进幼儿园和小学阶段的双向改革

幼儿园方面:让儿童开始熟悉小学环境,培养儿童对小学生活的热爱和向往;培养儿童对小学生活的适应性,帮助儿童做好入学前的学习准备。

小学方面:从人际关系进行切入,帮助儿童尽快适应小学,增强对小学的情感;将一年级的课程设置、可是安排以及教学组织形式进行适当调整。

(3)教育部门要积极为幼小衔接创造便利条件,加强两者的联系。

3. 论述题:幼儿园为什么要为幼儿入小学做准备?应做哪些准备?

答案:

(1)儿童从幼儿园到小学,身心发展会发生变化:学前儿童身心发展是一个不断矛盾统一、变化发展的过程。幼儿园和小学的学习阶段会发生变化:虽然同属于基础教育,但这两个阶段在教育任务、内容、形式、方法、作息制度及常规管理等方面都存在较大差异,儿童从幼儿园到小学需要一个渐进的过程、过渡适应的过程。学前教育和小学教育是相邻的两个教育阶段,衔接工作做得如何,直接影响儿童入学后的适应和今后的健康成长和可持续发展。

（2）儿童进入小学后，是否适应小学的新环境，适应新的人际关系，对其身心健康影响很大。培养儿童的社会适应性，特别是主动性、独立性、人际交往能力规则意识和任务意识等，不仅关系着儿童入学后的生活质量，也关系着他们在小学的学习质量，是幼小衔接的重要内容。

情景实训

1. 利用实习的机会，练习写成长档案的方式和基本技巧。
2. 访谈一位家长，了解他的家庭教育理念。

思考与练习

1. 家庭和幼儿园应该如何帮助儿童顺利地适应幼儿园生活？
2. 幼儿园和小学的差异体现在哪些方面？
3. 幼儿园与小学衔接的策略有哪些？

第十一章课后自测

幼师立行

办好人民满意的学前教育,实现幼有善育,我会:

➢ **制定专业发展规划**

_____
_____
_____
_____
_____
_____

➢ **充实专业知识**

_____
_____
_____
_____
_____
_____

➢ **增强专业能力**

_____
_____
_____
_____
_____
_____

参考文献

[1] 虞永平.学前教育学[M].苏州:苏州大学出版社,2001.

[2] 潘洪建,刘华,蔡澄.课程与教学论基础[M].镇江:江苏大学出版社,2011.

[3] 赵祥麟,王承绪.杜威教育论著选[M].上海:华东师范大学出版社,1981.

[4] 钟启泉.现代课程论[M].上海:上海教育出版社,1989.

[5] 王春燕.幼儿园课程概论[M].北京:高等教育出版社,2012.

[6] 戴自庵.张雪门幼儿教育文集(上卷)[M].北京:北京少年儿童出版社,1994.

[7] 张沪.张宗麟幼儿教育文集[M].长沙:湖南教育出版社,1985.

[8] 冯晓霞.幼儿园课程[M].北京:北京师范大学出版社,2001.

[9] 泰勒.课程与教学的基本原理[M].施良芳译.北京:人民教育出版社,1994.

[10] 张华.课程与教学论[M].上海:上海教育出版社,2000.

[11] 卢美贵.幼儿教育概论[M].台北:五南出版社,1988.

[12] 喻本伐.中国幼儿教育史[M].郑州:大象出版社,2000.

[13] 周采,杨汉麟.外国学前教育史[M].北京:北京师范大学出版社,1999.

[14] 陈帼眉,刘焱.学前教育新论[M].北京:北京师范大学出版社,1996.

[15] 高岚.学前教育学[M].广州:广东高等教育出版社,2000.

[16] 王丽璇.学前教育学[M].长春:东北师范大学出版社,1994.

[17] 袁爱玲.幼儿园环境创设[M].北京:高等教育出版社,2010.

[18] 傅建明.学前教育学原理[M].沈阳:辽宁师范大学出版社,2007.

[19] 王道俊,王汉澜.教育学[M].北京:人民教育出版社,1989.

[20] 高敬.幼儿园课程[M].杭州:浙江教育出版社,2010.

[21] 陈蓉.幼儿园教育[M].福州:海风出版社,2006.

[22] 林泳海,刘名卓.幼儿园教学模式与案例[M].北京:高等教育出版社,2008.